教|育|知|库

学力课堂
活力校园

王德顺 郑年忠
主编

光明日报出版社

图书在版编目（CIP）数据

学力课堂 活力校园 / 王德顺，郑年忠主编．－－北
京：光明日报出版社，2021.6
ISBN 978－7－5194－6111－9

Ⅰ.①学… Ⅱ.①王…②郑… Ⅲ.①高中—教学研
究 Ⅳ.①G632.0

中国版本图书馆 CIP 数据核字（2021）第 089297 号

学力课堂 活力校园

XUELI KETANG HUOLI XIAOYUAN

主　　编：王德顺　郑年忠

责任编辑：许　怡　　　　　　　　责任校对：李　兵
封面设计：中联华文　　　　　　　责任印制：曹　净

出版发行：光明日报出版社
地　　址：北京市西城区永安路 106 号，100050
电　　话：010－63169890（咨询），010－63131930（邮购）
传　　真：010－63131930
网　　址：http：// book. gmw. cn
E－mail：xuyi@ gmw. cn
法律顾问：北京德恒律师事务所龚柳方律师

印　　刷：三河市华东印刷有限公司
装　　订：三河市华东印刷有限公司
本书如有破损、缺页、装订错误，请与本社联系调换，电话：010－63131930

开　　本：170mm×240mm
字　　数：431 千字　　　　　　　印　　张：24
版　　次：2021 年 6 月第 1 版　　　印　　次：2021 年 6 月第 1 次印刷
书　　号：ISBN 978－7－5194－6111－9

定　　价：99.00 元

"基于武陵山特困连片地区 高中学力扶贫的创新实验

——以铜仁二中为例"（2018B172）课题组

组　　长：王德顺

副 组 长：杨玉春　　张　林　　刘再修　　何朝俊

主要成员：谯志敏　　曾凡界　　代鹏森　　桂楚君

　　　　　陈　海　　石　飞　　熊文明　　杨正区

　　　　　滕　云　　孙金贵　　王一帆　　舒　滞

　　　　　吴敬孝　　孙　海　　刘　红　　田　牛

　　　　　周志刚　　刘　顺　　张翅航　　蒲　磊

　　　　　刘　明　　龙明君　　邹维玲　　宋　红

主 持 人：王德顺

课题成员：桂　娟　　王胜华　　毛胜文　　娄姗姗

　　　　　何朝俊　　张桥许　　代鹏森　　桂楚君

　　　　　张翅航

《学力课堂　活力校园》编委会

序　言

王德顺

"大学之道，在明明德，在亲民，在止于至善。"《大学》的这句话，告诉我们怎么成为一个博学的人，要时时擦亮眼睛，要自我革新，到家了才停下来。什么地方是"家"？哪里是我们的"家"？不同的理解就有不同的人生处理方式。从教育来讲，"家"就是我们的培养目标。2018年习近平总书记在"全国教育大会"上强调"培养什么人，是教育的首要问题"，并提出"九个坚持"，深刻地回答了教育"培养什么人，怎么培养人，为谁培养人"的问题。

面对百年未有之大变局，世界正在发生深刻变化，信息时代正在向人工智能时代快速推进，习近平总书记的话为我们指明了方向、途径和目的，但是在教育界依然存在"信息技术教育的'乔布斯之问'"："为什么计算机改变了几乎所有领域，唯独对学校教育的影响小得令人吃惊？"这确实值得我们每个教育工作者思考。

我校特级教师郑年忠提出了这样一个观点：生活小事"知易行难"，理论、观念问题"知难行易"，理想境界是"知行合一"。如何从事教育工作，这确实是一个"观念"问题，尽管教育有各种顶层设计，出台有各种文件，对教师如何教学也有"专业标准""课程标准"，但是观念没有变，在行为上就不会有什么变化。有人说"最好的教育是适度超前的教育"，现实却是国家的投入超前，规划超前，而个人的理念和行动却落在后面。为什么会出现这种现象？我们从心理学的"投射"现象和"压力"反应方面来找一下原因。

弗洛伊德在1894年就提出了"投射"理论，"个体依据其需要、情绪的主观指向，将自己的特征转移到他人身上的现象"。这可以理解为，教师还是按他读书时的学习方式来教育今天的学生，"媳妇熬成婆"说的也是这个道理，这就出现了滞后于时代的教育现象。

从国家到社会，从政府到家庭，对教育越来越重视，这对教师就形成了一种"叠加性压力"以至"破坏性压力"，人是如何对压力做出反应的？心理学家塞里提出了"适应"的三阶段观点。警觉期，交感神经兴奋，促进新陈代谢。搏斗期，生理指标表面恢复正常，内在心理及生理资源被大量消耗，个体变得敏感脆弱、易激惹。衰竭期，能量几乎耗尽，无法继续抵抗压力。一旦"压力"达到人能承受的峰值，就会进入搏斗期，人的反应大多是本能的、情绪化的。教师，被称为世界上与建筑师、律师、会计、咨询师和工程师等一样复杂的工作，在压力处于敏感脆弱的情况下，却自动执行简单的行为反应方式，执行潜意识中的教学行为：精讲、精练，把考试当法宝。

这其实只是一种解释，这能成为教育停滞不前的理由吗？不能。因为"世界一切都在变，唯有变化不变"。

"滚滚长江东逝水，浪花淘尽英雄"，时代总是在变化、在进步之中，这是规律，这是历史的必然，我们只有去适应历史，适应变化。恩格斯在《反杜林论》中说过这样一句话："生命是蛋白质存在的方式，这种存在方式本质上在于这些蛋白质的化学组成部分在不断地自我更新，而这种不断更新、进化、完善，恰是生命的特点。"

铜仁二中在世纪之交，本着人才是第一资源的理念，开展教育创新实验，经过近二十年快速发展成为本地的优质学校。2011年被省教育厅评为省级"二类"示范性高中，2018年被评为"省级校本研修示范校"，2019年被省教育厅评为"贵州省高考综合改革样本校"。从世纪之交起步，我们在新课程改革中走向辉煌，探索出了一条适合二中发展的路子。一方面抓学校管理，以管理促效益，一方面加大教师队伍建设力度，重视人才引进；同时围绕教学质量这条生命线，采取管理下沉，大胆推行年级组管理，并逐步加大一类班数量，让新老教师互相合作又同台竞技，增强教师的责任意识，激发教师的荣誉感，在学校缺少刺激措施的现行体制下最大限度地打通教师学历和职称晋升通道，并用好考核、表彰和升学奖等杠杆，充分调动教师的积极性。在众多举措之下，师生精神面貌焕然一新，铜仁二中连续十年获市高中教育教学质量B类校一等奖。

铜仁二中发展的高原期出现在新课程改革深化的近三年，"三新"还没有正式实施，但新课程理念对教学改革的效果就已经体现出来了。面对"高考不改，教育难变"的痼疾，这一轮改革以"新理念，新课程，新高考"同步推进为指导思想，特别重视"高考指挥棒"对教学的"导向"功能，虽然高考试题总的特点还是稳中求变，但是自新课标修改后的2018年起，低认知为特点的试题开始减少，贴近生活的综合情境型试题逐渐增加，按新理念命题的"牛刀小试"已经开始深刻地影响着我们的教育教学工作。已经实施新高考的上海、浙江等地，优质高中的江湖已经发生了很大的变化，有的名校遭遇了巨大的挑战，但也有黑马频现。例如，七宝中学成为最亮眼的逆袭者，比肩四大名校，2021 年更是名列榜首；而普通的区重点位育中学，也力压部分八大名校。新高考还成为整个海南教育的提质工程，海南正式吹响了教育强省的号角。在没有实行新高考的省份，新高考理念也引发了教育的巨大变化，我们的邻居重庆，曾经的绝对霸主巴蜀中学、南开中学迎来挑战者重庆八中。放眼贵州，包括铜仁也有类似的变化，兴义八中 2019 年和 2020 年公布的清北录取人数超越了贵阳一中。新高考，几家欢乐几家愁，引发我们去思考，为什么会引发这样的巨大变化？我们如何应对新变化？我们是进一步精耕细作还是转变育人观念，是选择固有思维还是大胆创新，是选择进一步强化管理还是激活潜力？2020 年第 2 期《人民教育》刊发《2019 中国基础教育年度报告》，引述了杨小微、张秋霞在《新时代我国基础教育改革的难点与对策》中的一句话："把学校办成优质学校的基本路径，一是开放创新，二是特色发展，三是面向未来。"学校发展的根本在"人"，因为我们眼里有"人"，所以才有今天"以德立校，和谐发展"这一办学特色。我想我们还要本着一个"人"字，培养"学力"，挖掘潜力，真正做到为师生的发展着想，为师生的幸福着想，这就是一条"面向未来"的"开放创新"之路。我们将始终坚持以问题为导向，开展课题研究，推进教学改革，既弘扬"特色发展"的优良传统，又大胆进行"开放创新"的积极探索，这是一条"面向未来"的大路。

我们的"学力"课题是"活力二中"研究的一部分，我们课题的指导思想是"科学施教，大胆创新，培养学力，激发活力"。本书出版时正值教育部等八部门联合出台《关于进一步激发中小学办学活力的若干意见》和中共中央、国务院印发《深化新时代教育评价改革总体方案》之际，我们希望本书的出版，通过"学力"的研究，突破我们的办学瓶颈，提升学校的办学活力。其实对于一个有情怀的教育者，我们没有任何退路，只能选择继续前行，科研为我们护航，信心为我们鼓劲。

本书第一部分为课题顾问郑年忠执笔，第二部分由课题组成员和实验教师撰写，感谢他们的辛勤付出。

目 录
CONTENTS

第一部分

01

"学力发展课堂" 学理探索

导　语

古希腊神话中，特洛伊战争之后，忒修斯自克里特岛返家时所搭的那艘 30 桨船，被雅典人留下来作为纪念，人们把它称为忒修斯号。随着岁月流逝，木材逐渐腐朽，人们便给这艘船更换新的木头，最后这艘船的每块木板都被换过了。有古希腊的哲学家就此提出问题：这艘船还是原来的那艘忒修斯之船吗？如果是，它已经没有最初的任何一根木头了；如果不是，那它是从什么时候不是的？为什么还叫忒修斯号？

由此我联想到学校的教育问题，很多人对学校的设施设备、规章制度，哪怕是一草一木，都感念深厚，不忍割舍。但是学校的生存发展，又需要因地制宜，因时而变。

这让我想到一句名言：世界一切都在变化，唯有变化不变。教育也是那艘忒修斯号，不更新就会消失。每个行业都在改变，为什么教育领域的变化最小？维果茨基强调指出，只有当教学走在发展前面的时候，这才是好的教学。现在我们的教育非但没有走在时代之前，反而落后了，怎么办？这可比换船板复杂，本书尝试对这一教育难题进行一点探讨。

我们的"学力"课题，目的就是要打造适合未来社会的船，教育就是这艘船，船有问题就要修。学校教育的使命就是学校的社会化，学生的社会化。我们的课题其实是研究改造学校、改造个人，最终让学生养成适合未来社会的核心素养和健全人格。核心素养需要在活动中磨砺，我们却把他们关在方寸教室之内；人格教育其实是一种养成教育，养成教育适合示范加训练，而我们现在的示范不到位，这其实就是教育理念出了问题，隐性理念又体现在显性课程教学之中。课程是从拉丁语"Currere"一词派生出来的，名词形式意为"跑道"，动词形式意为"奔跑"。如果我们在不正确的跑道上一路狂奔，会出现什么样的后果？

I 学校发展高原现象

在学校办学中有一个普遍现象：学校连续发展几年后，后继乏力，原地踏步，出现高原期现象，通过持续发展走出这一阶段的学校很少。

铜仁二中正是处于高原期的一所学校。从20世纪90年代起，历经几代人的顽强拼搏，在昔日的城郊接合部，荒山野岭上，崛起了一座黔东名校。21世纪初期，初中部成为铜仁基础教育的顶梁柱、排头兵，曾多年在中考中名列前茅。2004年，铜仁二中高中教育开始起步，高中部无论是招生人数还是一本升学人数，一路凯歌，在2010年左右，一本升学人数与铜仁一中只差百余人。2017年，铜仁二中一本升学人数超50%，达900多人，到现在教学质量稳居全市前三名。但铜仁二中在快速发展之后，近几年出现了增长乏力的状况。

铜仁二中在发展中形成了哪些办学特点？

第一，注重人才，严把入口。学校的发展，人才是基础。从2000年以来，高中教学开始起步，每年都从外县引进一批业务骨干，同时招考部分优秀本科毕业生。2010年后，学校对人才引进的要求升级，主要从研究生和教育部直属的六所师范大学的公费师范生中进行高层次人才引进。

第二，管理方面，实行处室和年级组交叉管理，对年级组高度赋权。有利的一方面是调动了年级组管理的积极性，从组长、支部书记到班主任、老师，逐步形成了一个比较稳定的业务精良、积极进取的教学共同体。年级组通过月考，检验学生、检验教学。每月实行一次月考，并出台了具体的综合评价体制，调动师生的积极性。

第三，一二类班级平均分班，调动师生的积极性。学校曾经实行办两个一类班，其余为二类班的分班方式，由于一类班数量少，教师积极性不高，而且一二类班级教师之间的矛盾较大，学校开始探索采用增加两个二类班，其余为三类班的方式。实践再次证明这样分班导致了很多二类班的管理问题，特别是不利于班上部分优秀学生的成长，同样对调动三类班老师的积极性不利。现在学校比较稳定地采用一二类班数量各占一半的分班方式，至少有如下几方面的优点。一是有利于教师的成长。学校的设想是让每个教师都有一类班和二类班上，通过一到两轮教学实践脱颖而出的优秀教师，都有机会教一类班。公办学校的特点是学校没有薪酬方面的自主权来调动教师的积极性，导致很多地方出现"高级教师守校门"的不正常现象。铜仁二中的这一分班方式，有利于调动有经验的老教师与年轻骨干教师互相学习，取长补短，同时同台竞技，调动了教师的积极性。二是有利于提高一本以上的人数，化解升学压力。一类班以一本升学指标为主，二类班以二本以上升学指标为主，这样学校每年将升学指标分解到各班，促进了学校一本人数的大幅度增长。三是这种分班方式，让一类班和二类班都找到了目标，加上学校调整了考核奖励方案，真正实现了学校"以德立校，和谐发展"的办学特色。

第四，教师管理，量化考核。学校从班级管理到教师管理，都实行了量化考核，对教师的评优评先也实行量化评分，师生都自觉对量化指标对标对表。形成了管理严格、秩序井然的优良校风。

学校在快速发展中，形成了"艰苦奋斗，拼搏进取"的校园文化。学校的发展是靠教职员工泪水加汗水，加班加点，牺牲娱乐时间得来的。首先是工作时间长。在发展最快的 2010 年左右，晚自习也从每天 21 点半放学，延长到 22 点半，后来又延长到 23 点。现在有的年级和班级又把晚自习时间从 19 点到班看《新闻联播》提前到 18 点半到班。班主任正常情况回家时间是 23 点半，如果有需要检查学生的住寝情况，回到家中已经过 24 点了。原来周六上一天课，周六晚上和星期天学生可以休息，但是现在学生只有星期天下午有休息时间换洗一下衣服。其次是工作强度大，工作压力大。学校的月考有排名和各种综合分析，巨大的压力，倒逼教师将压力传递给学生，延长学习时间，加强管理力度，加大作业量。研究表明，高压力下的人神经紧张，工作方法、工作状态都趋于一种自动化的状态，很少有人去思考提高工作效率。严苛的时间管理，严格的考核量化，加上超负荷的工作任务，师生体力严重透支，教师健康状况堪忧；学生健康状况和学习效果也不理想，特别是上午第一二节课，常常看到学生们睡倒一片的现象。

在学校取得快速发展的同时，我们也看到了学校发展面临的瓶颈，在 2017 年新课标修订背景下，以新课标、新教材和新高考"三新"为代表的"高考新政"在我们这里虽没有正式实施，但新理念在高考中的体现已经提前到来。2017 年高考，我们的入校出校比不占优势，优秀学生人数更是我们的弱项，一旦贵州全面启用部编版教材，实施新高考，这将是又一轮学校变革的机遇期，铜仁二中，在这一轮机遇期，还能抓住机会吗？

学校要走出目前的高原期，必须分析我们存在的问题，才能有针对性地采取相应措施。

1. 以考试为导向的全方位管理。二中的年级组管理调动了班主任和老师的积极性，这是二中快速发展的重要原因，但我们也看到这与新高考的以立德树人育人为本、注重学生自主学习、发挥兴趣特长的因材施教的教育规律不一致。特别是以考试成绩评价教师和学生的方式，导致我们只关心成绩好的学生，对学困生关心严重不足，管理方法也比较简单乃至粗暴。

2. 教师以讲授和练习为主要教学方式，同时加上周末补课和晚自习上课，教师不注重教学理念更新，不注重教学效率。学生主体地位没有落实，学习的积极性难以调动。

3. 注重拼时间、拼汗水，新理念新成果学校也比较重视，不过总的来看还是缺少推进的勇气和力度，学校也存在缺少生机与活力问题。

其实，以上问题也是目前高中教育中存在的普遍问题。一方面学校办学越来越走向"重考试轻育人"的状况；另一方面当今教育领域的主要矛盾，已经不是解决"有书读""有学上"问题，而是解决"读好书""上好学"问题。由于学生、家长和社会对教育的期望越来越高，学校往往对教师加大成绩的考核力度，教师的压力也就越来越大，教师又把压力传递给学生，最简单的做法就是增加学生学习时间和增加作业数量，其结果如何呢？这里我们分享一个歌德《浮士德》诗剧的故事：

浮士德是一个不断追求、自强不息、勇于实践和自我否定的人，他曾经同意把自己的灵魂卖给一个恶魔靡菲斯特来满足自己，实现自我价值，起初这似乎是一个聪明的交易，但是从长远来看，这个人还是输了。悲剧的是，这个人失去的东西比他赚到的东西更有价值。总之他赢得了战斗，却输掉了战争。

有人把这个故事称为"浮士德困境"。我们往往为了眼前，牺牲了长远，我们的教育不也是有与之类似的地方吗？为了赢得分数，赢得高考，我们在高中拼命读书，但是走出校门却不愿读书了，这不是输掉了人生吗？

不过我们对此应该充满信心，那就是只要我们认识了这里面的矛盾，我们就会化解矛盾。铜仁二中地处贵州武陵山脉腹地的落后地区，农村留守儿童居多，他们勤奋努力，不善表达，缺少关爱，心理问题多，学习不够积极主动，针对这一现状，为了学校的持续发展，2018 年王德顺校长主持申报了贵州省教育科学规划课题："基于武陵山特困连片地区高中学力扶贫的创新实验——以铜仁二中为例"（立项号 2018B172）。学校以此为总课题，各教研组向市教科所申报立项 9 项子课题。意在通过课题研究，探探路子，以"学力课堂"研究为抓手，因时而动，改变观念，通过改变师生的教与学方式，对接新高考，推进学校"活力校园"建设，未雨绸缪，开展课题研究。

II "学力发展课堂"的理论依据

有了问题，才有课题，课题就是想方法解决现实的问题。首先我们来看看这个课题涉及的概念和目前的研究状况。

一、"学力课堂"概念

课题所指的"学力"，是指学生在学习时所具备的学习经验与能力状况，同时又是指向未来的，是对学生后续学习和发展具有持续影响力的各种要素的总和。具体来说，它涵盖了两个方面的含义：①基础学力。即作为合格公民所需要的基本态度、能力与知识的复合。首都师大苏丹兰教授认为：主要是指学生在学习过程中获取新知识所必需的基本学习经验和学习能力，它主要包括基本的知识经验准备和基本的学习技能两个方面。②发展学力。即学生主动适应迅速发展的未来社会所必须具备的自我发展、自我创造的探求态度、经验积累、思维能力和知识开放性、多维性认识的复合。学生通过现有学习水平所表现出来的今后学习的增长空间，反映学习者的未来可达性，表现为一定的可变性与适应能力。

课题所指的"学力扶贫"，是针对武陵山贫困地区政府主导的以改善办学条件为主的"教育扶贫"模式和基于普通高中现有的考试为导向的知识传授和强化训练的"智力扶贫"模式，其实质都是一种输血式扶贫。而"学力扶贫"是针对我校农村学生居多的情况，在教学中通过提高学生的发展性学力，如培养学生自主学习能力、思维能力和解决问题的能力，以激发其强烈的学习动机和探究欲望，激发学生的内生动力，让他们掌握适应未来社会的必备知识和关键能力，让来自贫困家庭的学生拥有一种持久的学力，这就是一种造血式扶贫，这与国家"扶贫先扶志，扶贫先扶智"的政策也不谋而合。

"学力课堂"就是以培养学生发展性学力为主的课堂。

二、"学力"研究综述

(一) 国外"学力"研究综述

"学力发展课堂"的核心是"学力"一词。据史料考证,"学力"一词最早出现在我国的南宋时期,指个体拥有学问的深厚程度。南宋后,该词随着程朱理学思想一起东渡扶桑,在日本得到了空前的诠释与应用。在日本的江户时期,该词主要指通过学习、理解四书五经等儒家经典的能力及由此习得的素养。此后,该词逐渐成为日本教育领域的一个通用词汇。二战后,"学力"成为日本教育界研究的热点主题之一,但在百家争鸣的局面中,尚未形成一个公认的概念。

日本对"学力"的理解,经历了狭义学力观到广义学力观的演进。二战后的 20 世纪四五十年代,盛行实用主义学力观。受美国杜威实用主义教育思想影响,日本学界也认为"学力"应该是提高学习者的生活理解力和感悟力,提高学习者的生活态度与品质。60 年代,科学主义学力观盛行。日本在高速经济的发展下,"学力"一词也被重新定义为"学习者在学完依据可测原则组织的教学内容之后所达到的能力"。70 年代,伴随日本学生厌学、学习困难和校园暴力等教育现象,日本开始重视兴趣、态度和动机的"新学力观"。八九十年代,受美国人本主义思潮的影响,日本又出现了强调自我建构的"学力观",重视自主学习的积极性以及知识的运用能力和判断力、表现力等,把新学力观落实到教材和评价中,提出了"发展性学力"的概念。21 世纪,日本的"学力观",强调社会文化语境浸润,在知行合一中走向"素养"观,面对学生学力下降的压力,在各种学力说中,有代表性的如佐贯浩的"三层构造模型":第一层是基础学力,包括知识、技能和理解,也叫学科学力;第二层是活用能力,如观察能力、判断能力和表达能力,也可称为生存能力;第三层是参与学习、自我实现,包括积极性、关心、态度等人格因素。

(二) 国内"学力"研究综述

我国一直就有"学力"一词,《新华字典》上的释义是:一个人的"文化程度或者学术造诣"。我国对"学力"的研究,与我国的教育背景密不可分,中华人民共和国成立后,特别是改革开放以来我国的教育受制于高考这根"指挥棒",不论是过去的应试教育还是现在的素质教育,不论是原来的"精英教育"还是现在的"国民教育",教育围绕"考试"转的根本特征并没有变化。因此,一直就有专家学者提出我们的基础教育应该实施面向未来的"学力"教育转型。例如,华东师范大学博士生导师、终身教授钟启泉从 90 年代起就一直为"学力课堂"鼓与呼,写出了很多相关的文章。近年,随着"素养"说的兴起,到2017版的"学科核心素养"的明确,教育界对"学力"一词更为重视,仅2018年3月在《中国教育报》上,"学力课堂"一词就频繁出现。首都师范大学苏丹兰教授也在《论学力、基础学力的概念及要素构成》中对学力进行了研究,提出了她的"学力观"。

(三)代表性观点

华东师大钟启泉教授是"学力"研究的代表人物,写了很多倡导"学力"研究的文章,下面是《核心素养的"核心"在哪里》一文的主要观点。

第一,"核心素养"的研究内容。核心素养的概念不是凭空捏造的,那么,它又是怎么来的呢?核心素养研究是一种持续的多学科、多领域协同研究的集成,历来受到国际教育界的关注。从其发展趋势看,大体涉及"人格构成及其发展""学力模型"和"学校愿景"研究三大领域。

第二,"学力模型"的内涵。众多国家把强调"国民核心素养"的课程发展视为国民教育发展的基因,而学力模型研究就是要寻求国民教育基因改造的关键DNA。法国的"共同文化"、德国的"关键能力"、美国的"核心知识"、日本的"基础学力"及国际学生评估项目(PISA)的语文素养、数学素养、科学素养等研究,都是学力模型研究的适例。

核心素养是指学生借助学校教育所形成的解决问题的素养与能力。在日本学者恒吉宏典等主编的《授业研究重要术语基础知识》中,核心素养指"学生在学校教育的学习场所习得的、以人类文化遗产与现代文化为基轴而编制的教育内容,与生存于生活世界的学习者在学习过程中所形成的作为关键能力的内核"。核心素养是作为客体侧面的教育内容与作为主体侧面的学习者关键能力的统一体而表现出来的。因此,核心素养不是先天遗传,而是经过后天教育习得的。核心素养也不是各门学科知识的总和,它是支撑"有文化教养的健全公民"形象的心智修炼或精神支柱,决定这种核心素养形成的根本要素,在于教育思想的进步与教育制度的健全发展。

文章还分析了国际社会已出现的学力模型研究的若干典型案例:一是联合国教科文组织2003年提出的"五大支柱说"(学会求知、学会做事、学会共处、学会发展、学会改变),经济合作组织2005年提出的三种"关键能力说"(交互作用的运用社会、文化、技术资源的能力,在异质社群中进行人际互动的能力,自立自主地行动的能力),还有欧盟2005年提出的"八大素养说"和日本50年代以来的持续的"学力"研究。

按钟启泉的研究,"学力"是学生在"学习过程中所形成的关键能力",而

"核心素养"还包括"客体侧面的教育内容"，二者是下位与上位的关系。

这样梳理，我们就明白"学力"研究的重点就是一种跨学科融合的"关键能力"。

第三，"学力模型"与"学校愿景"二者之间的关系。钟启泉教授认为："基础教育的使命是奠定每一个儿童学力发展的基础和人格发展的基础"，同时认为"学校是以知识与技能为媒介，师生在互动关系之中，生成各自的意义、相互交换，创生新的学校文化的学习共同体——这就是国际基础教育中学校愿景研究得出的结论。……作为学习共同体，学校的改革旨在通过国民教育的正式课程来铸造未来国民的核心素养。"

基于此我们得出两个结论：一是"学力发展"是基础教育的使命之一；二是学校的改革要以"铸造未来国民的核心素养"为宗旨，"学力模型"构成"核心素养"的主体内容。

基于此，我们首先探讨"学校愿景"，再探讨"学力模型"的构建问题。

III　学校发展的政策解读和学校愿景

雅斯贝尔斯在《什么是教育》中指出："对整个教育问题的反思，必然追溯到教育的目标上去。""学力"研究想达到什么效果？就是实现学校的持续成长。这同样涉及如何理解我们的办学理念，我们的愿景追求。

通过近二十年的执着追求、不懈努力，铜仁二中目前已经成为铜仁市的一所优质高中，教学质量稳居前三。由于体制及招生限制等因素，学校要想更上一层楼，实现省级一类示范性普通高中的目标，难度不小，但是学校有继续发展、继续成长的愿望和追求。

在分析学校愿景前我们先来分析一下国家的办学愿景。

一、国家对普通高中的办学愿景及解读

从现有的相关文件看，国家对普通高中育人的要求是什么？

（一）基础教育改革背景

基础教育课程改革，是党中央、国务院为迎接知识经济时代的到来，应对日益激烈的国际竞争，立足于全面提高国民素质，提升综合国力做出的重大战略决策。

（二）新课程改革情况

第一轮：1999 年召开的第三次全国教育工作会议和 2001 年召开的全国基础教育工作会议先后提出了转变人才培养模式，建立新的基础教育课程体系的建设任务。

2001 年，在党中央、国务院的领导下，教育部正式启动了新一轮基础教育课程改革，颁发了《基础教育课程改革纲要（试行）》等一系列政策文件，初步构建了符合时代要求、具有中国特色的基础教育课程体系。基础教育课程改革从 1999 年开始着手调查研究，组织全国高层次专家进行了顶层设计。2001 年义务教育课程标准颁布，开始在全国 38 个县、区进行义务教育阶段课程改革国家

级实验，分层推进，滚动发展。到 2008 年，全国初中已实行了一轮，有的地区达到 2 至 3 轮，小学也接近一轮。2003 年《普通高中课程标准》颁布，并在广东、海南、山东、宁夏进行实验。

本轮重点：顶层设计，局部实验，重视学生主体和学习方式变革，"为学生的终身发展奠定基础"。

第二轮：2011 年《义务教育课程标准》修订。2010 年普通高中新课程实验省已扩展到 25 个省份，贵州就是这一年进入名单的，2013 年进入第一次新课程高考。

2010 年 7 月 29 日《国家中长期教育改革和发展规划纲要》提出"战略目标"：到 2020 年，基本实现教育现代化，基本形成学习型社会，进入人力资源强国行列。具体内容：实现更高水平的普及教育；形成惠及全民的公平教育；提供更加丰富的优质教育；构建体系完备的终身教育；健全充满活力的教育体制。

提出"战略主题"：坚持以人为本、全面实施素质教育是教育改革发展的战略主题，是贯彻党的教育方针的时代要求，其核心是解决好培养什么人、怎样培养人的重大问题，重点是面向全体学生、促进学生全面发展，着力提高学生服务国家服务人民的社会责任感、勇于探索的创新精神和善于解决问题的实践能力。具体内容：坚持德育为先，坚持能力为重，坚持全面发展。

本轮重点：新课程改革全面实施。

第三轮：十八大和十八届三中全会提出的关于立德树人的要求，2014 年教育部研制印发《关于全面深化课程改革落实立德树人根本任务的意见》，提出："教育部将组织研究提出各学段学生发展核心素养体系，明确学生应具备的适应终身发展和社会发展需要的必备品格和关键能力。"

2016 年 9 月 13 日上午，中国学生发展核心素养研究成果发布会在北京师范大学举行。2017 版《普通高中课程标准》于 2018 年年初发布。2020 年再次进行修订，"三维目标"转变成了"学科核心素养"，研制了学业质量标准，更新了教学内容，传统的单元编排变成了学习任务群，增加了"劳动教育"相关内容。

本轮重点：新课程改革向深度推进，加大考试改革力度。

本轮的另一个重点是新高考改革稳步推进。2014 年 8 月 29 日，中共中央政治局召开会议审议通过了《关于深化考试招生制度改革的实施意见》，会议要求教育部等有关部门要充分考虑教育的周期性，提前公布考试招生制度改革实施方案。2014 年在上海市和浙江省启动了高考综合改革的试点，2017 年全面推进，2017年开始实施，2020年实行新高考的有北京、山东、天津、海南。2018年11月，江苏、湖北、福建、辽宁、广东、重庆、河北、湖南八个省（市）经教育部评估，达到新高考启动条件，被批准启动。

（三）全面推进高考改革和育人方式变革

教育部考试中心"一体四层四翼"与国务院办公厅《关于新时代推进普通高中育人方式改革的指导意见》。

第一，2016年10月11日，高考评价体系"一体四层四翼"。

教育部考试中心主任姜钢在《中国教育报》发表署名文章《探索构建高考评价体系　全方位推进高考内容改革》。"一体"：即高考评价体系，通过确立"立德树人、服务选拔、导向教学"这一高考核心立场，回答了"为什么考"的问题。"四层"：通过明确"必备知识、关键能力、学科素养、核心价值"四层考查目标，回答了高考"考什么"的问题。"四翼"：通过明确"基础性、综合性、应用性、创新性"四个方面的考查要求，回答了"怎么考"的问题。

第二，2018年10月15日习近平总书记在"全国教育大会"上的讲话精神。

"新固相推，日生不滞"，改革是教育事业发展的根本动力，习近平总书记提出牢牢把握教育改革发展的"九个坚持"：坚持党对教育事业的全面领导，坚持把立德树人作为根本任务，坚持优先发展教育事业，坚持社会主义办学方向，坚持扎根中国大地办教育，坚持以人民为中心发展教育，坚持深化教育改革创新，坚持把服务中华民族伟大复兴作为教育的重要使命，坚持把教师队伍建设作为基础工作。这次讲话深刻地回答了教育"培养什么人，怎么培养人，为谁培养人"的问题。

第三，2019年6月11日国务院办公厅《关于新时代推进普通高中育人方式改革的指导意见》。

深化考试命题改革。学业水平选择性考试与高等学校招生全国统一考试命题要以普通高中课程标准和高校人才选拔要求为依据，实施普通高中新课程的省份不再制定考试大纲。优化考试内容，突出立德树人导向，重点考查学生运用所学知识分析问题和解决问题的能力。创新试题形式，加强情境设计，注重联系社会生活实际，增加综合性、开放性、应用性、探究性试题。科学设置试题难度，命题要符合相应学业质量标准，体现不同的考试功能。此外，要加强命题能力建设，优化命题人员结构，加快题库建设，建立命题评估制度，提高命题质量。

综上所述，我们对新课程改革的核心愿景概括如下。

新课程改革的核心理念：一切为了学生的发展。

新课程改革的总目标：全面贯彻党的教育方针，全面推进素质教育。

新课程改革的主要任务：更新观念、转变方式、重建制度，即更新教与学的观念，转变教与学的方式，重建学校管理与教育评价制度。

（四）提升学校办学活力

2020年9月15日教育部等八部门发布《关于进一步激发中小学办学活力的若干意见》（以下简称《意见》），在"指导思想"中指出：深化教育"放管服"改革，落实中小学办学主体地位，增强学校发展动力，提升办学支撑保障能力，充分激发广大校长教师教书育人的积极性创造性，形成师生才智充分涌流、学校活力竞相迸发的良好局面，推动基础教育公平发展和质量提升，加快现代学校制度建设，为推进教育现代化、建设教育强国奠定坚实基础。

此《意见》中对如何提升学校办学"活力"，提出了一些指导性意见，如完善教师"县管校聘"具体实施办法，充分尊重和发挥学校在教师公开招聘工作中的重要作用；按照核定的岗位设置方案，中初级职称和岗位由具备条件的学校依据标准自主评聘，高级职称和岗位按照管理权限由学校推荐或聘用，并依据教师的工作表现和实际业绩，推动教师岗位能上能下、人员能进能出；要树立正确的政绩观和科学的教育质量观，不得以中高考成绩或升学率片面评价学校、校长和教师，坚决克服"唯升学""唯分数"的倾向；学校要构建完善的教师激励体系，充分激发广大教师的教育情怀和工作热情……健全绩效工资激励，完善学校绩效工资分配办法，向教育教学实绩突出的一线教师和班主任倾斜；突出关心爱护激励，坚持把解决思想问题与实际问题相结合，加强思想政治工作和人文关怀，增强教师的职业荣誉感和幸福感。

（五）以评价改革推进教育全面改革

本书付梓之际，2020年10月13日，中共中央、国务院印发了《深化新时代教育评价改革总体方案》（以下简称《方案》），根据习近平2018年全国教育大会精神，提出了教育评价改革"全面贯彻党的教育方针，坚持社会主义办学方向，落实立德树人根本任务，遵循教育规律"的指导思想，这是中华人民共和国第一个关于教育评价系统性改革的文件。

《方案》强调：在中小学阶段，要坚决克服唯分数、唯升学、唯文凭、唯论文、唯帽子的顽瘴痼疾，坚决改变简单以考分排名评老师、以考试成绩评学生、以升学率评学校的导向和做法。《方案》以落实为重点，举措破立结合、改革协同推进，提出在中小学推行教学述评制度、家访制度，稳步推进中高考改革，构建引导学生德智体美劳全面发展的考试内容体系，改变相对固化的试题形式，增强试题开放性，减少死记硬背和"机械刷题"现象。《方案》提出，加快完善初、高中学生综合素质档案建设和使用办法,逐步转变简单以考试成绩为唯一标准的招生模式。

二、学校办学愿景

学校愿景就是学校的追求,也是长期形成的学校文化。有人用开饭馆来形容学校内涵发展的三个方面:犹如开一个饭馆,首先是定位(学校办学目标)——选择菜谱(课程体系)——寻找厨师(老师)。要实现学校定位,我们需要选择适合的课程,当然还需要相应水平的老师来执行。

铜仁二中目前的办学愿景是办人民满意的优质教育,申创省级一类示范性普通高中。

第一,从相关报告看学校愿景。2004 年铜仁二中实现一本升学人数零的突破,从 2005 年到 2012 年,铜仁二中实现从地级示范性普通高中向省级二类示范性普通高中的跨越式发展,现在铜仁二中正在向省级一类示范性普通高中迈进。

铜仁二中抓住新一轮高考改革的历史机遇,全面推进以核心素养为导向的教学方式变革,从升学数量转向升学质量,从教学质量转向育人内涵,从规范管理转向文化浸润,创建"德润校园,以文化人"的新型校园文化,向着一类示范性普通高中的目标迈进!

从以上资料可以看出,学校现在的办学愿景是实现申创省级一类示范性普通高中。

第二,从学校课程体系看学校的办学愿景。根据《贵州省示范性普通高中评估方案》(2018 年修订稿)分析,学校申报一类示范性高中还存在办学条件不足的问题,如班额偏大(规定应不超 50 人),生均校园面积不少于 20 平方米,校舍建筑面积寄宿制学校不低于 15 平方米/生,生均校园绿化面积 4 平方米以上,还有普通教室、理化生实验室、生均藏书这些硬件条件达不到申报要求。在教育教学方面,仅就实质性实行选课走班制一条,学校既受硬件条件的制约,也受目前的办学理念的制约,学校除了国家课程,还没有真正的地方课程和校本课程。根据省教育厅的 18 个示范领域,一类示范性高中必须满足 8 项,关于课程体系的有:学科建设、国家课程实施、校本课程建设、综合实践活动、体育与健康教育、艺术教育、科技教育、心理健康教育、民族文化教育、国际教育、学生社会参与 11 项,涉及管理的制度建设与文化建设 2 项,也与课程体系建设密切相关。课程直接涉及"怎样培养人"的问题,学校要实现自己的办学愿景还有很长的路要走。

第三,从教师综合素质分析学校的办学愿景。铜仁二中的教师素质,得力于后发优势。2000年前学校有大力发展初中教育的基础，2000年后以初中带动高中，开始重视发展高中教育，对"人才强校"战略有整体思考，把好人才关，吸引优秀毕业生和引进人才并重。近五年更是提高了人才准入门槛，高层次人才引进必须是公费师范生和研究生。教师素质是铜仁二中的一个亮点，在十个示范领域中，课程建设，特别是教学质量都有赖于优秀的教师和一流的团队。事实证明，铜仁二中有优秀的教师团队，有一流的"厨师"，但是他们未必能够炒出符合一类示范性高中需要的"菜品"来。因为教师都在高强度的压力下，一方面学校以一类示范性高中对标对表，另一方面以考试成绩对教师进行各种考核。教师在高压力下，一方面每天大量时间都消耗在日常评比和考核上，另一方面继续发扬艰苦奋斗、顽强拼搏的精神，严格进行时间管理。这与国家课程改革的教育理念有一定的差距，如没有注重培养学生的自主管理、自主学习能力，没有注重培养学生的兴趣爱好，没有实现从考试能力向核心素养的育人目标转移。我们的一本升学人数是上去了，但是却不利于优秀学生的成长，不利于激励后进学生，学校办学也越来越缺少活力。

钟启泉说："决定这种核心素养形成的根本要素，在于教育思想的进步与教育制度的健全发展。"综上所述，国家的教育改革一直在引领学校的教学变革，学校也有变革的追求，但是学校的愿景与办学理念、管理制度和政策执行都还有很大的落差。

当然学校的变革与学校教师个人愿景，特别是教师的教学理念和教师的教学行为关系紧密，本书会在后面专章讨论。当然学校的发展与学校领导能不能，社会、家长让不让也存在一定的关联，本书不一一讨论。

三、学校如何爬坡过坎，闯出新未来

针对高中教育的现状，我们来看看高中教育界的大咖们有怎样的见解。

华东师大叶澜教授在2005年时就指出："学校不是只关心少数'尖子'学生，为高一级学校培养专门化的、精英式的人服务，不应仅以培养出获奖学生、考上名牌大学或后来成为著名人物的学生为荣（在各类校庆和校史展览中，人们最能感受到这两点），而应致力于每一个学生的发展，为学生的终身学习和发展奠定坚实的基础。这将成为21世纪'学校转型变革'的内涵之一，也成为现代型学校的基本特质。"十五年过去了，尽管时代已经发生了巨大的变化，教育的环境也发生了很大的变化，但是叶澜教授的观点在今天仍然适用。

2020年6月13日，北京师范大学高中校长论坛第一期第一场，北京中加学校原校长、北京圣陶教育发展与创新研究院院长王本中做了题为《对高中教育

育人价值及发展模式的再思考》的发言："学生在小学阶段要有兴趣，在初中阶段要有志趣，高中阶段要有志向。虽然高中教育在课程体系的建构上逐步得到发展，但事实上，学生在高中阶段并没有很好地实现生动、活泼、主动的学习"，同时指出，"教育的基本任务就是公平和质量，真正做到更加公平、更有质量的教育，基本条件就是学校的办学活力，当前不管是公立学校还是民办学校，都面临着越来越多的限制，越来越没有活力的问题"。概括起来就是学生缺少主动学习，学校缺少办学活力。

中国教育创新研究院院长刘坚教授认为，普通学校实现高质量特色发展有三条规律可循。"普通学校实现高质量发展，要走特色发展之路，这里的特色是非人为的，不是'拍脑袋'出来的，有其内在规律可循。这个规律主要体现在三个方面：第一，符合未来发展方向，如网络时代的翻转学习；第二，与特定的时空紧密关联，如青岛的海洋文化；第三，符合教育教学的内在规律。普通教师若要实现高水平教学，通过实施项目式学习，走自主、合作、探究的教学改革之路，是一个行之有效的突破口。想要普通学生获得卓越成长，通过发现学生的兴趣、爱好、特长，引导学生自主发展，激发学生的内在潜能，是必由之路。无论是选课走班还是项目式学习，引导学生独立思考、小组合作，发挥学习共同体作用，才能让更多的学校实现高质量、高品质、高水平的发展，让每一个人更加卓越。"

对于当今以量化为主的学校管理，北京师范大学王磊教授认为：无论是哪里的学校，无论是否为名校，学校都可以采用现代化的、精细的、系统化的管理方式来实现学生最大限度的自主性与发展空间。相反，学校不应该采用简单的、粗放型的管理方式限制学生的发展和空间，换取学校管理层面的"方便"。

我们得出一些共识：学校简单、粗放型的管理要走向现代化、精细化、系统化促进学生的发展。学校发展要走特色发展道路，适应未来，结合校情，走教学改革之道。

在八部门联合出台的《关于进一步激发中小学办学活力的若干意见》中，提出学校办学主要是解决"办学活力"不足的问题，从办学自主权、办学内生动力、办学保障能力、办学管理机制几个方面提出了若干意见。

Ⅳ 如何破解学校发展瓶颈——他山之石

尽管课程改革在倒逼学校变革，但是办学是一件复杂的事情，让人有雾里看花的感觉，有人说我们是在"用诗歌谈教学改革，用散文搞学校管理"，确实如此，台上讲理想，台下重现实。人们都怕冒险，不敢尝试。日本学者佐藤学说："所谓'好学校'，绝不是'没有问题的学校'，而是学生、教师和家长共同面对'问题'、致力于问题解决的学校。"

有这样一句话"看不懂现在就去看看历史"，我想看不懂教育就去看看经济，因为经济研究的人才多，研究比较充分，可以为教育提供一点参考。

一、借鉴关于国家发展的"中等收入陷阱"研究

（一）关于"中等收入陷阱"的概念理解

中等收入陷阱是一个国家发展到中等收入阶段（人均国内生产总值 3000 美元左右）后，可能出现的两种结果：第一，持续发展，逐渐成为发达国家；第二，出现贫富悬殊、环境恶化甚至社会动荡等问题，导致经济发展徘徊不前。后一种结果称走入了中等收入陷阱。

世界银行《东亚经济发展报告（2006）》提出了"中等收入陷阱"（Middle Income Trap）的概念，基本含义是指：鲜有中等收入的经济体成功地跻身为高收入国家，这些国家往往陷入了经济增长的停滞期，既无法在人力成本方面与低收入国家竞争，又无法在尖端技术研制方面与富裕国家竞争。

（二）"中等收入陷阱"的实例研究

国际上公认的成功跨越"中等收入陷阱"的国家和地区有日本、以色列、韩国、新加坡等，但就比较大规模的经济体而言，仅有日本和韩国实现了由低收入国家向高收入国家之间的转换。日本人均国内生产总值在 1972 年接近 3000 美元，到 1984 年突破 1 万美元。韩国 1987 年超过 3000 美元，1995 年达到了 11469 美元，2014 年更是达到了 28101 美元，进入了发达国家的行列。从中等收

人国家跨入高收入国家，日本花了大约 12 年时间，韩国则用了 8 年。

拉美地区和东南亚一些国家则是陷入"中等收入陷阱"的典型代表。一些国家收入水平长期停滞不前，如菲律宾 1980 年人均国内生产总值为 684.6 美元，2014 年仍只有 2865 美元，考虑到通货膨胀因素，人均收入基本没有太大变化。还有一些国家收入水平虽然在提高，但始终难以缩小与高收入国家的鸿沟。例如，马来西亚 1980 年人均国内生产总值为 1812 美元，到 2014 年仅达到 10804 美元；阿根廷在 1964 年时人均国内生产总值就超过 1000 美元，在 20 世纪 90 年代末上升到 8000 多美元，但 2002 年又下降到 2000 多美元，而后又回升到 2014 年的 12873 美元；墨西哥 1973 年人均国内生产总值已经达到了 1000 美元，在当时属于中等偏上收入国家，而 2014 年人均国内生产总值只有 10718 美元，41 年后仍属于中等偏上国家。拉美地区还有许多类似的国家，虽然经过了二三十年的努力，几经反复，但一直没能跨过发达国家 15000 美元的门槛。

（三）"中等收入陷阱"的原因分析

为什么发展水平和条件十分相近的国家，会出现两种不同的发展命运，关键是能否有效克服中等收入阶段的独特挑战。从成功应对挑战的日本、韩国、新加坡来看，起决定作用的是人，是高素质的人才，是国民的整体素质。从拉美地区和东南亚一些国家的情况看，挑战失败的原因除了人才匮乏、整体国民素质较差外，还有以下几个方面。

第一，错失发展模式转换时机。以阿根廷等拉美国家为例，在工业化初期实施进口替代战略后，这些国家未能及时转换发展模式，而是继续推进耐用消费品和资本的进口替代，即使在 20 世纪 70 年代初石油危机后，还是维持"举债增长"，使进口替代战略延续了半个世纪。而马来西亚等东南亚国家则因国内市场狭小，长期实施出口导向战略使其过于依赖国际市场需求，极易受到外部冲击。

第二，难以克服技术创新瓶颈。一个国家的经济在进入中等收入阶段后，低成本优势逐步丧失，在低端市场难以与低收入国家竞争，但在中高端市场则由于研发能力和人力资本条件制约，又难以与高收入国家抗衡。在这种上下挤压的环境中，这类国家很容易失去增长动力而导致经济增长停滞；要克服这一挑战，就需要在自主创新和人力资本方面持续增加投入，培育新的竞争优势。马来西亚等东南亚国家在亚洲金融危机后再也没能恢复到危机前的高增长，就与经济增长缺乏技术创新动力有直接关系。

第三，对发展公平性重视不够。公平发展不仅有利于改善收入分配，创造更为均衡的发展，还能够减缓社会矛盾和冲突，从而有利于经济可持续发展。

拉美国家在进入中等收入阶段后，由于收入差距迅速扩大导致中低收入居民消费严重不足，消费需求对经济增长的拉动作用减弱。如 20 世纪 70 年代，拉美国家基尼系数高达 0.44~0.66，巴西到 90 年代末仍高达 0.64，一些国家还由于贫富悬殊，社会严重分化，引发激烈的社会动荡，甚至政权更迭，对经济发展造成严重影响。

第四，宏观经济政策出现偏差。从拉美国家来看，由于受西方新自由主义影响，政府作用被极度削弱，宏观经济管理缺乏有效的制度框架，政策缺乏稳定性，政府债台高筑，通货膨胀和国际收支不平衡等顽疾难以消除，经济危机频发造成经济大幅波动。例如，20 世纪 80 年代的拉美债务危机，1994 年墨西哥金融危机、1999 年巴西货币危机、2002 年阿根廷经济危机，都对经济持续增长造成了严重冲击。阿根廷在 1963—2008 年的 45 年间出现了 16 年负增长，主要发生在 20 世纪 80 年代债务危机和 2002 年国内金融危机期间。

第五，体制变革严重滞后。在拉美国家，体制变革受到利益集团羁绊，严重滞后于经济发展，精英集团的"现代传统主义"片面追求经济增长和财富积累，反对在社会结构、价值观念和权力分配等领域进行变革，或者把这种变革减少到最低限度。经济财富过度集中，利益集团势力强大，造成寻租、投机和腐败现象蔓延，市场配置资源的功能受到严重扭曲。

其实，这些原因同样可以归结为一条，是"人才"，是人的素质。人，在挑战中起到决定性的作用。

二、如何破解"学校发展瓶颈"的思考

学校教育不像搞经济那么简单，有其自身的发展规律。但是，我们也应该看到学校发展与"中等收入陷阱"有类似之处，我把它称为"学校持续发展陷阱"。"他山之石，可以攻玉"，我们可以仿照破解经济领域问题的思路来解决教育领域中存在的问题，如果觉得不妥，权当是一种思考吧。

（一）学校要抓住发展模式转换的时机

从"时机"看，就是抓机遇。"时"（旹、旹）此字始见于商代甲骨文，形声字，古字形从"日""之"声，后来变为从"日""寺"声。"日"即太阳。《尔雅·释诂》："之，往也"，就是"太阳在走"的意思。太阳走就是"时"的本义，即指春、夏、秋、冬四季，也指时令季节（又引申指一定时间内才会出现的机会、时机）。

"机"（機），形声。从木，幾（jī）声。本义：弓弩上的发射机关。《说文

解字》(卷六)(木部)"机":通"积","几"即数量,意取累积,积木生机,助缘合因,至取正果。道运化因缘成果之无形法即是"机"。木应天地因缘感召,得天之气,积阳之温,化地之水,聚土之尘,累积木几,曲直向上,执着生"机",通天达地,修木高尚。高尚至尽,太极至静,至生无极,无极"孕"动,化木林森,复至太极,化育万物,如是往复,无始无终,得道永续,合理合法。

"时机",乃"木"因缘感召,日积月累(得天之气,积阳之温,化地之水,聚土之尘),四季磨砺(曲直向上),成为大树,成为森林(化木林森),化育万物。

故事一:林语堂博士的故事

有一天,一位先生宴请美国名作家赛珍珠女士,林语堂先生也在被请之列,于是他就请求主人把他的席次排在赛珍珠之旁。席间,赛珍珠知道座上有多位中国作家,就说:"各位何不以新作供美国出版界印行?本人愿为介绍。"座上人当时都以为这是一种普通敷衍说词而已,未予注意,独林博士当场一口答应,归而以两日之力,搜集其发表于中国之英文小品成一巨册,而送之赛珍珠,请为斧正。赛因此对林博士印象至佳,其后乃以全力助其成功。

据说,当日座上客中尚有吴经熊、温源宁、全增嘏等英文造诣极高的人,而抓住这次机会的只有林语堂一人。

居里夫人说:弱者等待时机,强者创造时机。由这段故事看来,一个人能否成功,固然需要天赋,需要努力,但善于创造时机,及时把握时机,这同样很重要。西方有句谚语"机会不会再度来叩你的门",说的也是这个道理。

学校发展,时机非常重要。21 世纪以来,国家逐渐加大教育改革力度,2003 年新课程标准颁布(贵州是 2010 年才实施),2017 年修订版课程标准颁布,以新课标、新教材、新高考为特征的"三新"正在深刻地影响着学校的发展。对这一重要转变,很多学校没有抓住时机进行教学模式转型,导致学校陷入持续发展的陷阱。虽然部分学校有前期积累的社会声誉,有教育主管部门的政策扶持,办学水平也不差,但是这些学校距离人们的办学期待以及师生、家长的愿望越来越远,出现后继乏力现象,进入了高原期。这种现象在本地区也能找到很多实例。

(二)要克服管理理念瓶颈

"管理",教育要"管",也要"理"。"管"字从"竹"从"官","官"亦声。"竹"指竹制的六管乐器;"官"指器官的各种功能。"管"指竹管吹奏所发出的声音,与器官各种功能相谐振。我们知道,语言的功能就是表情达意,就是交流。当一个官员，包括学校的领导，在实施管理的时候，你发出什么声音，你发出什么指令，教师就会做出相应的反应。从这一点看，领导的话，就是教师的行动指南。因此一个理念先进的管理者的话就能起到引领的作用，当然，一个理念落后的管理者，就成了学校教职工思想和行为的天花板。我们生活中常常有"夫妻相"的说法，就是夫妻之间你影响我，我影响你，最终两人的思维方式和行为模式都高度一致，以至他们的外表也越来越相似。

有什么样的领导，就有什么样的老师，这话一点不假。

"理"从"玉"从"里"，"里"即"作坊"，意为在作坊里雕琢刚刚采来的璞玉。俗话说"玉不琢不成器"，玉的雕琢，是有一定的规律的，那就是要遵循玉的纹路，顺应玉的特点。但是有的玉工不这样想，而是自己在那里一厢情愿地画图纸，美其名曰搞艺术设计。不管玉石的纹路、特点，就胡乱加工，即使玉工很努力地雕琢，但是效果如何，可想而知。这与我们很多老师的管理方法相似。

所以，从"管理"二字看，作为管理者，要有正确的、先进的理念，发出正确的声音，顺应事物的规律特点行事。

故事二：柳生学剑的故事

宫本和柳生是日本近代的知名剑客，宫本是柳生的师父。柳生在拜师学艺时，急切地问宫本："师父，你看凭我的条件，需要练多久才能成为一流的剑客？"宫本答道："至少要10年吧！"柳生一听这话着急了，又问："10年的时间太久了，如果我加倍苦练，那么需要多久可以成为一流的剑客？"宫本回答说："那就得20年了！"听了师父的话，柳生一脸狐疑，又接着问："假如我夜以继日地苦练，那么多久可以成为一流的剑客呢？"宫本答道："那你只会劳累而亡，无法成为一流的剑客。"柳生觉得师父的说法太矛盾了，就问宫本："师父，为什么我越是努力练剑，成为一流剑客的时间反而越长呢？"宫本的答案是："要当一流剑客的先决条件，就是必须永远保留一只眼睛注视自己，不断地反省。如果你的两只眼睛都紧紧盯着那一流剑客的招牌，哪里还有眼睛注视自己呢？"听了师父的话，原本就聪慧的柳生忽然开窍了，照着宫本的要求去做，终于成为彪炳青史的一流剑客。

想当一流的剑客，不仅仅需要牢记着目标，苦练剑术，还需要保留一只眼睛看自己，不断地进行自我反省，时时琢磨，剑术才能精益求精，不断长进。宫本的这番话是为了点化他的学生，可对他身后的人来说，也不失为一句座右铭。

世界上最大的监狱在哪里？在人的意识里。因为人往往是自己思维观念的囚徒。叔本华说:"正如每个人都囿于自己的皮囊,每个人也都囿于自己的意识。"时代在变化,对人才的要求也在变。我一直认为学校发展最大的制约因素是领导和教师的观念。教师大多是传统教育的受益者,当他成为教师后,他对教育的认识大多还停留在他读书的时代,犹如"媳妇熬成婆"一样,这在心理学上被称为前摄抑制。当新课程理念成为时代主旋律以后,很多老师还坚持原有的教学理念和模式,忽视时代要求,没有主动求变。对各种培训,对教育主管部门的推动,他们更是漠然置之。这就形成"穿新鞋走老路"的现状,教师的课程理念没有与时代的要求同步,成为学校持续发展的瓶颈。

教育部为什么把深化教育评价改革作为重点攻坚任务,作为"龙头之战""最硬的一仗"来抓?传统教育观念的顽瘴痼疾犹如暗夜的星空,看不到阳光,让人窒息。课程标准的颁布,犹如一个巨人在呐喊,但是没有作用,黑夜依旧如故。他终于明白了,他拾起了评价改革的大棒,一声怒吼。有用没有?可能有两种结果:要么人们笑你是神经病,把你视为怪物;要么你在黑暗的夜幕上砸出一个窟窿,抑或撕开一道口子,让阳光慢慢战胜黑夜。

(三)重视公平教育促进学校的持续发展

一二类班平均分班,有两大好处,一是以有限的资源,让更多学生享受优质的教育;二是加大教师内部竞争力度,调动教师的积极性。过去我们讲好了"铜仁二中自己的故事",这个故事是不懈追求、团结拼搏、激动人心的奋进之歌。这与我们贵州这几年在全国发出"贵州声音"有相似之处。

故事三:讲好贵州故事,传出贵州声音

贵州不沿边不沿海,是全国唯一没有平原的省份,自然条件恶劣,号称"地无三里平,人无三分银,天无三日晴"。

时代风云激荡,历史沧桑巨变。就是这样一个自然资源不足的省份,从2000年国家实施西部大开发政策以来,经济增速居全国前列。"要致富,先修路。"贵州的高速公路,让贵州天堑变通途,成了一张名片,诞生了一个名词"贵州模式";有民族特色的"山地旅游"也异军突起,封闭的贵州竟然成了"互联网经济"的代名词,数字经济增幅居全国前列,曾经垫底的贵州正在谱写一出绝地反击的当代样板戏。

贵州的成功,关键因素是什么呢?贵州的成功,有我们贵州人的"团结奋进,拼搏创新,苦干实干,后发赶超"的贵州精神。这是我们贵州人凝心聚力,我们大胆进行填谷造峰、奋力攀高,持续多年,才交出了这个合格的成绩单,但是贵州故事更与国家西部大开发的英明决策和今天的"决战脱贫攻坚"分不开。改革开放,是从沿海开始的,逐步发展到沿边。但是中国的发展离不开广袤的西部地区，可以说，西部大开发是实现中国崛起的关键战役，"决战脱贫攻坚"是实现我们"为人民服务"制度优越性的重要体现，这两场战役同样是我们国家实现"民族复兴"的战略部署。

教育公平是社会公平的重要基础，要不断促进教育发展成果更多更公平惠及全体人民，以教育公平促进社会公平正义。

我国教育家孔子的"有教无类"就是朴素的教育公平思想，科举制度也是一种教育公平的体现。

党的十八届五中全会首次明确将共享作为完善发展理念的重要方面，特别强调共享是中国特色社会主义的本质要求。发展成果由人民共享，让每个人"都享有人生出彩的机会，都享有梦想成真的机会，都享有同祖国和时代一同成长进步的机会"，是中国特色社会主义本质要求在当前的重要体现。教育作为人力资本形成的最主要来源，既是经济发展的"加速器"、科技进步的"孵化器"，同时，由于其在社会流动中的"筛选器"功能，又被视为社会发展的"稳定器"和"平衡器"。其实我们还应该认识到，"教育公平"是学校持续发展的"助推器"。

其实，公平有起点公平、过程公平和结果公平之分，我们学校发展更应注重过程公平和结果公平。

目前社会上对"公平教育"关注的热点往往集中在城乡之间、区域之间、学校之间的教育资源配置问题上，义务教育的师资和办学条件仍然存在明显差距，异地高考、择校热、留守儿童教育等"起点公平"问题。我这里讲的公平教育更多是学校内部班级之间，班级内部学生之间的"过程公平"问题。大多数老师注重优秀学生教育，忽视了学校和班级中的后进生、问题生的培养，既缺乏相关的管理制度，也没有相应的补差措施。"过程公平"出现问题，"结果公平"也就无从说起，后进生的学习积极性没有完全调动起来，这就成了学校持续发展的重要障碍。

我们学校要走出高原期，有赖于开发所有学生的"学力"。加上由于本地重点中学在碧江区招生数量较多，二中学生基础普遍弱于一中，所以学校的发展重点是开发学困生的潜力。这是教育扶贫的时代担当，也关系到二中的未来发展，如果这部分学生的"学力"得不到开发，那么二中将很难跨过现在的"发展陷阱"，不过想一想我们二中白手起家取得的成功，想一想我们贵州这几年取得的成绩，我们要相信办法总比困难多。

（四）对学校管理进行系统化思考

当前的学校管理是量化考核方式，以质量导向的终结性评价为主。这一管理方式对学校的发展功不可没，但是随着时代的发展，在调动教职工积极性方面又存在很多问题，一是考核方法整齐划一，过于简单；二是不利于教师理念的更新。当然有领导认为存在的就是合理的，没有去思考现行管理制度的利弊。其实领导的水平就是教师发展的天花板，学校管理的问题就是学校发展的困难，细思极恐。如果我们转变思维方式，其实困难也是机会，这个机会是上苍赐予我们的一笔财富，它等待着我们去获取去享用。

故事四：怎样分粥更合理

有七个人曾经住在一起，每天分一大桶粥。要命的是，粥每天都是不够的。一开始，他们抓阄决定谁来分粥，每天轮一次。于是乎每周下来，他们只有一天是饱的，就是自己分粥的那一天。

后来他们开始推选出一个道德高尚的人出来分粥。没有制约的权力就会产生腐败，大家开始挖空心思去讨好他，贿赂他，搞得整个小团体乌烟瘴气。

然后大家开始组成三人的分粥委员会及四人的评选委员会，但是大家互相攻击扯皮，粥吃到嘴里的时候都凉了。

最后大家想出来一个方法：轮流分粥，但分粥的人要等其他人都挑完后拿剩下的最后一碗。为了不让自己吃到最少的一碗，每人都尽量分得平均，就算不均，也只能认了。大家快快乐乐，和和气气，日子越过越好。

俗话说"没有规矩，不成方圆"。制度是维系集体存在和发展的基本要素，也是学校管理的基本手段。通过制度管理，可以激励先进，督促后进，纠正错误，保证学校有序运转，促进教风、学风、校风的形成，使得学校朝着良性方向发展，因而大多数学校都重视建立健全管理制度。

目前在学校管理中存在的问题较多，主要是：第一，制度不健全，需完善。目前公办学校的普遍问题是：除了上课，除了评职称，很多事情无人干。第二，制度不科学，应改进。如我们学校的整体考核，考差了担心，考好了同样担心。第三，制度没执行，要落实。有位名人曾说过：制度决定习惯，习惯决定性格，性格决定命运。很多制度打印成册后束之高阁，搞形式主义。第四，制度缺乏人文，要修正。朱永新在《新教育之梦》一书中写道："如果校长没有人文关怀、人文情怀，就不可能有教师的人文关怀和人文情怀。没有教师的人文关怀和人文情怀，也就说不上学生的人文关怀和人文情怀。""人文关怀"的核心是以人为本的"文化观"，这种"文化观"赖以生存的土壤和得到发展的环境，恰恰是成熟完善的政治、经济和文化制度。因此，制度的制定，要充分考虑是否有利于调动教师的工作积极性，是否有利于教师的发展，是否有利于学校的和谐发展。

有人说："管理是一门学问，是一门艺术。"制度化管理是学校管理的重要方法与手段。但坚持制度管理的同时又应充满人情味，既有制度的刚性约束，又有人文的弹性关怀，只有制度管理与人文关怀相结合，相得益彰，才能促进学校的持续、和谐、科学的发展，从而使得学校教育教学稳步向前。

目前比较先进的理念是从量化管理走向积分管理，能够做到既不伤筋动骨，衔接自然，又能全面调动管理者和教职工的积极性、创造性。笔者受校长所托，曾经拟制"三度三实"参考"三新"的积分管理制度。三度：学校贡献度、工作努力程度、关系和谐度。三实：实际出勤考核、实际工作量、实际工作业绩。三新（供参考）：新自我（形象）、新建议、新学习。

（五）提高教师自我效能感

教学效果不好，我们往往认为是老师的能力不够，其实我们认为能力只是一方面，更主要的是老师从教的职业理想和敬业精神存在问题，这里我们引用心理学中的"自我效能感"概念来进行分析。

自我效能感是指个体对自己是否有能力完成某一行为所进行的推测与判断。班杜拉对自我效能感的定义是"人们对自身能否利用所拥有的技能去完成某项工作行为的自信程度"。

教育的终极目标是什么？是"育人"，让人过上幸福生活。我们国家正处于迅速变革的时期，2013 年的 21 国调查显示，中国教师的地位最高。但是教师的工资却是很低的，全民重视教育，教师压力却是最大的。教师的幸福感低，能教出快乐幸福的学生吗？俞敏洪认为中小学老师不读书或读书不够；朱永新认为教师的成长是职业认同加专业发展。按心理学家班杜拉的观点，教师对职业的结果期望，如收入预期、地位预期、成就预期有差距，这些又反过来影响教师的职业目标的选择和评价，导致职业认同感低。一句话，没有职业兴趣、缺少职业技能、职业幸福感低的教师难以教出幸福的学生。

故事五：电影《讲台深处》

"很多时候，你不需要特殊技能，也不需要特别的训练，你只需要去关心！"这句话出自一部改编自真实故事的美国电影《讲台深处》。

1984 年，美国盐湖城在一些无家可归者的集中聚居地设立了几所免费的公益学校，给流浪者后代提供启蒙教育。政策是美好的，现实是残酷的。我们的女主角贝斯第一次来到学校时便被糟糕的环境震惊了，一间破旧的棚户房充当教室，几张破烂的桌椅，没有课本，一间教室里面坐着整整六个年级的孩子，而整个学校里只有贝斯一位老师。最主要的是学生们根本无心学习，他们戏称贝斯老师为小丑，前任老师临走时更是警告她"这里的老师就是给孩子们当保姆"。

虽然贝斯对这所学校大失所望，但丈夫布兰登却很支持自己的妻子留下来。贝斯老师也没有被困难吓倒，她自费买来了油漆粉刷了教室，同时还买了地球仪、粉笔等教学用品，将教室装扮得焕然一新，学生们似乎也被贝斯老师的行为感染了，有人开始主动站出来帮忙。相处的日子里，贝斯老师展现出了伟大的母性光辉，关爱学生的生活，给予他们应有的关爱，她教育学生们懂得感恩远比获得知识更为重要。

在贝斯老师的努力下，这所只有一个老师的学校慢慢走上了正轨，她的无私行为感动了学区管理所的沃伦博士，他想尽一切办法为学生们提供了新课桌和教科书。贝斯老师身上展现出来的母性光辉和高尚师德值得我们每一个人去学习。影片的最后，现实生活中的贝斯老师现身呼吁，希望大家多多关心孩子们的教育，这是我们整个社会的希望。

教师，特别是优秀的教师最重要的评判标准是精神，是品德，是他们心中那份教育情怀。优秀教师大都有为人师表、大爱无疆、淡泊名利、关爱学生、忘我奉献等良好品质。就以"感动中国年度人物"中的教师来说，2004年大山深处孤身支教的湖北农业大学毕业生徐本禹等，他们对教育的挚爱、痴情感动了人们；2006年96岁高龄，最难时也不丢掉良知的季羡林；2008年烛照深山，到悬崖小学支教的李桂林、陆建芬夫妻；2009年心灵放歌，为留守儿童办学的女大学生李灵；2010年烈焰之中筑大爱的王茂华、谭良才老师；2011年坚守藏区12年支教的胡忠、谢晓君夫妇；2012年黑龙江28岁勇救学生自己却被碾压而高位截肢的女教师张丽莉；2013年有"护梦人"之誉的西藏山村教师格桑德吉，她2000年从河北师范大学毕业，12年如一日往返于劝学和送孩子的道路上；2014年"夕阳最美，晚照情浓"，退休后到贵州山区支教的朱敏才、孙丽娜夫妇；2015年广西都安高中"化作光明烛"，被称为"莫爸爸""校长爸爸"的莫振高；2017年在江西大山里从"支姐姐"到"支妈妈"教育了两代人的支月英；2020年自掏腰包创办"留守儿童之家"，被誉为"乡村烛光"的91岁高龄的叶连平。

美国心理学家海姆·吉诺特写了一段话，被称为"惶恐的发现"："我惶恐地意识到，我成了教室里的一个决定性因素，我个人的方法可以创造出教室里的情境；我个人的情绪也可以左右教室里的气氛。作为一位老师，我拥有巨大的力量来让孩子们过得痛苦或者快乐。我可以成为折磨孩子的工具，也可以成为鼓舞孩子的火花，我可以带给他们羞辱或者开心，也可以带给他们伤害或拯救。在所有的情况下，一次危机是骤然升级还是逐步化解，一个孩子是获得进步还是日益堕落，我的态度都有着重要的影响。"

其实，学校要走出困境，实现持续发展、优质发展，根本的一条，同样是"人"，也只能是人。"人的回归才是改革的真正条件"，所以学校改革要真正做到"以人为本"，相信人，依靠人，发展人，服务人。

V　以"学力"研究，激活课堂活力

通过上面论述可知，虽然课程变革声音响亮，但是最根本的问题还是需要学校领导、教师改变观念，改变长期形成的重传授和重训练的教学方式，改变以考试成绩评价学生的单一方式。

课程变革，一直是学校工作的重中之重。各种理念及教学模式众多，但一线的课堂教学实际变化很小。我校因为课题研究的需要，结合校情，在总结反思的基础上，于2018年开展了"学力发展课堂"的研究，并开展了一系列研讨、培训、比赛、展示等活动，取得了初步的成果。

一、铜仁二中学力模型研究

根据日本学者广冈亮藏和华东师大终身教授钟启泉的研究，结合我地武陵山特困连片地区学生的特点，特制定本模型，明确"学力"的内涵及边界。经过反复讨论，我们制定了适应我们学校校情的"学力模型"（图1-5-1），指导我们的课题研究。

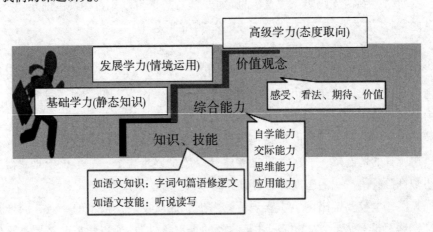

图1-5-1　铜仁二中"学力模型"

其中"双基"层最为基础，价值观念层最为高级，而情境运用层的"发展学力"则发挥着承上启下的作用。三层架构可解读为，"发展学力"以"基础学力"为基础，"发展学力"又促进"高级学力"的培育和形成；"发展学力"具有关键的作用。发展学力与关键能力有交叉，但也有区别，"关键能力"更多的是在现实情境中解决问题的能力，可单一可综合，而"发展学力"是在关键能力的基础上，形成的指向现实的情境运用和面向未来发展需要的更加稳定的综合能力。

根据上图，铜仁二中的"学力"课题，主要研究自学能力、交际能力、思维能力和应用能力等综合能力，结合地方和校情，我们把重点放在解决问题能力和交际能力两方面。

二、为什么要强调"学力"

（一）从教育发展的历史来看

几千年教育的发展史，分析其教学的理念，可以聚焦到两个观点："课程即知识"和"课程即经验"。"课程即知识"的核心是强调教学的价值取向在于"学生知识的掌握"。因此，从某种角度观察，"知识掌握成为教学的出发点和归宿"。这一教育理念一直延续至今，仍然主导着我国的课堂教学以及评价体系。

"课程即经验"，其核心是强调教学的价值在于"学生经验的获得"，包括既有经验的改造和新的经验的获得。其本质是在教学中更多着眼于学生能力的发展。

我国中小学课堂教学受"课程即知识"这一理念的影响更加根深蒂固，尽管"经验课程论"的传播时间不短，但转化成教学的实践仍然任重道远。"知识"和"能力"，仿佛"鱼与熊掌不可兼得"。更有不少专家在传播新的课程理念时，完全否定传统的课程理念，将"知识"与"能力"两个价值取向完全对立，这种认识是不符合教育发展规律的。

教育的变革，不同于其他社会或技术等的变革，不是"砸烂旧社会建设新社会"，而是"继承与发展"。教育的发展，没有完全过时的教育家，也没有完全过时的教育理论。所谓教育的发展"不过是今天比昨天更丰富而已"，或者是"什么多了，什么少了"的某种变化。

因此，"基于学力发展的课程变革"，不是要否定"知识掌握"的重要性，而是要着重强调两点。一是将教学过程中更多处于"学生自发性"和"教师潜意识"的能力发展，转变成"教师的有意识"和"教学过程的学生自主化"，使学科教学更多指向学生"发展学力"和"高级学力"的发展。二是通过"教学过程的重构"，将"知识掌握的过程"与"学生能力发展的过程"整合成"以学生自主性学习活动为主体的学习过程"，求"知识与能力兼得之利"，并培养学生面向未来的"学力"。

如何将两种理念融合在一起？这里我们就要提到"活动课程论"，这一理论的基础，是19世纪末至20世纪初美国实用主义教育家杜威提出的。他认为："学校科目相互关系的真正中心，不是科学，不是文学，不是历史，不是地理，而是儿童本身的社会活动。"主张编制课程应与学生的生活经验、发展顺序相一致，使学生掌握解决实际问题的知识，提倡学生"在做中学"。他认为传统的学科课程论不能照顾学生的需要、兴趣和个性，提出在活动中学习，通过活动获得经验，培养兴趣，解决问题，培养科学的思想、态度和思维方法。

其实，在"活动"中获得经验，同样也可以在"活动"中学习知识，"在做中学"是杜威的全部教学理论的基本原则。杜威认为："所有的学习都是行动的副产品，所以教师要通过'做'，促使学生思考，从而学得知识。"高中语文的"古诗文默写"题，从原来的上下句默写变成情境默写，就是要求学生改变学习观念，而不要死记硬背。

因此，教学中，教师应该把培养身心全面发展的学生作为自己的教育目标，把学生看作是具体的、能动的人，尊重他们的人格和生命。课堂上，教师要遵循发现和探究的原则，千方百计激起学生学习知识、发现和探究知识的兴趣，要把一些有选择性的课外活动和有创造性的社会实践活动有力地结合起来，形成开放、多维、有序的课外共同活动体系，为学生提供发现、尝试、锻炼和表现自己天赋和才能的自由时间和空间，提供丰富多样的活学活用书本知识的机会。

为什么需要学校？就是"为了帮助孩子习得成人所认为的能适应生活的必备知识和技能"，要想培养"学力"，让学生有动力，让学校有活力，就要把"活动"开展起来。

（二）"学力"与官方表述的"关键能力""核心素养"的关系

1. 关于"关键能力"

2018年中共中央办公厅、国务院办公厅印发了《关于深化教育体制机制改革的意见》，明确提出："要注重培养支撑终身发展、适应时代要求的关键能力。在培养学生基础知识和基本技能的过程中，强化学生关键能力培养。"并进一步指出要培养四种关键能力，即认知能力、合作能力、创新能力、职业能力。《中共中央国务院关于深化教育教学改革全面提高义务教育质量的意见》，强调"五育并举"。在"提升智育水平"中强调，"着力培养认知能力，促进思维发展，激发创新意识"，"突出学生主体地位，注重保护学生好奇心、想象力、求知欲，激发学习兴趣，提高学习能力"。其中四种"关键能力"都是"支撑终身发展、适应时代要求的"、与我们课题的"发展性学力"大体类似的概念，但是"学力"更重视适应未来，也包括更高的"人格成长"方面的要求。

2. 关于"核心素养"和"学科核心素养"

"核心素养"与"关键能力"概念相关。2016年9月，北京师范大学课题小组发布了中国学生发展核心素养的研究成果，以培养"全面发展的人"为核心，分为文化基础、自主发展、社会参与三个方面，综合表现为人文底蕴、科学精神、学会学习、健康生活、责任担当、实践创新六大素养，具体细化为十八个基本要点。

"学科核心素养"是以学科知识技能为基础，整合了情感、态度与价值观而形成的综合性的、内在的品质或能力，在解决复杂问题过程中更能体现学生的核心素养水平。

目前，对"学科核心素养"概念的理解有多种。在2017版《课程标准》中有这样一段话：中国学生发展核心素养是党的教育方针的具体化、细化。为建立核心素养与课程教学的内在联系，为充分挖掘各学科课程教学全面贯彻党的教育方针、落实立德树人根本任务、发展素质教育的独特育人价值，各学科基于学科本质提炼了本学科的核心素养，明确了学生学习该学科课程后应达成的价值观念、必备品格和关键能力。对知识与技能、过程与方法、情感态度与价值观三维目标进行了整合。从这段文字可知"关键能力"只是核心素养的一部分。

发展学生的学科核心素养，关键是要走出"知识理解"的教学围栏，由"知识理解"向"知识迁移"过渡，再向"知识创新"提升。"知识迁移"的核心是"过程与方法"（我理解的"学科活动"），"知识创新"的核心是学科思维。

"学科核心素养"也与"核心素养"一道指向"素质教育"和"素养"。与此同时，"素养是指一个人的素质或教养"，侧重于"道德与习惯"等方面。素养与能力相关，但素养的表意更为广泛。尤其在学科教学中，能力更容易把握，而"学力"是"能力"范畴中更加面向未来的综合竞争力。

综上所述，"发展学力"更加接近"关键能力"，范畴又小于"核心素养"。

（三）"发展学力"与"高阶思维"的关系

1. 什么是高阶思维

对于高阶思维，到目前为止还没有公认的定义。美国教育家布卢姆将认知水平分为六个层级：记忆、理解、应用、分析、评价和创造。其中记忆、理解、应用是低阶思维，是较低层次的认知水平，适用于学习事实性知识或完成简单任务的能力；分析、评价和创造为高阶思维，是发生在较高认知水平层次上的心智活动或认知能力。高阶思维是高阶能力的核心，主要指创新能力、问题求解能力、决策力和批判性思维能力。"基础学力"与"低阶思维"类似，"发展学力"与"高阶思维"差不多，但是"高阶思维"只是一种思维能力，而"发展学力"更加体现"综合性"，如交际能力、自主学习能力等。

2. 为什么要培养学生的高阶思维

《国家中长期教育改革和发展规划纲要（2010—2020 年）》的战略主题是："坚持以人为本、全面实施素质教育是教育改革发展的战略主题，是贯彻党的教育方针的时代要求，其核心是解决好培养什么人、怎样培养人的重大问题，重点是面向全体学生、促进学生全面发展，着力提高学生服务国家服务人民的社会责任感、勇于探索的创新精神和善于解决问题的实践能力。"

培养学生的学习能力、实践能力、创新能力已成为教育教学的主要任务之一，如此才能不断满足经济社会发展对人才的需求和全面提高国民素质的要求。要培养学生的创新精神和实践能力，就必须培养学生的"高阶思维"和"发展学力"。

（四）从课堂现状着手分析

任何改革，不仅应着眼发展目标，更应基于现实问题的解决。那么，课堂教学现实问题是什么呢？我认为主要在于教学方式单一，以讲授、提问为主。大多数老师课堂教学的基本方式是"把自己会的知识讲给学生听"，课堂缺乏能力发展的目标感、学生学习活动的设计感。所谓"优质课"，往往也表现为"老师讲得好"，可复制的程度极低。

中英西南基础教育项目在调研时开发了课堂观察表。该观察表以每两分钟为一个观察点。也就是说，一堂 40 分钟的课，会观察到 20 个时间节点上课堂所发生的事件。根据四川、云南、贵州、广西四省（区）100 余节课的观察统计，约 85% 的节点都是老师的讲授活动。

不仅普通教师如此，全国不少著名教师也是如此。某名师《丰碑》课堂实录字数统计：第一课时共 3481 字，教师活动文字 2587 字，占全部实录文字的74%；第二课时共 5929 字，教师活动文字 3070 字，占全部实录文字的 52%。

尤其是《丰碑》第二课时的教学，是典型的"问答式课堂"：教师提问118次，学生答问110次，齐答55次，占50%。仅有两个同样的问题问过第二个学生，其他为"一问一答"。

这种以讲授和提问为主的课堂，实际效益如何？美国国家实验室的实验结果显示，学生以听讲的方式学习，实际效率是非常低的。

美国另一个统计分析数据也可以给我们重要的启示。在课堂学习中，不同的学生偏好不同的学习方式。29%的学生偏向依靠视觉学习，34%的学生偏向依靠听觉学习，37%的学生偏向依靠触觉学习。很显然，以讲授为主的教学方式，对"偏好听觉学习的学生"更为有效，而对"偏好视觉和触觉的学生"，效率极低。在课堂教学中，如果能够有丰富的"动手做"的学习活动，不仅对触觉学习者有效，而且对视觉学习者和听觉学习者也是有效的。

三、如何落实"学力"培养

基于"学力"的课程变革是一个系统工程，不仅涉及课程设置、课堂目标、教学方式、教师能力，而且涉及教学评价与管理。

（一）行动策略

其实我们学校过去的成功是在"高考指挥棒"下的成功，那么"事异时移"，我们今天这个"指挥棒"已经变了，过去是"知识改变命运"，考试以"知识"为主，现在是"立德树人"，考试以"核心素养"为主。我们的教育应该跟着变，基于初步研究与实践尝试，提出如下行动策略。

1. 明确"学力"培养方向——立德树人，从应试转向育人

教育部考试中心主任姜钢于2016年10月11日，在《中国教育报》发表署名文章《探索构建高考评价体系 全方位推进高考内容改革》，提出了"一体四层四翼"的高考评价体系，并对命题改革的重要性进行了权威解读。

"一体"即高考评价体系，通过确立"立德树人、服务选拔、导向教学"这一高考核心立场，回答了"为什么考"的问题。

【解读】高考再怎么重要，它也是教育的一环，都必须服从于我国教育"立德树人"这一根本目标。所以，广大高中生研究高考题、练习高考题、围绕高考题进行复习，其实也是接受教育的过程。

高考是选拔性考试，是为了给高等学校尤其是高水平大学挑选合适人才，试题必须有难度，能将不同水平的考生区分开来。所以大家对高考试题的难度要有充分心理准备，不能一厢情愿地认为高考要改革了、上大学容易了，命题

难度就会下降。

"导向教学"其实就是说"高考=教学的指挥棒",不论是高中教学还是初中、小学教学,都要紧盯这根指挥棒。脱离高考实际的教学和学习,还有没有价值?答案显而易见!

"为什么考",就是我们的教育培养什么人的问题,其实我们的"学力课堂"没有提出育人目标,但是我们的"学力课堂"应该是在高考功能"导向教学"下的提质工程,让学生更好地成为人才,一方面更好地接受高校的"选拔",另一方面也要培养更好的适应社会的人。我们同样也应该明白育人型教学有什么特点,"让学生发现就是育人",这是杜威的名言。

发现教育的实质就是学会放手。北京十一学校校长李希贵在缺少老师时的偶然放手中,发现学生的语文成绩并不差,才一步步走上大胆改革的道路。

我看到过这样一个故事:

老人对他的孩子说:"攥紧你的拳头,告诉我什么感觉?"孩子攥紧拳头:"有些累!"

老人:"试着再用些力!"孩子:"更累了!有些憋气!"老人:"那你就放开它!"孩子长出一口气:"轻松多了!"

老人:"当你感到累的时候,你攥得越紧就越累,放了它,就能释然许多!"

多简单的道理,放手才轻松!学会放手是育人的开始,因为放手才有空间,放手才能留出空白,有空白才能画出想要的画来。把教育管理发挥到极致,时间以分计算,每天都紧绷着神经,所以熬不下去的学生就越来越多。

"一辈子做老师,一辈子学做老师!"我们要记住人民教育家于漪老师的话,"教在今天,想在明天!"

学力课堂,应该是育人型的课堂。

2. 抓住"学力"教学重点——目标聚焦,素养导向

课堂学什么,教学目标是"决定去哪里的关键",是课程理念的集中表现。现在的高考有"导向课堂"的功能,那么我们一起来看看高考"考什么"及其解读。

通过明确"必备知识、关键能力、学科素养、核心价值"四层考查目标,回答了高考"考什么"的问题。

第一圈层"必备知识"强调考查学生长期学习的知识储备中的基础性、通用性知识,是学生今后进入大学学习以及终身学习所必须掌握的。

【解读】高考尽管是选拔性考试,但至少也有60%的基础题。这些题目考查的就是基础性、通用性知识。这些知识绝大部分都在教材上有明确体现,考

生们在一轮复习期间，首先就是要对照考纲，把每科考点涉及的这些基础性、通用性知识记熟、掌握。检验的方法，就是教材上的例题、练习题要都能熟练解答。

第二圈层"关键能力"重点考查学生对所学知识的运用能力，强调独立思考、分析问题和解决问题、交流与合作等学生适应未来不断变化发展社会的至关重要的能力。

第三圈层"学科素养"要求学生能够在不同情境下综合利用所学知识和技能处理复杂任务，具有扎实的学科观念和宽阔的学科视野，并体现出自身的实践能力、创新精神等内化的综合学科素养。

【解读】"关键能力"和"学科素养"的考查，往往体现在那些"难题"上，比如语文的现代文阅读、数学的压轴大题、文综的问答题等。总结起来，要在这些难题上拿分，复习备考就要把握两个字"思""广"。

思，就是对每一道试题，要多想：考查知识是什么？解答思路有几个？同类试题见过没？答案组织顺畅吗？

广，就是广泛涉猎学科相关内容：除了教材、各种优质试题，还有相关读物、学科领域最新进展。说实话，高考命题人大多数是大学老师，他们命题时一般很少看高中教材。我们只有跳出教材和卷子备战高考，才能与命题人思路同频！

第四圈层"核心价值"要求学生能够在知识积累、能力提升和素质养成的过程中，逐步形成正确的核心价值观，这也体现了高考所承载的"坚持立德树人，加强社会主义核心价值体系教育"和"增强学生社会责任感"的育人功能和政治使命。

"发展学力"注重培养学生的思维能力、交际能力和应用能力与高考"考什么"的"关键能力、核心素养"有很大的一致性。

学力课堂，应该是一种素养型的课堂。

3. 抓住"学力"培养的方法——自主学习、活动课堂

"学力发展课堂"怎么做？其实我们说的"学力"是指向未来的能力，也不排除近期的目标，那就是高考。

（1）我们先来看看高考"怎么考"及其解读

通过明确"基础性、综合性、应用性、创新性"四个方面的考查要求，回答了"怎么考"的问题。

"基础性"要求主要体现在学生要具备适应大学学习或社会发展的基础知识、基本能力和基本素养，包括全面合理的知识结构、扎实灵活的能力要求和

健康健全的人格素养。

"综合性"要求主要体现在学生能够综合运用不同学科知识、思想方法，多角度观察、思考，发现、分析和解决问题。

"应用性"要求主要体现在学生要能够善于观察现象、主动灵活地应用所学知识分析和解决实际问题，学以致用，具备较强的理论联系实际能力和实践能力。

"创新性"要求主要体现在学生要具有独立思考能力，具备批判性和创新性思维方式。

"一体四层四翼"高考评价体系的科学构建，是考试内容改革的基础性工程，突显了高考的考试功能和考查理念，也将为高考考试内容改革提供坚实理论支撑，使高考能够更好服务立德树人根本要求、提高教育质量主要任务和人才强国战略部署。

基础性就是我们提出的"基础学力"，"综合性""应用性"和"创新性"在我们的"学力发展课堂"中更多地体现在自学能力、思维能力和应用能力。

(2) 培养自主、合作、探究的学习能力

自主学习是为了达成最佳学习结果，有目的地生成和控制思维、情绪和行为。自主学习包括两个基本要求：一是有内在的学习动机，即我想学；二是有自我监控的学习，即有计划、实施和总结反思。具有自主学习能力的人，包括为学习和考试做准备，使用促进记忆策略和促进理解的策略进行学习，创建自我测试来监控学习的效果。

新课标的合作和探究学习，也是在"自主学习"的这个基础上的学习方式。

(3) 课堂活动化

杜威在"课程即经验"观下提出了"活动课程观"，即"在做中学"。"活动"是"知识"和"经验"的桥梁。

因此，活动才是教与学的关键！

这里的"活动"，既是广义的学习活动，也指学生自主性的学习活动；既是碎片化的"微"活动，也指具有整体性、课堂耗时更长的实践性、探究性、体验性或是合作性的课堂学习活动。唯有"自主性的学习活动"能够实现课堂教学"知识掌握与能力发展兼得之利"。

在这样的课堂之下，"教师核心能力"不再是单纯的"讲授之能"或"提问之法"，而是"设计与组织学生自主性学习活动"。尤其是"设计学生自主性学习活动"，是当前广大中小学教师普遍缺失的活动设计。如果我们的示范课、优质课更多设计的是"学生自主性学习活动"，那么优质课堂的"可复制程度"

也就会显著提高。因为，教师的讲授是难以复制的，唯有学生的学习活动可以被不同教师重复使用。

学力课堂，是指向现实任务的应用型课堂。

4. 抓住"学力"的支持系统——培养内在动机

（1）一个关于动机的故事

一位老人遇到了麻烦，每天都有一些顽皮的孩子聚集在他家附近，向他的房子扔石头。老人想了很多办法来阻止他们，叫警察、打电话给孩子们的父母、大喊大叫地威胁他们，但都不奏效。相反，孩子们似乎更加起劲，扔石头扔得更欢了。

经过思考，老人将孩子们召集到一起，对他们说："我现在慢慢地喜欢你们向我的房子扔石头了，为此我愿意向你们付钱，每人每天一块钱作为回报。"尽管这个承诺在孩子们看起来很离奇，但他们仍然非常高兴地接受了这个提议。于是，孩子们每天都在约定的时间来向老人的房子扔石头，老人也如约付给他们每人每天一块钱。

这样过了几天，老人又把孩子召集起来，对他们说："很抱歉，最近我挣钱困难，我无法每天付给你们一块钱了，每人每天付给你们五毛钱怎么样？"孩子们当然很不乐意，但他们嘀咕了一阵子后还是接受了老人的条件。

又过了几天，老人再次对孩子们说："最近我没挣钱。我连付给你们五毛钱也办不到，但我还是愿意付给你们每人每天一毛钱，你们看怎么样？"

孩子们很快交换了一下眼神，其中一个打破了沉默："别想得太美了，谁会愿意只为了一毛钱干这种苦差事？"就这样，孩子们再也不来扔石头了。

老人用了什么策略引起了小孩的逆反心理，让他们不再有扔石头的动机呢？

一开始的时候，孩子们扔石头是出于内在动力的驱使，扔石头让他们觉得新奇、好玩、冒险。因此，那位老人加强管理，引起孩子们的逆反心理，从而实现了自己的目的。

（2）动机怎么培养

同样，为什么有的学业优秀的学生，慢慢地变得成绩平平？为什么有的学生会为了学业成绩努力奋斗，有的学生却不会？换句话，学生的学习动机是什么？

美国斯坦福大学教授库班（Larry Cuban）指出："如果我想要学生们全神贯注地学习，并且每天都全神贯注地学习，我就需要找出他们所学的内容和他们日常生活的联系，无论是在学校里、在社区，还是在整个国家。"

心理学研究认为，四种因素影响学生的动机：对任务的胜任感，对自己行为影响结果的看法，对任务的兴趣和得到人们的认可。

"兴趣是最好的老师！"我们常常注重第三点，即"兴趣"对激发动机的积极影响，瑞士著名教育家皮亚杰在《教育科学与儿童心理》中指出"所有智力方面的工作都要依赖于兴趣"。同样不要忘记，"对任务的胜任感"是"兴趣"的前提，同时对结果的"归因"也影响"兴趣"，譬如认为再勤奋都不如生得聪明，成绩再好也不如出生得好，这样的"归因"，导致学习的兴趣下降。

盖洛普对学生进行调查，其中有个题目得分最低："在过去的七天里，我曾经因为成绩优异而得到认可或表扬。"这意味着老师和家长，在如何评价学生方面，太吝啬自己的表扬。

"动机"是一种激发、维持并能将行为导向特定目标的一种力量。研究者们发现在动机与成就之间有着非常紧密的关系。"对学习具有一种持续的动机将成为促使个体在整个生命历程中取得成功的一个关键。"

行为主义理论注重及时激发学生的学习动机。通过表扬或打分数，采用代币形式，换取想要的东西，或者自主选择参加活动的特权。心理学家分析为什么有的学生喜欢这门课而有的不喜欢，就是受他们对这一学科的早期经验所影响，如求学期间的感受。教师要学会使用行为主义的技术来帮助学生，努力推动他们实现远期目标。但行为主义激发的是学生的外部动机，是暂时的，有时也可能形成物质主义的态度，犹如上面关于动机的故事。

社会认知理论（班杜拉）强调两种因素极大地影响了个体的学习动机。一是人们所能接触到的有说服力的榜样，其行为是观察、模仿和替代性强化（看到其他人因为完成某种行为受到强化，从而自己也希望得到同样的强化）。二是人们的自我效能感，即学生在多大程度认为自己能够完成某项任务。

自我效能感通过以下三个因素影响其学习动机。

①学习目标的选择：掌握目标定向，即为掌握内容而学，尽可能进行有意义的学习，有长远打算，兴趣越来越浓。成绩趋近目标定向，即使用得分高的策略进行学习——如语文得分低他们就不爱学习，来证明自己。为考试而学，为分数而学，尽管自我效能感高，但慢慢会失去学习兴趣。成绩回避目标定向，即避开新颖而有挑战的任务，或使用欺骗的手段来降低失败的机会，证明自己不会比其他人差——拖交作业、参加校内外活动，把成绩不好归因于环境，自我效能感低。教师需要鼓励学生确立恰当的学习目标，鼓励他们确立掌握目标（分组时基于主题、兴趣或自己的选择；使用多种不同的评价技术；强调知识和技能与生活的关联），使用合作学习的方法。

②结果预期：高自我效能感的学生期待更好的结果，倾向用更复杂、更耗

时的学习策略，对于困难也能坚持。低自我效能感的学生期待不高，选择简单学习策略，也容易放弃。

③归因：高自我效能感的学生把失败归因于努力不足，把成功归因于能力和努力程度；低自我效能感的学生把失败归因于能力不足，把成功归因于任务简单或运气。教师需要培养学生学会把成功归因于能力和努力的共同结果，把失败归因于努力不够。

人本主义（如马斯洛等）提出确保低水平需要（缺失性需要）得到满足，这样才会有更高水平的动机。我们学校农村学生居多，历来就重视这一理论的运用。

教师可以使用一些具体策略激发动机。如提供有挑战性的学习内容，激发好奇心，激起幻想等，让学生想学。通过给学生提出在挑战性任务上取得进展的要求来发展学生对自我效能感的期望。在现实的情境任务中激发起学生的好奇心来开启一堂课。此外，也可以强调所学内容的重要性，还可以采用作业和测验提供清晰的和即时的反馈。此外，也可以加大归因训练。鼓励将成功归因于能力的提高，将失败归因于努力不够或策略无效。

（3）培养学生的卷入感，组建学科兴趣小组和社团

卷入感是人的一种乐于从事某种活动的自我动机的状态，一旦有了某种爱好，人们就会乐于被卷入，乐此不疲。如果学生热爱学习，深度卷入"掌握学习"，学习效率就会大幅提高，优秀学生就会脱颖而出。

我们可以充分利用学生个人兴趣和情境兴趣这两个因素。如找出兴趣所在，设计任务，把学习与学生愉悦而不是痛苦的体验联系起来，与学生已有知识联系起来或提供相关背景知识，选用逻辑结构清晰、文笔优美、引人入胜的阅读材料。

我们也可以通过强调活动、探究、探险、社会互动及实用性等，让学习更加有趣；提供机会参加学校活动，去社会调查，去社会融入，把学习用于现实生活；可以采用项目法，让学生卷入，如戏剧表演、写作、实地考察等。因占用时间较多，可采用在相关网站参与的方法。

可以培养学生对学习活动的兴趣，如吸引学生的注意，内容与生活相联系，增强内部动机；采用开放式的问题增加学生对学习活动的卷入；采用实践活动来提高学生的卷入程度；也可以运用科技来提高学习者的动机。

每个教研组打造一至两个核心社团，调动学生的学习积极性，增加学生的成就动机。

管理是一种外在动机，管理的目的是有序。学生愿意学，累并快乐着，这

才是一种内在动机，这才是教育。激发内在动机需要教育，教育相当于预防，管理相当于治疗。只知道管理，老师就是警察和消防人员，到处堵、防，但还是防不胜防。

学力课堂，是一种唤醒学生的激励型课堂。

通过以上策略和方法，提高学生的"学力"，致力于培养学生从"优秀"到"卓越"的面向未来的能力。

（二）促进"学力"的教学模式构建

根据以上策略，基于"发展性学力"和"高级学力"，改革传统课堂模式，我们进行了大量的探索。

1. 前期探索一：将金字塔理论转化为费曼学习法

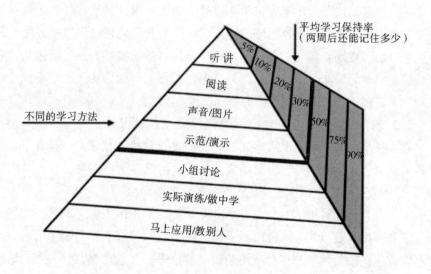

图 1 - 5 - 2　学习金字塔

（1）学习金字塔

学习金字塔是一种现代学习方式的理论，由美国著名学习专家爱德加·戴尔于 1946 年首先发现并提出，为美国缅因州的国家训练实验室研究的成果。

它用数字形式显示了采用不同的学习方法，学习者在两周以后还能记住学习内容（平均学习保持率）的多少。学习效果在 30% 以下的几种传统方式，都是个人学习或被动学习，而学习效果在 50% 以上的，都是团队学习、主动学习和参与式学习。

以学习金字塔为基本的理论指导，广泛开展项目学习活动，推行"学习共同体"，倡导老师教的是知识，学生发现的是"学力"，重视以学生为主体的学习观的构建,我们把"学习金字塔"理论融入"费曼学习法"中。

(2)费曼学习法

费曼技巧,或者称为费曼学习法,是美籍诺贝尔物理学奖获得者理查德·费曼提出的一种学习方法。费曼相信,要充分理解某个事物,就应该尝试向其他人讲授它。因此,教学是费曼最伟大的成就之一,他的许多学生都成了屡获殊荣的科学家。费曼也被称为"伟大的解释者"。

费曼技巧分为四步。第一步:学习一个概念。拿出一张白纸,把这个概念写在白纸的最上边。第二步:设想一种场景,你正要向别人传授这个概念。在白纸上写下你对这个概念的解释。第三步:如果你感觉讲不清楚,回头再学习。第四步:用你自己的语言,讲解概念。你要努力简化语言表达,或者与已有的知识建立一种类比关系,以便更好地理解它。

范式一:学,学习理解;讲,讲解复述;纠,纠错反思;检,检验成果。

范式二:学,理解概念;忆,回顾材料;述,自己口述;教,教授他人。

费曼学习法,在运用的时候,有的老师认为该模式只适合理科,特别是适合概念的学习。但是它在重视培养学生表达能力、自主学习能力,特别是培养思维能力方面的重要作用,对哪一科都应该是适用的。

2. 前期探索二:"五何"模式流程

美国心理学家布鲁纳曾经提出:"教学过程是一种提出问题与解决问题的持续不断的活动。"恰当的问题设计,有利于激发学生的学习兴趣,提升学生的思维品质。

在麦卡锡的 4MAT 模式中,曾采用"四何"问题分类法,即"是何、为何、如何、若何"。有人将"由何"概念引入问题归类之中,形成了"五何"问题设计模型。"五何"设计是以知识为核心、问题为主线、问题解决为目的的设计模型。"五何"形成了一个问题链,增加了问题的关联性,提高了问题的有效性。问题设计有效性是指从教学有效性的角度审视、约束和规范问题设计,使问题设计更趋于合理、科学,增强问题设计的效度,从而更好地满足学生的学习与发展需求。有效的问题设计能激发学生的学习内驱力,开拓学生的思维,提高其分析及解决问题的能力。它也是联系教师、学生和教材的纽带,是激发学生学习兴趣、启发学生深入思考、检验学生学习效果的有效途径。

由何(Who,When,Where):问题从哪里来?描述一个情境。

是何(What):是什么?陈述事实性知识。

为何(Why):为什么?了解事物之间的关系,并做解释和推理。

如何(How):怎么样?事物发展的规律。

　　若何（If...then）：如果情境中的一个因素（人物、时间、地点、工具和规则）发生变化，结果会怎么样。

　　在实验中，有老师认为该模式对文科，特别对语文、历史等科目适用，但是对实证地理、重辨析学习的政治和重设计、操作的通用技术等就不太适用。这一模型对促进我们的课题研究也有重要作用，那就是如何提高思维品质，让思考更加深入，这也是我们的"学力"课题研究的重要内容。

Ⅵ 铜仁二中学力发展课堂模式探索

"梦里寻他千百度，蓦然回首，那人却在，灯火阑珊处。"我们反复思考，回归学生，思考我们教育存在的实质问题，通过反复比对，反复摸索，我们终于构建了属于我们的"铜仁二中'学问—思讲'学力发展 235 课堂模型"。

一、铜仁二中"学问—思讲"学力发展课堂模型

学力教育，就是培养适应未来社会的人。未来的人，最需要的是什么？

在几十次会议上经过广泛讨论，我们一致认为未来社会最关键的能力是两种：问题解决能力和交际能力。我们就围绕这两者来思考我们的"学力模型"构建工作，并命名为"铜仁二中'学问—思讲'学力发展课堂模型"。

"学力课堂"重视培养学生成为"问题的解决者"，成为一个优秀的"社会人"。"学问"的核心是"学会怎么提问"，并达成问题的解决；"思讲"的核心是"思考怎么表达"，培养学生的交际能力。

"提问"能力是培养学生成为"问题解决者"的关键。古人云："学贵有疑，小疑则小进，大疑则大进。""疑"是人类打开宇宙大门的金钥匙。弗朗西斯·培根说过："多问的人将多得。"爱因斯坦说："提出一个问题比解决一个问题更重要。"因为要解决一个问题，从发现到提出，从研究到解决，提出是表征问题（问题的呈现方式），是发现到解决的桥梁和纽带。

"表达"则是培养学生成为"社会人"，成为一个合格公民的关键能力。语言不只是语文的工具，也是所有学科的工具，莫里哀说："语言是赐予人类表达思想的工具。"斯大林说："语言是工具、武器，人们利用它来互相交际、交流思想，达到互相了解。"语言作为一种武器，它威力无比。海涅说："言语之力，大到可以从坟墓唤醒死人，可以把生者活埋，把侏儒变成巨无霸，把巨无霸彻底打垮。"马克思曾经说过"人是各种社会关系的总和"，口语交际是人的社会化的重中之重，也是学生未来发展关键的关键。

《新课程评论》2016 年创刊号上刊登了李煜晖的《问题处置与思维发展》

一文，对北京市的十节高中语文课以"问题"为中心开展了多维调查，平均每节课有 5.5 个问题，教师提问占 89%，学生提问占 11%；围绕问题开展教学活动占总时长的 52%。学生提问占比太低，在教师被问及"是否尝试培养学生提问的能力"时，有老师认为让学生提问浪费时间，"完不成教学进度"；有人认为"学生不会提问题，提不出好问题"；也有老师认为学生自由提问，老师"不知道怎么处理"；也有老师认为提问"对考试没有帮助"；等等。通过研究，作者认为北京市的高中语文教学对问题重视不够，对问题的处置更是存在问题。

我校地处西部贫困连片地区，又以农村学生居多，提问和表达是我校学生，也是农村学生的短板，课题启动进行问卷调查时，我们对九个考试科目和三个非考试科目的 13 节课进行了观察，共提出 24 个问题，其中教师提出 16 个，学生提出 8 个，平均一节课问题不足 2 个。在 13 节课中，平均每节课留给学生思考和表达的时间不足 5 分钟。培养学生的发展性学力，主要是培养以问题解决为目标的自学能力、交际能力、思维能力和应用能力，提问和表达在其中起到关键的作用，教学中教师对这两个方面普遍重视不够。不会提问，更不善交际，"提问"和"表达"是学生们最薄弱的，这两方面严重影响他们读书期间和未来的发展，所以我们的"学力发展课堂"重点抓住这两方面来突破。一方面希望能扭转这种没有问题和没有学生表达的课堂现状；另一方面也希望以此促进教师改变大包大揽、从头讲到尾的教学观念。

二、铜仁二中"学问—思讲"模型概念解读

(一) 如何理解"学问"二字

1. 可以理解为"学" + "问"，并列词组

出自《易·乾》："君子学以聚之，问以辩之。""学"，即向书本学习，向老师学习，向实践学习，时时处处都可学习，通过学习掌握大量有用的知识。学生养成愿学习、会学习、爱学习的良好习惯。"问"就是"提问"，要有好奇心，遇到事物，要想问、愿问、会问、好问，提好问。

2. 可以理解为"学会提问"，动宾词组；还可以理解为"学着提问"

在"学"的过程中，"提出问题比解决问题更加重要"，要有问题意识，要尝试提问，要学着提问，从而使知识内化为素质，形成解决问题的能力。"善问"是我国古圣先贤们的优秀治学传统，《论语》中记载了这样一个片段："子入太庙，每事问。或曰：'孰谓鄹（邹）人之子知礼乎？入太庙，每事问。'子闻之，曰：'是礼也！'"孔子在学习周礼的过程中，不仅系统学习和整理了周朝

保留下来的大量文献资料,而且亲身实践,在参加鲁国太庙举行的大典时,不耻下问,实地印证自己在文献中学来的有关"礼"的知识,以致遭到周围人的嘲笑,说他"不懂礼",孔子不以为然,并且说这正是"礼"的要求。

理论基础:建构主义"问题—解决"理念。"学力"重视现实问题的提出和解决的能力。

3. 可以理解为一个名词,"做学问"中的"学问",是"知识"之意

例如,"世事洞明皆学问,人情练达即文章"。"做学问的功夫,是细嚼慢咽的功夫。好比吃饭一样,要嚼得烂,方好消化,才会对人体有益。"这里的"学问",指系统的知识,也泛指知识。人们也常把有知识说成"有学问"。因为"学"和"问"都指向知识,这个词的含义也体现了中国文化的倾向,那就是读书人的目的,是掌握"知识",古人的"知识"是一个宽泛的概念,既包括"常识",也包括"见闻",如"读书识礼"的"礼"不仅是知识,也包括践行。例如,孙中山先生就是1879年12岁时赴檀香山投靠哥哥孙眉途中"始见轮舟之奇,沧海之阔,自是有慕西学之心,穷天地之想",才立下志向。我们要通过读书、实践、旅游等增加自己的"学问",激发学生求知的兴趣。

学问学问,既要学又要问。学与问是相辅相成的,只有在学中问,在问中学,才能求得真知。"会学会问"是人生成长的"学力",养成了勤学好问的习惯,就好比插上了两只强健有力的翅膀。知识的天空将任你翱翔,宇宙的奥秘将任你探求,你将真正成为学习的主人、未来的主人。

(二)如何理解"思讲"

1. 可以理解为并列词组,"思"+"讲",即学思考,学表达

"思":会意字,从田,从心。"田"是"囟"字变体,意为脑。"心":古人认为心是思考的器官(详见《说文解字》)。"田"与"心"联合起来表示思考。从心的字多带有思考的意思,如虑、念、想等,在孔子时代还是注重思考的:"学而不思则罔,思而不学则殆。"到了荀子时,就有轻"思"的倾向了:"吾尝终日而思矣,不如须臾之所学也。"王阳明年少时有"守仁格竹"的典故,就是看着"竹子"想,遭到了家人的反对。"讲"就是表达,形声字,从言,冓声。本义是:和解。它由"媾"而来。古代乱婚,婚媾多相争,为排难解纷,故"讲"训为和解,"讲"与"媾"同音通义。故今人俗称"和解"为"讲和",犹存古义。"讲",做"讲学"用,乃是后来之义。古人崇拜"学问",认为"学问"奥妙莫测,"讲"乃是有"智慧之人"方可与"学问"和解,为人所用的意思。

2. 动宾词组,思考如何表达

不论是"和解"还是今天的"讲话""讲述""演讲"等,都要思考如何

"讲"，注重讲的艺术。首先是愿讲、敢讲、好讲，才能讲好。"学力"重视通过表达培养思维能力，对未来终身成长有积极作用。

三、铜仁二中"学问一思讲"学力发展模型 235 流程

具体流程为：二建三讲五步（简称"铜仁二中学力发展课堂 235 流程"），即建构科学的学习理念，建立学习共同体，讲有三个方法，学有五步流程。

（一）二"建"：建构科学的学习理念、建立学习共同体

1. 一"建"：建构科学的学习理念

1954 年李约瑟在《中国科学技术史》（第一卷）中提出一个问题：从公元 1 世纪到 15 世纪，中国的科技遥遥领先世界数千年，但为何没率先发生工业革命？这被人称为李约瑟之谜或李约瑟难题。

鲁迅在仙台学医时从影片中看到自己的同胞围观日本人杀中国人，想到学医只能救国民的身体，他选择了弃医从文，以唤醒麻木的国人。孙中山先生认为国家要富强，首先就要改变观念，他选择了弃医从政，并提出"知难行易"的思想。

有人说世界上最大的监狱，是人的意识。人是自己思维观念的囚徒！叔本华说："正如每个人都囿于自己的皮囊，每个人也囿于自己的意识。"

国家虽大，我们的意识却是封闭的，这也许是难题难解的一个重要原因吧！

中国教育学会会长顾明远说："教师转变教育观念，就是用学生发展的思维代替以考试成绩为标准的思维，用相信学生能力的思维代替教师权威的思维，真正做到以学生为主体。"

任何改革都必须建立在理念的基础上，首先让人们接受相应的理念。俞敏洪认为大多数教师虽然是专业技术岗位却没能掌握教育教学技术。其实教师这门技术活，最特殊之处就在于不光需要教学技能，我认为绝大多数教师并不缺少教学技能，他们缺少的是相应的教学理念和育人方法。

在 2003 年版和 2017 年版普通高中"课标"里，都提出了"自主、合作、探究学习"的目标，关注学生学习方式的转变，但是又有多少教师树立了学生为主体的自主学习的理念呢？另外，如果把一个教师在课程改革的前面和后面的课堂教学进行一下比较，又有多少教师实质性改变了教学方式呢？

2017 年版《课程标准》在修订的"基本原则"第 3 条指出："坚持科学论证。遵循教育教学规律和学生身心发展规律，贴近学生的思想、学习、生活实际，充分反映学生的成长需要，促进每个学生主动地、生动活泼地发展。"可见新课程理念都是经过科学研究和实践证明的，那为什么会出现新理念的运用不

理想的情况呢？哲学上有"熟知非真知"的说法，这与新理念没有进入教师的认知结构有关，与教师不是成长型而是固定型思维模式也有关。所以推行课程改革，需要抱着学习的态度，"遵循教育教学规律和学生身心发展规律"，不但要知道教学理念，还要知道理念是怎样来的，以及如何运用。

我们不但要成为一位学习者，还要成为一位思考者：我们怎么变成了一名调解员？我们怎么变成了一名安全管理员？我们怎么变成了一个堵漏的人？我这么努力，为什么教学效果不好呢？

（1）"学力发展课堂"，需要做一个研究型教师

被誉为中国基础教育"活化石"的教育家吕型伟有句名言："教育是事业，事业的价值在于奉献；教育是科学，科学的价值在于求真；教育是艺术，艺术的价值在于创新。"教学是艺术，因为教学面对的是各种个体，本质上有不可预测性，常常充斥着不确定性和道德困境，没有人替教师像医生给病人开处方一样，告诉你应该怎样做一个教师，告诉你怎样管理学生。教师需要体现出灵活性，如临场应变能力和修正自己的能力。灵活性还包括用多种方式进行情感交流和兴趣培养，如合理运用资源，注重语言和形体的变化等。灵活性还表现在心甘情愿地、想方设法地克服各种现实障碍开展工作，用自认为最好的方式来开展教学，如师资、教材、各种活动和突发事件等。研究表明，具有内在动机的教师比外在动机激发的教师更加注重激发学生的内在动机，优秀教师知道在适当的时候用适当的方法来区别对待不同的学生需求。

教学的科学学科并不存在，但是为教学艺术提供科学的理论基础是可行的。

研究能启发教师对各种惯例的反思，存在的都是合理的吗？从黑格尔的"熟知非真知"中领悟，你真的知道吗？譬如支架教学，应该思考什么是学生需要的，哪个时间提供，什么时间移除。

探究活动可以用来持续改善课堂教学，一般分为提出有用的问题、收集数据、对探究结果进行反思和采取行动四个步骤。很多老师不会"收集数据"，其实就是通过记笔记、同伴讨论、阅读观察等方法进行数据积累。"反思"环节同样很重要，华东师大叶澜教授说："一个教师写一辈子教案难以成为名师，但如果写三年反思则有可能成为名师。""反思"实际上是一个评估、校正的过程，在此基础上"采取行动"当然可以提高成功的效率，所以长期进行探究活动可实现从新手到专家的逐步转变。

（2）"学力发展课堂"，需要了解学生的个性特点

遵循教育教学规律和学生身心发展规律，就需要掌握学生的特点及行为模式。

①根据年龄阶段特征调整你的教学方法

——渐成性原理让我们明白中学教师的任务

埃里克森认为人格建立在渐成性原理基础之上，人格发展随着个体成功处理一系列转折点或心理社会危机（含褒义）而产生，每一阶段都存在一个理想品质和一个消极品质。0~1岁信任对不信任；2~3岁自主对羞愧和怀疑；4~5岁主动对内疚；6~11岁积极勤奋对自卑；12~18岁同一性对角色混乱。如前一阶段没有形成理想品质，就会加大后一阶段理想品质建立的难度。初高中阶段由于传统曲线评定分数（少数人成功）的方法伤害大多数学生的勤奋感，中学阶段教师的主要任务是两项：第一，是消除上一阶段没有发展的自卑感并促进勤奋感的形成；第二，是帮助学生知道"我是谁"，应对第二次到来的角色混乱，树立自我目标并接纳自己，形成观念行为的同一性，这样才有利于学生学习。

——认知理论让我们明白"知识是如何产生的"

认知心理学家皮亚杰提出了组织（知识链化）、图式（各种互动中形成行为或思维模式）和适应（原有图式和个人遭遇的真实生活经验之间建立良好匹配的过程，包括转变新经验的同化和改变已有图式的顺应）的概念。这一过程中，个体努力为所有事物提供位置（顺应），这样他们才可以把所有的事物放在正确的位置上（同化），这个过程也是由不平衡到平衡的过程，这个不平衡可以是自发产生也可以是由他人激发产生。当人们从现有的图式中创造新的观念或知识时，有意义学习就发生了，这一创造知识用来解决问题或消除不平衡的过程，就被称为建构主义。

皮亚杰还将人的认知发展分为四个阶段：0~2岁感知运算阶段；2~7岁前运算阶段；7~11岁具体运算阶段；11岁以上形式运算阶段。教师应关注每一个阶段儿童能做什么，避免他们无法有意义地理解事物。教学材料和活动需要适应每个阶段学生的发展水平，尽量促进同化和顺应，激发学生的兴趣和好奇心，可采用多种方式促进信息加工，注重一节课从具体开始转向概括的、抽象的水平，更要注重同伴互助在促进同化和顺应中的作用。

——社会文化理论注重在最近发展区提供教学

俄罗斯心理学家维果斯基认为，人们如何思考受社会与文化的共同影响，认为文化传递给其成员（及后代）最重要的东西是心理工具（如言语、作品、手势、数字、公式、规则等）。

以皮亚杰为代表的认知心理学家认为，儿童通过内在的同化、顺应、平衡过程克服冲突，变成更有能力的高级思维者，从而更好地理解他们生活的世界以及自己的处境。但维果斯基认为社会互动是认知发展的主要动因，与皮亚杰注重同伴互助的作用相反，他认为儿童从那些比他们更有智慧的人所传递出来的知识与概念工具中收获更大。他更加肯定教师的作用，当然教师要成为榜样并非易事。因为社会互动促进认知发展必须有一个称作中介的过程，如小孩指着一个东西，大人就说出名称，儿童就转化成内在的信号，所以儿童潜在的认知水平，只有通过更加高级的认知过程的介入才能产生，而教学活动中的教师的作用就是这个"更加高级的认识过程的介入"，如苏格拉底的"产婆术"就是一种高级的认知介入。

儿童在可观察的经验式学习中获得的知识，维果斯基称为自发概念，学校教育是通过刺激和引导认知发展的理论学习，这种向学生提供明确清楚的定义叫作科学概念。高质量的教学致力于帮助学生从注重实用的经验式学习转向更加一般化的理论式学习，以学会书写 26 个字母为例，以自然练习的经验式学习共需 1230 次尝试；而先分析字母形状，然后在轮廓上标点，再进行连接练习，这种理论式学习只需要 60 次尝试。这一理论告诉我们，盲目的机械的强化训练，效率极其低下。

维果斯基认为好的教学就像一块磁石，他把独立做的事情和在帮助的情况下能完成的事情之间的差异称为最近发展区，可利用支架技术，提供线索或提出引导性问题来帮助学生跨越最近发展区。包括如下四个步骤：示范所期待的学习行为，与学生建立对话，练习和肯定。

研究同时指出，当学生到达最近发展区的顶端时，他们的行为就自如、内化和自动化，这时老师提供的任何帮助都被视为一种干扰且令人愤怒。这可以理解为班级教学中优秀学生已经能熟练运用而教师为了帮助有困难的学生在那里反复地讲解，是令优秀学生厌烦的一件事情。

——智力理论让我们明白学生不同的智力特点

智力是个人能够有目的地行动、理性地思考以及有效地应对环境的综合能力。智力有很多维度，传统的心理能力测试只测到了其中的一些方面。斯腾伯格提出成功智力理论（三元智力）。"成功智力"由三个部分组成：分析能力（运用已有知识和认知技能去解决问题并获得新的信息），创造能力（解决新颖和不熟悉的问题），实践能力（适应环境、塑造环境、选择环境）。同时斯腾伯格指出记忆能力是三种能力的基础。斯腾伯格认为每一种能力都可以通过教学来改善，并且三种能力都发挥作用时才学得最好。这启示我们在教学中要注意三种智力任务的协同使用，在设计教学和测验时，应突显四种能力（包括记忆能力）。

斯腾伯格指出一个人是否聪明，部分地反映在他实现具体目标的能力上。实现个人目标的一个方法是理解和适用特定环境中处于支配行为的价值观。当我们学校和社会处于支配地位的价值观就是分数时，我们老师如何应对才能有利于学生的学习？我们不能改变以分数评价学生的标准，但是我们可以改变我们的处理方式，譬如从考试分数上看学生是否进步，从学习态度上看学生是否努力等，我们要减小分数压力，努力塑造有利于学习的价值观念和特定环境，促进每一个学生的成长。

"三元智力"是可以培养的，在教学和评估过程中，不同的能力可用不同的提示词进行强化。

表1-6-1　三元智力表

三元智力项目	提示词
分析能力	为什么在你的判断中……　解释为什么……　解释什么造成……　批判……
创造能力	想象……　设计……　假设……　如果……会发生什么？
实践能力	展示如何使用……　实施……　演示如何在现实世界中……

加德纳进一步把智力类型分解为数学、语言、音乐、空间、身体运动、人际（理解他人）、内省（对自我的理解）和自然智力，被称为"多元智力理论"。多元智力理论是新课程改革重要的理论依据之一，不过其理论也常被误解，一是认为某个项目智力高的个体，将擅长该领域的所有任务；二是能力决定命运；三是每学科都要接受八种不同智力的教育方式。

不过"多元智力理论"也启发我们，一是在设计教学内容时，应尽量包括两三种智力，那么将会有更多的学生适应你的教学，当然效果也更好；二是在如何评价学生方面，不要用"分数"一把尺子去衡量学生，学生的智力类型不一致，我们要树立多元评价观念，发现学生的特长爱好，客观评价学生，让学生健康成长。

（3）"学力发展课堂"，需要营造积极的班级氛围

为什么有的老师教高一高二时学生成绩优秀，而高三或者高考时学生成绩迅速下滑？为什么有的班主任废寝忘食地管理班级却纪律混乱成绩不好，有的班主任轻轻松松，班上秩序井然又成绩优秀？

如何才能构建并维持良好的课堂环境，使学生的注意力集中在学习上？有人认为班级管理、课堂管理就是控制学生的行为，当然也有人认为是引导学生，

你如何看待这个问题？任何事情，有果必有因，不论是文学作品或是现实生活中都有"性格决定命运"一说，我建议大家更多从自身方面找一找原因。

①做一个权威型教师

心理学把父母分为专制型、放任型、权威型和拒绝—忽视型。前三种方式也适用于教师的课堂管理。专制型教师制定严格的行为规则，并要求学生绝对服从，频繁地使用奖励和惩罚，以达到使学生服从的目的。这种教师的口头禅是"因为是我说的，所以你们一定要执行"；放任型教师则放任学生自己做决定，依赖学生对教师本人的认同和尊重，他们的口头禅是"你们如果相信我，就按我说的去做"；权威型教师让学生学会如何管理自己的行为，向学生解释规则制定的原因，注重沟通的一致性表达，并在学生自我管理能力不断发展的时候与学生商量着逐渐调整规则，口头禅是"如果按照我说的去做的话，这样有助于你们学到更多的东西"。

实践证明，处在权威型课堂模式下的学生，能够更好地理解制定课堂规则的必要性，并且能很好地遵守这些规则，当然学习的效果也会更好。

从一线教师来看，放任型教师很少，权威型教师在减少，而专制型教师在增多。为什么会出现这样的情况？当然与教师所处的环境有关。如果环境相对宽松，教师就给学生更多的自主权；如果压力增大，对教师的决策干预太多，限制太多，教师只能小心应对，加上教师如果认为学生的学习积极性不高，教师的内部动机也会受到影响，这就促使教师更容易采取对学生加大控制的做法。这也与教师的管理理念有关，我们的外部环境都是一致的，教师的压力却是越来越大，往往优秀的教师就是在这样的环境中成长为权威型教师，创造更好的教学成绩。

②最没有效果的管理方式是发脾气

遇到突发情况，教师就发脾气，训斥学生，甚至暴跳如雷，管理中这是最坏的情况。因为整个班级都停止学习，战战兢兢，这种全班学生对教师批评某一学生做出反应的现象被称为"涟漪效应"。

一个优秀的教师要极力避免涟漪效应，不要发生与学生对决的情况，一是教师可能无法下台，严重损害教师的权威，就算你成功地化解危机，全班学生对教师的评价也趋于负面了；二是一旦出现这种情况，教师情绪失控，不利于违纪学生的后续处理，更有可能受到伤害的是教师自己。请记住塞涅卡那句名言："愤怒犹如高空坠物，将破碎于它坠落之处。"

如何避免涟漪效应？专家提出了一些建议。

向学生证明你对班级了如指掌，对干扰行为及时制止，不让问题恶化或将问题扼杀在萌芽状态；应学会处理交叉情景，如上课时发现有学生睡觉、小动作等情况，应不中断教学工作为最佳，同时可用动作示意或轻声提醒等处理方式，尽量维持课堂活动的平稳和顺利进行。

教学活动尽量让全体学生都能参与其中。如检查预习或背诵时，按可预知的顺序提问，那其他学生就无事可做。可以先提出问题，让所有学生思考，然后再以无法预测的顺序提问；如果有学生在黑板上做题，应该让全班学生都参与进来，教师对全班学生进行巡视，这样可避免学生无事可做。

总之教师要眼观六路耳听八方，让学生有事可做，时刻处于学习状态。

③掌握更多应对不良行为的技巧

最好的课堂管理，是预防问题的发生，防患于未然。不过即使你极力避免问题发生，你可能仍然难以避免出现一些干扰课堂的因素。我们要知道，任何有效干预的核心是关注干扰行为在何时、何种条件下发生，以及如何阻止其进一步的发展。所以我们在头脑中储备的干预方法越多，越能引导学生进行自我控制，起到良好的干预效果。

——故意忽视。对于学生寻求关注的一些小行为，如打响指、肢体动作、摆手、吹口哨等行为可适当重视。当然如果干扰到其他学生这种方法则不妥。

——提醒。可用清喉咙、盯着看、摇头、说到一半时暂停等方法。

——接近并用动作制止。站在学生身边，发出明显信号。

——引发兴趣。向学生提出一个问题，让学生回到课堂中来。

——运用幽默。气氛紧张时，用心情愉悦而又温和亲切的态度，避免用嘲弄的口吻。

——帮助克服困难。如果学生听不懂内容或不能完成任务时，我们要对其提供及时的帮助，而避免说"这么简单都不懂"这种伤学生自尊的话。

——重构教学活动。如果大部分学生学习状态不好，或偶然因素打断你的教学计划，或教学计划执行不顺利时，则试着更换教学内容。

——请出教室。事件失控或情况严重时，如属非恶意，只是缺乏自我控制，可以使用隔离法，将学生请出教室。

——直接警告。学生出现某些严重行为，如不完成作业、抄作业等，应寻找时机，告知其行为的后果，但不宜频繁使用。

——批评与鼓励。尽量私下批评，而且老师要就事论事，不要上纲上线与道德品质挂钩；公开批评时也要避免嘲笑和羞辱学生，否则会导致学生对老师、学校心存怨恨，采取反击措施或辍学。严重的公开批评极可能引发涟漪效应，对无辜学生产生消极影响。有一个方法可以把批评产生的消极影响降到最低：

理性分析其行为后给点鼓励，建议他如何用积极的行为代替消极的行为。如果发生比较严重的对立事件，如不得不对学生进行校规校纪的处理时，为避免产生更加严重的对抗，要寻找时机尝试与学生重新建立相互理解的关系，至少不应采取进一步恶化事态的行动。

——画出底线。在交代课堂规则时，教师可以明确告知绝对不能做的事，如打架、抄作业等严重行为，底线画出后要慎重对待、严格执行。

——纪律讨论。如果经常要中断教学来维持教学秩序，则有必要公开进行纪律讨论，听听大家的意见。当然如果是个人问题则私下进行。

——行为解读。例如，学生在上午最后一节课的最后10分钟坐立不安，老师可以解释虽然大家饿了，但为什么不能提前放学。在临近高考前的一个月，要大家坚持努力下去，因为"行百里者半九十"，学生理解老师为什么这样要求，自然就不会有纪律问题，也会减少心理问题。

本人在教学中学到了一句老教师的名言："给学生一个台阶，也是给自己一个台阶。"学生毕竟是学生，遇到事很容易冲动，老师需要的是理智对待、智慧化解。美国Haim Ginott在《教师和儿童》一书中提出了一个师生沟通的重要原则："批评情境而不是其人格和特性。"就事论事，或说出你的不满，不过不要责骂学生、贬低学生。书中同时还提供了一些原则，如不要降低一个行为不良学生的自尊，要设法保全学生的面子。

我校学生大多来自农村，他们大多是留守儿童，平时与家人缺少沟通，缺少关爱，大多性格比较内向，不善于表达，心理问题偏多，我们应了解学生的特点，因人施教、因人施策。在课堂上出现问题时，教师首先不要发脾气，平心静气，理智对待，应坚持几个处理原则，一是爱心原则，二是公平原则，三是利用近因效应（学生容易记住最近发生的事情，批评或惩罚以后，要进行夸奖，也叫胡萝卜加大棒政策），四是家校沟通原则。具体方法上理解与尊重学生，既帮助学生专注于学习，又要抓住每一次危机，帮助他们化解危机，促进他们人格的成长。

对于出现问题的学生，老师要养成这样一种观念：学生出现问题，就是老师的机会，既是转变学生的机会，也是发挥老师作用的机会。

④设法在班级形成一种井然有序又充满支持的氛围

班级管理最好先由学生讨论形成共识，也可以事先考虑你的计划并给学生解释和讨论，结合学生意见进行修改，如预备铃响进教室坐在座位上，拿出学习用品，有人发言时要认真倾听，做作业时不准讨论等。对出现的问题如何处理，提前与学生进行沟通。这样老师在班级中就构建了专业的、井然有序的氛围。老师在教学管理中要和蔼可亲、充满支持，对学生回答问题效果不好的情况，以及学生在学习中出现困难时，及时提供帮助。如果学生回答问题时出现错误，老师对于嘲笑的行为应予以制止，并指出犯错本身也是学习的一部分。如果有学生帮助答错的同学，老师就说感谢某某同学的帮助等。

采用一致性沟通，尝试与学生建立连接，让学生接纳你，与学生同甘共苦，心往一处想，劲往一处使，这样的教师被称为温暖的管理者。他们坚信学生能够达到教师的期望，学生对教师和同学都很尊重，学生愿意真心为学习付出努力，并鼓励同学们一起解决各种困难。

这种相互理解、相互尊重的班级氛围，既有利于学生的学习，也有利于学生人格的成长。

（4）"学力发展课堂"，需要了解相关学习与思维的研究

遵循教育教学规律和学生身心发展规律，应该学习一点学习与思维的相关理论，用多种方法促进学生学习。

①运用行为主义学习理论，采用直接教学法

直接教学法注重明确学习目标，分小步子学习并在学习中使用正强化。

行为主义学习理论（Behaviorist Theory）是由美国心理学家约翰·华生在20世纪初创立的，华生认为人类的行为都是后天习得的，环境决定了一个人的行为模式，无论是正常的行为还是病态的行为都是经过学习而获得的，也可以通过学习而更改、增加或消除，他认为找到了环境刺激与行为反应之间的规律性关系，就能根据刺激预知反应，或根据反应推断刺激，达到预测并控制动物和人的行为的目的。他认为，行为就是有机体用来适应环境刺激的各种躯体反应的组合，有的表现在外表，有的隐藏在内部，在他眼里人和动物没什么差异，都遵循同样的规律。

斯金纳更是将行为主义学习理论推向了高峰，他提出了操作型条件作用原理，并对强化原理进行了系统的研究，使强化理论得到了完善和发展。他根据操作型条件作用原理设计的教学机器和程序教学曾经风靡世界，在今天都还有巨大的影响力。他把学习的历程分为两种类型：应答型条件作用和操作型条件作用。经典行为主义研究的是前者，而斯金纳研究的重点是后者。操作型条件反射的形成依赖于有机体做出一定的动作反应；而经典型条件反射的形成依赖于有机体的无条件反射。同时，斯金纳对待意识不像古典行为主义那样，避而不谈，而是承认意识的存在，但认为意识不过是有机体皮肤之内所发生的私有事件，它不作为行为的生理中介物，而是作为行为本身的一部分，因此感觉知觉都可把它们作为刺激控制形式来加以分析。斯金纳认为"教学就是安排可能

发生强化的事件以促进学习",给学生创设为学习的刺激做出反应的机会,教学要在学生做出反应之后,有随之而来的反馈。

桑代克是美国著名的心理学家,较早地对动物及人类的学习、教学原理和学习迁移进行深入的研究,被誉为"教育心理学之父"。

——学习的本质是在刺激和反应之间形成联结。

——学习的过程是不断尝试错误以形成联结的过程。

——准备律、练习律和效果律为学习的主要规律。其中,准备律指学习者在学习前的预备定势。练习律指刺激与反应之间的联结随练习次数的多少而增强或减弱,它包括应用律和失用律。应用律是指联系越多则联结力越强;失用律是指在一定时间范围内不练习,联结的力量就会减弱甚至消失。效果律即如果个体对某种情境所起的反应形成可变联结之后伴随着一种满足的状况,这种联结就会增强;反之,如果伴随的是一种使人感到厌烦的状况,这种联结就会减弱。

行为主义理论是杜威"做中学"的理论依据之一。我校以农村学生为主,对基础薄弱班级可重点采用该方法,在基础较好的班级应该谨慎采用,不论什么班级都要注意留出时间,给学生消化和反思。

直接教学由五个基本成分或阶段构成:

——定向(总体目标,与生活联系,如何学习或期待达到水平);

——呈现(分割成若干小的、易学的步骤);

——结构化练习(例题教学,教师提供最大限度支持);

——有指导的练习(学生练习,教师指导);

——独立练习(家庭作业,独立完成)。研究表明"在少数民族地区和低社会经济地位学生比例较高的城市学校中,发现它可以产生中等水平的促进作用"。

直接教学法注重采用口头表扬、微笑和某种班级特权等进行强化("塑造"),其中一个有效的塑造技术是由学生在卡片上写上自己喜欢的一些活动,如果学生达成目标,就获得一段时间的某种自主选择的奖励(心理学家普雷马克提出);还有一种"代币法"也是常用的强化工具,积累的代币可以用来换取星星或笑脸,以及课外阅读或玩学习型游戏等。还有一种"相依契约"强化法,在学生履行事先商议好的承诺后给予强化。对于非期望行为,采取"隔离法"或让其付出"反应代价",如在与"代币法"一起使用时,取消部分特权。

②运用信息加工和社会认知理论,促进学生成为有意义学习者

社会认知理论的关注点是心理及其工作原理,研究可以帮助学生有效地将

信息从"外部"向"内部"（大脑）转化的条件。研究表明，想要有意义地学习，或者想提高学习的效率，就必须注意信息的重要特征，必须以有组织有意义的方式编码信息，以使其更容易被提取。引导老师营造课堂环境，以此提高学习的有效性。让学生意识到他们是如何学习的，以及如何利用这些过程来改善自己的课堂表现。具体的教学建议有：清晰地表达课程和教学目标，解决"我为什么要学这个"；使用吸引注意力技术（没有注意就没有加工，没有被加工就不会被储存在记忆中）；强调信息的组织和意义，便于提取（有组织呈现）；内容要适量（研究表明，高频度考试影响信息记忆时间，不利于图式建构）；促进编码，使之存入长时记忆。

班杜拉通常被认为是社会认知理论的推动者。他旨在解释学习是如何由个人特征（心理和情绪因素，元认知知识和自我效能）、行为模式（自我观察和自我评估）和社会环境（个体的社会和物理环境）三个相互作用的因素所引发，被称为"三元交互决定论"。

注重学习者的自我调节，教师要帮助学生成为自主学习者，提出一系列具体学习策略，在大量实验研究的基础上，提出了"观察学习理论"：将学习分为直接经验学习和观察学习两种形式。直接经验学习是个体对刺激做出反应并受到强化而完成的学习过程，其学习模式是刺激—反应—强化；离开学习者本身的经验及其所受到的强化，学习就不能产生。观察学习是指个体通过观察榜样在应对外在刺激时的反应及其受到的强化而模仿完成的学习过程。

教师除采用记忆术、自我提问、画概念地图等学习策略外，还可以利用榜样示范、提供认知和元认知反馈、运用支架式教学等技术促进自主学习。

③运用建构主义理论，让学生从"问题—解决"范式中，成为有效问题的解决者

以布鲁纳为代表的建构主义有三大学习观：发现学习（有意义学习）、问题解决学习和迁移学习。

20世纪60年代，杰罗姆·布鲁纳提出一种建构性的学习观点——发现学习法。当人们使用现有知识图式和他人观点来解释周围世界时，有意义的学习就发生了。当发现学习与各类型的教学支持相结合时，这是一种被称为有指导的发现方法，采用此方法比教师直接讲解更能使学生学到东西。促进建构学习的条件有认知学徒制（教师示范），情境学习（现实情境中的学习任务和"基于问题的学习"），多元视角、鼓励多种观点，强调关联性的问题和任务等。

当然发现学习的局限也同样存在，过程难于控制，耗时更多，这成为困扰新课程改革的一大难题。我们应采取多种策略，有的知识适合提供记忆的时间，

有的适合清晰而组织良好的讲解。

《全球成就差距》的作者 Tony Wagner 指出："21 世纪的工作、学习和公民素养，都需要我们懂得如何思考——推理、分析、求证、解决问题，以及进行有效的沟通。"研究发现，现代社会更需要问题解决者和有效沟通者。其中好的问题解决者有两个共同特点：一是拥有一个有组织有意义的知识体系，二是拥有一套系统化的问题解决技能。而建构主义就是对外部观点和经验创建一个个人解释。教学应聚焦在为学生提供机会，让其创建自己对现实的有意义的理解。学习的建构主义观点认为，当人们使用现有知识图式和他人观点来解释周围世界时，有意义学习就发生了。通过帮助学生建构更丰富和更有意义的图式，帮助学生成为更有效的思维者和问题解决者。曾经看到关于好教师的"三重境界"的提法：递锤子，变手指，开窗子。学生想钉钉子，你就送上一把锤子；学生需要金钱改变命运，老师就让你的手指能创造财富；让学生看到新的风景，体验到新的收获，就是"开窗子"，也是好教师的最高境界。

研究发现采用"基于问题的学习"比采用"学习/讨论"形式的学习效果更好。建构理论的最大成就是帮助我们成为有效问题的解决者。把问题分为三类：结构良好问题（评价标准已知）、结构不良问题（表述模糊、解决步骤和评价标准不清楚）和结构不良的有争议的问题。在解决不同类型问题时，优秀的问题解决者采用了相同的通用方法，包括如下五个步骤或过程：

——觉知问题；

——抓住问题的实质；

——收集相关信息；

——制订并实施解答方案；

——评价解答方案。结构良好问题只要执行第二、第四和第五步。

有效问题解决者的第一步是"觉知问题"，有人认为值得解决的问题不需要寻找，会自己出现。其实问题并不容易发现，可能是因为学校长期重视解决结构良好问题或认为事情本来就是这样。有答案的结构良好的问题经常以练习的方式交给学生，而结构不良和有争议的问题，大多数人对此缺乏明确的意识，优秀的问题解决者首先要培养的是识别问题的意识。问题识别和发现的关键在于好奇心和不满足，我们可以通过观察提高发现相关问题的敏感度。

"抓住问题的实质"亦叫表征问题或问题界定，就是构建一个最优表征（头脑对外界信息进行加工如输入、编码、转换、存储和提取等时，信息在头脑中的呈现方式）或者理解，"最优"就是寻找许多方法（图像、图表、列表、示意图等）中的一种来表征，表征的方式决定我们的提取质量，应尽量采用可视化表征来促进理解。要想达到对问题的最优理解，前提条件是在问题领域拥有丰富的学科知识和熟悉特定类型的问题。专家问题解决者能够构建高质量问题表征，并常用一个或多个基本模式或背后的原理来表征问题。新手问题解决者则是在有限的学习条件下学习孤立的惰性知识，不利于提取，也就不利于问题的解决，为了克服这一状况，教师需要以一种高度组织化的方式来呈现学科内容。

问题表征涉及将表述问题的词句转换成这些词句的内部表征，教师要提出良好的问题，要掌握相关学科知识和熟悉类型问题，在有意义的情境中，以有组织的方式呈现问题。例如，詹姆斯在《与教师的谈话》中就谈了一节低年级地理课的例子。教师提问：假如你在地上挖一个洞，几百英尺深，它的底部比顶部更暖还是更冷？没有学生回答。其实学生是知道答案的，听课专家认为老师没有正确提问，就换了一个问题：地球的内部是什么情况？一半学生知道"地球内部是一种火成熔融状态"的答案。

"收集相关信息"，在结构复杂或争议问题中作用巨大，可以在自己的长期记忆中提取相关信息或经验，也可向别人寻求支持。

"制订并实施解答方案"，首先是筛选有效的方法，也可在通用的启发式中进行选择，如研究样例，解答一个简单版本问题并进行实验室模拟，把问题分成几个部分，逆向研究，解决类比问题，创建一个外部表征等。

"评价解答方案"，根据问题陈述，考虑是否合理，或用另一种方法来检查其准确性。

采用建构主义教学法时，面对以教师为主导、以直接教学法为主的传统课堂，教师就要面对理念上、教学法上、文化上和政治上的一系列挑战。

理念上，教师要理解认知学徒制、搭建支架、情境学习、多元视角和协商的意义等；同时也要兼容并包，取长补短，避免排除其他适合不同个体的教学理念和方法。

教学方法上，根据学生特点、基础的不同，教师应有不同的方法示范、提示、建议和使用现代技术等，促进有意义建构，协作有效学习，加强对本学科的深入理解。教师要掌握一系列评估手段，如访谈、观察、日记、同伴评价、研究报告、艺术项目、表演、辩论和舞蹈等。

文化上关乎制约教师和学生的隐性课堂规范，建构课堂可能受到学校的管理制度、以前做学生时的传统课堂经验等因素影响。

政治上的挑战，主要是说服领导者相信这种方法可以提高学生的成绩，特别是提高优秀学生的成绩。

建构主义还提出"为迁移而教"的理念，根据学习对后继学习的影响情况分为正迁移、负迁移和零迁移；根据任务具体的相似性称为具体迁移，根据任务采用的相同认知策略叫一般迁移；把学到的知识和技能在相对较短的时间用于高度相似的任务叫近迁移，反之则是远迁移；前面学到的技能自动应用于当前相似的任务上是低路迁移，从一个任务中获得规则并把它应用于相关的任务中则是高路迁移。教师为低路迁移和高路迁移而教，需要注意提供多种变式练习机会，帮助学生形成概念网络，提供与最终解决问题相似的问题及条件，教学生针对各种任务制定一般规则、策略或图式，给学生一定提示以便于学生提取相关信息等。

④运用人本主义理论，推进学生主体性，唤醒学生内在的学习动机

当前的教育认识，总是强调认知过程，重视知识建构，其实学生的需求、情绪、自我知觉测验价值观在任何学习中都很重要，关注这些非认知变量的教学理论就是人本主义教学法。该理论假设是，学生在下面这些情况下才会产生高水平的动机，即使他们学得很吃力：学习材料对他有意义时；当他理解自己行为的原因时；他们相信课堂环境支持他们努力学习时。人本主义教学强调帮助学生更好地理解自己，创造一个支持性的教学氛围，以此激发人类与生俱来的学习愿望并充分发挥自己的潜能。

研究人本主义的先驱是马斯洛、罗杰斯和库姆斯，他们在书中进行了关于学习和教育的探索，核心思想和观点表现在以下几个方面。

第一，人本主义的一些基本理论：

——人们天生具有发挥自我潜能的欲望，马斯洛称为自我实现；

——只有低层的生理、安全、归属和自尊得到满足，才会追求自我实现，教师应该注重学生重要的低层满足；

——理解学生行为最好的办法是理解学生如何看自己（自尊、自我效能感）和学生所处的情境；

——当学生理解学习材料和教学与自身生活的关联时，学习是最有意义的；

——当学生坚信教师接受他（她）真实的样子，并会帮助学生取得成功时，就会有最好的学习状态。

第二，人本主义教育方法要求教师应当努力在课堂上创建一种关怀的氛围，把学生当活生生的人来关怀并帮助他们达成最佳学习效果，才有可能产生高水平的学习动机。有人把这种课堂称为"快乐课堂"，特点如下：让内容充满吸引力，课程安排及内容注重学生兴趣；让学生体验到成功，促进他们成就定向，建立关怀氛围，提升自尊，增强学生的集体意识、安全感，促进积极的人际体验，这些也可以引发高水平的学习动机。

如何建立关怀氛围？

——教师展示出共情和温情来鼓励高水平思维和使用非指导性教学；

——创建一种满足学生归属感需要的课堂环境。

反复研究发现，归属需要的满足与以下学习结果存在正向关联：高水平的内在学习动机；强烈的胜任感；更强的自主感；更强的认同感；遵从课堂规则和规范的意愿；对学校、课堂学习和老师的积极态度；对成功的更高期望；更低程度的焦虑、沮丧和挫败感；对他人的支持；更高的成就水平。

而被集体拒斥的感受则与下列消极的结果相关联：高水平的压力、愤怒和健康问题；违背学校校纪校规的行为问题；对学校、学习缺乏兴趣；更低的成就水平；辍学等。

教育不是灌输而是点燃。德国著名教育家第斯多惠说："教育的艺术不在于传授的本领，而在于激励、唤醒和鼓舞。"这就是人本主义教育观的价值所在，激发潜能，才能培养一流的人才。

⑤运用新课标理念转变教与学方式，帮助学生找到典型学习方法

2017版《普通高中语文课程标准》"基本理念"的第2点是：以核心素养为本，推进语文课程深层次的改革。第3点是：加强实践性，促进学生语文学习方式的转变。"学力课堂"要坚持一个方向：以学为主，从学出发，为学服务，以学论教。学生是课堂的主角，不是观众。有人把它概括为"三还"：还教于学，还学于生，还生于主。

从教学促进学生发展的角度讲，学习和训练都应立足解决现有发展区问题，各学科都要探索适合本学科的典型学习方式，如医学的典型学习方式是临床，法律的典型学习方式是辩论，这是华东师大崔允漷教授的观点。

语文：任务驱动的语文学习活动（语文运用＋言语文本）

政治：辨析学习（议中学）；政治活动

历史：史料实证

地理：用着地的方式学地理——地理实践

体育：专项运动

通用技术：做中学；设计学习

理化：实验

（5）"学力发展课堂"，需要理解考试的作用

《关于进一步激发中小学办学活力的若干意见》在"强化评价导向作用"中指出："要树立正确的政绩观和科学的教育质量观，不得以中高考成绩或升学率片面评价学校、校长和教师，坚决克服'唯升学''唯分数'的倾向。"王金

战老师的名言是："考试是最好的学习。"启发我们转变观念，分数不是目的，促进学习才是考试的目标，我们有必要了解各种类型的考试及功能。

①评价标准

考试其实就是一种评估工具，常常被称为标准化测验，即按照标准方式呈现和评分，并按照标准来报告测验结果。根据试题分析，你可以看到班级和学生的强项和弱项，为我们提供补救性教学提供依据。评价测验标准，有信度、效度、常模代表性以及对考生的适宜性四个标准。测量的稳定性叫作信度；测量在大多程度上准确地测量了想要测量的东西叫效度；常模代表性是参与此次考试学生的总体位置，如月考就是年级排名，市联考就是全市同级学生排名，高考则是全省高考学生的成绩位次；对考生的适宜性，如看月考试题的难易程度是否适合学校学生的水平，看是否有利于促进学生学习的信心。

②测验类型

——两种主要的标准化测验：成就测验和能力测验。旨在测量某一学科能力的学习情况，如高中的学业水平、单元测试、诊断测试、学分就属于成就测验。能力测验旨在测量在某些特定领域进一步发展能力的倾向，如高校的自主招生，艺术学科的省考、校考等。

——解释测验分数的两种方法：常模参照测验和标准参照测验。常模参照测验将学生与他人进行比较，通俗讲就是排名或排位。标准参照测验显示学生对目标的掌握程度，这种评分不会将个人表现与他人进行比较，而是根据学生在界定清晰的技能领域中掌握具体目标的能力来进行分析，如2017年版的各科《普通高中课程标准》中都设置了"学业质量水平"。

③形成性评价

形成性评价（formative evaluation）是指在教学过程中为了解学生的学习情况，及时发现教学中的问题而进行的评价。

④高利害考试

我们的测验往往是指平时的课堂检查，旨在测量学习情况。我们的所谓考试，从月考到半期考试、学期考试，再到适应性考试，学校都要出分析报告，学校领导、老师、学生、家长都关心成绩，关心排名。升学考试如英语听力考试、高考，政府也高度重视。考好了，人人高兴，皆大欢喜；考差了，学校领导要承受家长、政府的压力，他们也把压力传递给教师。所以我们的月考以上的考试都具有高利害性。

研究证明，高利害性考试对中等学生有积极影响，由于教师更多采取加大练习强化训练增分的保守策略，对优秀学生和后进学生都不利：优秀学生的学习动机下降，后进学生因看不到希望而放弃。对课程方面，有积极的一面，如进度一致，资料一致，考试一致，评价一致，这样有利于对学生进行评价和加强老师间的合作；消极的一面则表现为广为存在的课程窄化现象，为了应对考试，学校压缩非考试科目和空余时间，同时学科教师更是根据考试的需要进行教学，这对注重积累、实验和体验的科目发展不利。高利害考试对学生同样不利，频繁的高利害性考试，不但压缩了学生的学习时间和内容，同时也让学生为应对考试而学习，学生的个性化发展遭到抑制，学生的兴趣因失去自主性而逐步丧失，这样学校就逐步变成工厂，教室则成为车间，产品也越来越同质化。

⑤应对高利害性考试的办法

——重视形成性评价。整个社会为什么形成重视"分数"的考试文化？这与曾经的"千军万马过独立桥"的高考有关，社会长期形成把分数高低与高考、人生前途挂钩，也与老师的教学能力、学校的办学水平相关联，所以新高考对此进行了制度性的改革。芬兰教育被认为是成功的，社会对教师职业高度尊重，也对教师"质量"高度要求，90%的教师教育专业申请者都会被拒绝。教师设计课程和教学要注重有意义的学习，广泛使用形成性评估，学校领导注重教育理念的引领，支持教师达成目标和开展活动。反观我们国家，从小学开始就注重分数、注重排名，学生都在高压力下学习，教师也在高利害形成的压力下教学，要走出这一困境，就要有一个策略，除了升学的中考和高考，其他考试需要一律视为形成性评价，学校、教师和学生只把考试成绩用来发现教学中的问题。

——学习医院的体检报告，让考试发挥学习的导向功能。主管部门、学校领导和家长都担心如果不重视考试的评价功能，那又怎么评价教师？怎么知道教师在认真教学？有人建议根据每次测验数据分析，针对学生的异常情况，学习医院体检报告的方式，根据异常项目提出具体治疗建议。我们也可以出台一个有针对性的一人一策的分析报告，指出问题，提出建议，这不但有用，也可以化解相关人员的担心。

——师生对形成性评价要有正确的观念，对考试持积极的态度，尽力而为。

——减少平时考试的数量，过多的考试影响知识的学习，不利于知识的掌握。同时学校不把形成性考试作为教师奖惩的依据，认识到形成性评价是为了帮助学生更好地学习，同时也有助于教师发现问题并进行补救。

从以上分析看，"考试是最好的学习"这话没有错，那就是我们要树立正确的评价观念，把一般的考试与真正利害的升学考试区别开来，在教学中学习，在"考试"中也可以学习。

2. 二"建"：建立学习共同体

（1）我们先来看知识及人格的心理发生机制

维果斯基社会文化论认为，文化传递给成员（及后代）的重要东西是心理工具，即行为观念、行为准则。人与人之间影响的重要途径是什么？同样是一种价值观念，一种行为准则，这就是我们所说的"从众心理"，也可以用皮亚杰的组织、图式和适应（同化和顺应）来解释。

①学生之所以在行为习惯上会得到改变，其实很大程度上与"从众"有关。

有人改变到了人们不能理解的程度，我们就说这人被洗脑了，其实就符合这个"从众的历程"。我们以传销的机制来说明一下这个道理。

不认可：个体进入传销组织后，先会不同意组织的观点。

处罚：但组织会有严厉的处罚。

顺从：因为害怕惩罚，个体会被迫"顺从"。

痛苦：这种被迫行为伤害到了自己的自尊心，内心就会产生痛苦。

认同：为了减少痛苦，个体会趋向于认同传销组织的观点。这样个体就完成洗脑过程，他就成为这个"众"，以后又去洗别人。

埃里克森认为面对一个新的社会危机（褒义词，可以是一个新的环境、新的事件）人格都有缓慢发生的过程，都有一个积极的或消极的反应，叫渐成性原理，按皮亚杰的理论要么让我来同化环境，要么是我来顺应环境，以形成新的图式。其实，不是东风压倒西风，就是西风压倒东风。

②当学生进入高中，学生就进入一个新的班级，班级管理也有这样的一个过程。

不认可：老师制定规则，学生肯定不适应。

被处罚：我们就要用老师的"严"，或者班规的"严"，让学生先被迫"顺从"。

失败或顺从：不适应的学生肯定很痛苦，因为这改变了他原有的认知过程，他原有的自尊心会受到打击，他就会反抗。这时候就比哪个能坚持，如老师不够严，班规不够狠，一切都前功尽弃，这也是很多老师带班失败的原因。如果这时老师挺过来，学生就会进入"从众"的第二阶段——"内化"，逐步去接受你所塑造的班级价值观。

认同：如果学生接受了这个价值观，他也就成为这个价值观的"捍卫者"和"传道者"，以后再有新的成员进来，他就会主动起到教育、规范的作用。

③要改变一个学生，是不是也是如此？当然是。

学生犯了错，老师一次成功的谈话，其实都有改变的作用。

当他回到大环境中去，他又"从众"了，一夜回到解放前。

对一个问题学生的教育，我们要改变的不光是一个学生，而是与他背后的整个"众"在战斗，就是环境，包括家庭环境、学校环境，还有社会环境。

这些都不是我们一个老师能做到的。这让我们常常感觉很无力。

④那么是不是我们就完全无能为力？

其实，我们不能改变社会，但是我们可以在学校、家庭上做一点力所能及的事情，我们可以从两方面努力，一是我们能够为他们创造一个积极的班级氛围，班级是一个"众"。我们还可以增加一个"众"，那就是合作学习小组，让更多的人拥有相同的价值观。学生在班级的时间，特别是在小组内的时间也很多，有班级和小组这个"众"在，大部分学生也能获得一定程度上的转变。二是在制定规则时，尽量用协商的方式，减少学生的不认可甚至痛苦，让班级的价值观念来自学生的内在需要，这样的认同不同于传销的被迫行为，真正成为影响学生一生的价值观念。

（2）合作学习的心理学机制

学校教育目的之一是促进人的社会化。建立合作学习小组，形成学习共同体，一方面可以促进人的社会化，同时也能帮助学生提高学习效果。

我校高中教育起点低，起步晚。铜仁城区有市属重点中学一所，市属民族高中一所，两所学校都历史悠久，教学质量得到社会家长的认可，他们将城区的生源筛选了两遍。我校办学历史短，高考成绩差，社会认可度低，导致生源差，长期得不到改善。21世纪初，我们采取了以初中带动高中，以农村包围城市的策略，优先发展初中教育。同时，面对高中在城区无生可招的现状，我们注重面向本区的农村招生，重视面向外县的农村招生，学校就是这样如滚雪球一般，越办越大，越办越强。初中成了城区最好的学校，高中也办成了位列全市前三、在全省也有一定影响力的省级二类示范性高中。随着我校生源的改善，学生组成也发生一定的变化，但是学生构成的总的特点和趋势依然没有变化，还是农村学生居多，留守儿童居多。这些学生在成长中得到的关怀不够，养成了不爱交际、不善交际的特点。培养学生的学力，促进人际互动，促进关怀氛围，从而提升教学质量，这就成了我校需要重点解决的问题。

学习共同体的背后是良好的班级氛围，是民主管理，互帮互助，建立以文化人、活动育人等班级管理文化。学习共同体，能够有效地增强自尊，激发学习动机，改变对成败的归因，还能够培养学生的积极情感，提高他们在理解、推理和问题解决等方面的能力。

①为什么要建立互动合作的课堂环境

人一开始是有天敌的，最开始时是剑齿虎，后来有同属的尼安特人，但是我们一路走来，克服了各种困难，战胜了各种敌人，一步一步登上食物链的顶端，最根本的一条是人与人之间的合作。

合作是人类的天性，人类的成长史，就是一部合作的历史。人的成长就是人的社会化的过程，也是人融入社会的过程。

科学研究表明，人有时刻寻求人际联系的大脑默认网络。有首诗题目是《生活》，内容就一个字"网"。这首最简洁的诗，道出了人的实质，人的大脑时刻都在寻求人际联系，人活着的价值，就是各种各样的网，如果这个方面出现问题，那这个人就不正常，就会产生"孤独""寂寞"等不正常的心理状态。

白居易写了一首《问刘十九》："绿蚁新醅酒，红泥小火炉。晚来天欲雪，能饮一杯无？"天下雪了，一个人有酒有火，缺人啊？就想到邀请朋友来喝一杯。人在时刻寻求人际联系，现在更是发展到在手机上去找，在网上去找，在各种平台上找，找人一起玩游戏，找人一起聊天，所以一个个都成了"手机控"。

以往，科学家们比较感兴趣的是，在人们进行认知和身体活动（记忆、阅读、运动）时激活了大脑的哪些脑区，以此来解释大脑的分工与合作机制。有个人换了个方式进行研究，如果不在任务状态的时候，大脑的哪些区域更加活跃？对这个非同寻常的问题，1997年，华盛顿大学的戈登·舒尔曼（Gordon Schulman）和他的同事在《认知神经科学杂志》（*Journal of Cognitive Neuroscience*）上发表了一篇文章，介绍了他们的研究成果，当人们处于无所事事的状态时，有一系列脑区确实比人们在执行某个具体任务时还要活跃。人们把这个网络称之为"默认网络"（default network）。更为巧合的是，进一步的研究表明，我们进行社会认知时激活的大脑网络与默认网络几乎是重叠的。

从本质上说，我们的大脑天生就适合思考社交圈，以及我们身处的社会环境。我们有一个说法叫"娃娃见了娃娃爱！"动物也有默认网络，如一对狗相遇会发生什么？异性就相吸，同性就排斥（打架）。大脑不断地回到默认网络（恢复到社会认知模式），我们有社会交往需求的天性。

②人际联系满足了大脑的社会性需求

一个人活着有什么意义？人本主义心理学家马斯洛提出需求层次理论，从生理、安全、归属与爱、尊重到自我实现的需要，越往上，人的交际需求就逐步增长。可以这样理解，交际就是生存的意义之一。

美国耶鲁大学奥尔德佛教授提出的 ERG 理论（亦称"三要素理论"），认为人有三种核心需要：生存、关系和成长。其实每一种需要都是把人放在社会性的背景下的，我们可以理解，"生存"本身就是意义之一，但是在"生存"之上，人们就是为关系而活。在"关系"之上的"成长"阶段，同样也是为了更好地服务人类而活，是更高层次的一种社会性需要。从这个角度讲，人活着的三种需要，也就是三种意义。按照有关研究，成功的人，亦即实现个体发展性需求的人约占3%，也就是说，97%的人中，除了少数在为生存而奔波之外，绝大多数人都在为各种关系而活。我们中国人注重"面子"，也就是一种重视各种关系的表现。弗洛伊德的"人格结构"理论进一步揭示了关系的重要性。他提出人有三个"我"：本我—自我—超我。当人的本能（本我）与理想化目标（超我）发生冲突时，遵循现实原则的"自我"就要调节人的本能的"本我"与为适应环境的"超我"的矛盾。这就是为什么《平凡的世界》中，孙少安面对残酷的生存环境，又有美好的爱情，但是经过现实原则的"自我"调节，他选择了低下头来。

总之，建立学习共同体，有利于人的社会化，有利于更好地实现教育的功能。著名的"恒河猴实验"进一步验证，人的社会化一旦出现问题，会给走向社会的人带来更多的困扰，如孤僻、自闭、自残、厌世甚至发生危害社会的行为等。

马修·利伯曼教授在《社交天性》中提出了人类社交具有"连接、心智解读与协调"三大驱动力。

第一是连接。我们的生理构建让我们渴望获得社会连接，因为它与我们最基本的生存需求联系在一起。我们对连接的需求就像一块基石，其他东西都建立在这个基石之上。我们要关注"连接"的两个方面：一是人类对社交的需求甚至大于对生理方面如食物和温暖的需求，不甚理想的社交关系给人们带来的痛苦与真实的身体疼痛无异，有时更加令人焦虑；二是合作既然是一种天性，相互合作本身就能激活大脑的奖赏系统，无论是否期望得到回报，帮助他人都会让我们体验到真正的快乐。也就是说，人们不仅可以直接从合作中获益，而且合作本身就是目的。我们要让学生明白，合作不仅是帮助别人，也让自己得到益处，这是真正的双赢、多赢。

第二是心智解读（同理心和共情）。研究表明，人类的大脑中有一个专门负责心智解读（mindreading）的神经网络。心智解读让我们有能力理解他人的思想和行为，这进一步强化了我们保持社会连接、进行策略性互动的能力，帮助我们去预测与我们生活密切相关的他人的需要和欲望，并采取行动让我们过得更好。我们要更多地关注共情（empathy），这是我们与另一个人相互连通的能力。它使我们能够去理解他人内心深处的情感世界，然后以有利于他人的方式行事。共情有三个要素：心智解读、情感共鸣以及移情动机激发。三个要素共同促进合作质量的提升。

第三是协调。协调是指通过自我意识和自我控制使人们能够适应群体生活。关于"协调"，需要关注两个方面。一是自我的机制，就是让我们与他人区别开来，同时促进我们融入社交圈。二是自我控制，这是我们这个"社会脑"的又一"终极武器"，它不仅能帮助我们实现个人的目标和利益，更可以帮助我们使自己的行为与群体的目标和价值观保持一致，确保我们遵循社会规范和价值。

③如何促进课堂教学中的人际互动

不同的认识，会形成不同的课堂文化，积极的社会认知，促进积极的人际交往，最终对人的社会化起到积极的作用；相反，消极的人际关系，带来的是有害的学习氛围甚至是破坏性的社交效应。

互动交流：心智解读能力、镜像神经元和共情能力是顺利进行人际交往的基础。

心智解读使人类能够理解他人的行为及知悉他人的想法、情感和目标。镜像神经元位于外侧额顶皮层，它使我们能够去模仿他人的动作，从而能够从他人的行动中学习。共情是我们与另一个人相互联通的能力，它要求我们去理解他人内心深处的情感世界，然后以有利于他人的方式行事。

因此，要实现有效的课堂互动，需要在倾听的基础上，达到由互相理解，到互相学习，到互相帮助。

互惠合作：相互合作激活了人类大脑的奖赏系统，人们可以直接从合作中获益。研究表明，存在着两种社会奖赏：一种是当我们知道他人喜欢、尊重和关心我们时，所获得的社会奖赏；第二种是当我们关心他人、照顾他人、友好对待他人时得到的社会奖赏。

因此，在学习共同体合作完成任务与目标时，一方面自己因得到他人帮助而获得激励，另一方面自己也在帮助他人中获得了社会奖赏。

公平对待：得到公平对待是我们是否拥有适当的社会连接，是否身处社交网络中的重要标志之一。被公平对待意味着别人重视我们，就能激活大脑的奖赏系统。

因此，教师公平地对待学生除了具有教育伦理学上的意义，还具有激发学生学习动力的脑科学基础。

赞美与喜爱：别人对我们表达出来的喜欢、赞美、挚爱的信号对我们感受到的幸福感至关重要。赞美本身就是价值和意义，就像生活中的其他基本奖赏一样，赞美激发了人们的积极情绪。因此，营造一个积极肯定的人际互动环境非常重要。

威胁与排斥：消极的课堂氛围，如威胁和压力、被同伴排斥等，都会给学生带来持久的压力和社会痛苦。社会痛苦的消极影响比社会连接的积极影响更加明显、强烈。一个陷入社会痛苦中的人的大部分注意力将会集中到他的痛苦上，这样一来，他就没有多少认知资源和注意力资源可以用于学习了。

所以，消除课堂中的威胁，建立一个安全温暖的课堂环境是实现课堂积极互动的前提条件。

课堂规则：课堂规则是师生课堂中的一种文化约定，是一种人际联系的规范，其中也包括一些道德规范与习俗规范，对师生与生生互动具有一定的约束作用，也是保障课堂互动顺利进行的基础。

在人际互动过程中，当遵守社会规范时，大脑就启动抑制系统。而当我们真正基于自己的真实偏好就规范的制定进行选择时，涉及的则是大脑中的奖赏系统。

为此，课堂规则需要师生共同参与制定，建立基于互惠的课堂规范，这样才能成为真正的学生认可的课堂规范并建立良好的生生、师生关系。

(3) 如何运用社会认知理论组建合作学习小组

在教育教学中，学习有三种模式：让学生被迫互相竞争；让学生独立学习；让学生互相合作进行学习。哪一种学习模式效果最好？心理学家的研究认为合作学习的效果更为突出。

竞争性结构是指一个人的分数是由班上其他人的表现来决定的（属于常模参照性的），以"消极的相互依赖"为特征，研究者认为，竞争性奖励结构会让学生更加注重把能力作为动机的主要依据，思考"我是否足够聪明来完成这个任务"。以能力为动机的基础时，学生在课堂上把成功当作自尊的必备条件。但是，因为只有少数人可以获得成功，就会导致一些人回避有挑战性的学科或任务，在困难面前选择放弃。成功的学生认为自己成功是因为能力，而认为其他人的成功是由于运气。个人主义结构用独自学习且依靠自己的努力来赢得奖励，把任务上的努力当作动机的主要依据，名言是"如果我努力了，我就可以做到"。合作性的结构以学生一起学习来完成共同的任务为特征，对他人有益的，对本人也是有益的，反之亦然。如果教师设立了掌握标准，小组成员均可获得相同的奖励。

如何组建和建设合作学习小组？主要考虑合作学习的基本要素，要有小组异质性，调动公平竞争；设置共同的学习目标，提升积极的相互依赖；通过互相帮助，实现促进性互动；通过分工合作，注重个体责任；通过学习领导力、决策力、相互信任、清晰沟通及冲突管理来学习人际交往技能；确保每个成员有成功的机会并促进团队竞争。

建设合作学习小组可以采用的策略有：一是在"活动"中促进的策略，让人在活动中学会积极地促进人际互动并注重个体责任。例如，结对分享、小组合作、展示交流会、榜样学习、同伴教学、对话教学、戏剧表演等。二是运用奖赏的策略，要合理运用，不当的奖赏会削弱学生的学习动机，注意奖赏的数量、质量和频率。

（4）合作学习效果分析

合作学习为什么有效？第一，会出现动机效应。因为积极的相互依赖，具有高度的动机激发功能，这些特征鼓励以成就为导向的行为，如按时上课、认真学习、赞美别人付出及接受同组成员帮助。在合作学习小组中，小组的成功有赖于大家的学习，学习成为一种责任和有价值的活动。第二，产生认知发展效应。根据维果斯基的理论，合作会促进认知发展，因为学生会相互示范更高级的思维方式，这是任何独立学习都无法做到的。按皮亚杰的理论，同伴合作会加速自我中心主义减退，促进更高层次的理解和应对世界的能力的发展，同时在小组中没有解决的矛盾或争议，会激发一些成员后期的努力，由自己来解决这些矛盾。第三，产生认知精加工效应。相比于未经过精加工的信息，通过重组并与现有知识相联系的精加工的新信息，更容易从记忆中提取。一些特别有效的精加工方式，不是由他人向你讲解、说明，也不是靠老师在讲台上塞和灌，按照学习金字塔理论，由学生在做中学，在应用中学，向别人讲述中学才能达到最好的效果，如前面提到的费曼学习法和演讲学习法都与此有关。

具体来说，有下列三方面积极影响：

①对动机的影响。研究显示，对动机有中等到强烈的影响。那些具有最强的积极作用的学习，往往采用了依赖性奖励形式（只有团体达到目标，成员才可获得奖励）。研究显示，少数民族学生的作用大于非少数民族学生。研究也显示，在即将到来的高风险测验中，出现动机减弱现象，有人归因于学生对学习进度和学习量感到不满意。

②对成绩的影响。研究显示，合作学习会使测验分数有中等到大幅度的上升，约上涨10到25个百分点，特别是在问题解决活动中和数学学习案例中，分数明显更高。

③对社会互动的影响。合作学习一个重要的构成是教会学生如何有效地互动，包括如何提出相关引导性问题，给团体成员解释和帮助等。实验显示，训练组在解决数学问题时表现出显著的更高水平，但是与受训前相比，相应反应

出现的频率更低。有两种解释比较合理：第一，学生要解决的问题是结构良好的问题变式，这意味着大多学生可能自己找出答案，因此降低了精细讨论的需求；第二，学后测试问题与学前测试问题极为相似，因此不需要合作讨论。研究还表明，能力一般的学生，受过如何寻求和提供帮助训练后，会更多地参与互动，并在成绩测试中得分更高。研究还显示，合作学习受训的学生与不同种族、民族和社会阶层背景的同学相处得也更好。

合作学习有效的另一个原因就是常规管理下的课堂，教师，特别是班主任，他们认为班级管理和课堂管理就是"控制学生"的行为，但是合作学习需要转变管理理念，那就是"引导学习"，做一个"权威型"的管理者。

在我们学校的调查显示，被调查的所有老师都声称了解和使用了合作学习，但是我们对学生的调查显示，他们仅仅是分一个组而已。其实合作学习至少需要积极的相互依赖和个体责任等条件，最好还应包括促进性互动、小组异质化以及人际技能发展等。调查发现，在课堂管理中，大多数的班主任和老师是专制型和放任型，他们一般都不屑与学生沟通，不屑与他们讲道理，他们认为老师要有老师的样子，他们在班上以"搞得住"为荣，以学生怕他为傲。以学生为主体的权威型较少，这不利于我们构建"德润师生，以文化人"的校园文化，这同样限制了我们走向促进每一个学生成长的优质学校。

（5）合作学习的实质——学会沟通

试一试你怎么处理：在楼梯口你刚刚碰伤了别人的手臂，你会怎么道歉？

①请原谅我吧，我真的很笨！

②天哪，我怎么会碰了你的胳膊！

③我希望能向你道歉。我经过的时候无意中碰了你的胳膊，如果你的手臂受伤了，请联系我的律师。

④咦，今天见到鬼了，运气这么背。

⑤我不小心撞伤了你，非常抱歉，你这里很痛吧？

人与人之间如何打交道？这就是萨提亚冰山理论的五种处理模式：讨好、指责、超理智、打岔、寻找沟通的一致性。所有的沟通都要从三个方面来考虑，即自己，他人，情景（情况）：

——如果只有自己，没有他人，是指责；

——如果只有他人，没有自己，是讨好；

——如果只有情境，没有自己也没有他人，是超理智；

——如果既忽略自己和他人，也无情境，是打岔。

虽然不能说哪种方式更好或者更糟糕，但不可否认的是这四种沟通方式都会对合作学习形成一定的阻碍，我们在人际交往中的关注点应该保持自己的表里一致性，一致性的沟通就是同时关注到自己、他人和情景，做出最适合的回应。通过合作学习小组，我们可以有更多的机会练习，提高沟通的效果。

习惯于指责的人，只关注自己，那么请尝试着放下"自己指责的手指"，关注并了解他人的内心。

习惯于讨好的人要学会倾听自己的声音，觉察和表达自己的感受。

超理智的聪明人，不要只用理智的脑袋，要多用感官去听、去看、去感觉。

调整起来最困难的是打岔的反应模式，他们习惯了"生活在别处"，能提的建议是要关注情境，活在当下，与他人联结。

冰山理论，就是萨提亚用的一个形象的比喻：这就像一座漂浮在水面上的巨大冰山，能够被外界看到的行为表现或应对方式，只是露在水面上很小的一部分，大约只有八分之一，另外的八分之七藏在水底。而暗涌在水面之下更大的山体，则是长期压抑并被我们忽略的"内在"，那里才是生命中的渴望、期待、观点和感受，是真正的自我。

一致性沟通也有三个境界：接纳感受（意识到真实感受），深入觉察（了解内心渴望），身心合一（"与普遍存在的生命力保持和谐一致"）。

萨提亚的冰山理论告诉我们，沟通是一种技巧，合作学习的实质就是让学生在合作中学会交流，学会沟通，发现真正的自我，并为之努力奋斗！要知道"独行速，众行远，聚合力，谋未来"。

（6）两种合作学习方法

一是约翰霍普金斯大学的 Slavin 教授和他的同事提出的 STAD（Student Teams – Achievement Divisions）合作学习法。该方法适合 2 至 12 年级学生及语言、数学、社会科学和科学等学科。把学生分为 4 至 5 人的异质小组，指定学习任务，开始四个步骤循环。

①教学。以讲—讨论的形式提供学习材料，告诉学生将要学习的内容及重要性。

②团队学习。小组成员根据教师提供的学习单和答案纸进行合作学习。

③测试。每个学生单独参加测试，反映出每个学生的学习情况。

④褒奖。按团队平均分提高情况，划分为：良好团队、优秀团队、卓越团队。

有一种"团队游戏竞赛法"与 STAD 法相似，只是把测试换成学术联赛（接受提问答辩）。

二是由 Elliott Aronson 发明的拼图法。学生分成 5 至 6 人小组，每个组完成相同项目，每个成员只负责项目的某一个方面，研究表明，与传统教学相比，学生在倾听、人际关系和成绩方面都有很大的提升。

研究还显示，班级管理中如建立合作学习小组，更有利于学习动机、学习成绩、同伴互动的显著提升。

当人类战胜了所有的敌人后，我们人类的敌人就只剩下了我们自己，如何战胜自己，让蓝色地球在太空永存？不要忘了，我们手中的核武器能够把地球毁灭 N 多遍；也不要忘了，在所有的哺乳动物当中，人与猩猩是地球上两种能够自相残杀的动物。当然人类延续至今，除了我们的智慧，还有就是我们人会合作，如习近平总书记倡导的建立人类命运共同体，我们才能走出人类面临的危机，别无他途。

推行合作学习，建立学习共同体，让学生具有无限潜能！

（二）三讲：最佳讲授期、最佳讲授区、最佳讲授级

"学力发展课堂"以研究自主建构的学习为主，但也离不开对"讲授"的研究。

16 世纪，在西欧的法国和德国等古典中学和教会学校里出现了班级教学的尝试。17 世纪捷克教育家 J. A. 夸美纽斯进一步结合自己的实践经验进行研究，并在他的《大教学论》（1632）中加以论证，奠定了班级教学的理论基础。17 世纪中后期开始，班级教学在欧洲许多国家的学校逐步推广。中国采用班级教学最早的雏形，是始于同治元年（1862）清朝政府在北京开办的京师同文馆。1905 年废科举、办新式学校之后，逐步开始在全国采用班级教学的组织形式。为什么班级教学发展至今，讲授法成为最典型的教学方式？其实心理学家奥苏泊尔提出"有意义接受说"，认为学生接受知识最快捷的方式还是讲授法。所以我们教师要做的，不是批判讲授法，放弃讲授法，而是充实自我，提高自我，更好地用好讲授法。

新课程理念也离不开讲授，学习行为要真实发生，学习者认知结构中必须具有适当的知识，以便与新知识进行联系。如果学习材料本身有逻辑意义，而学习者认知结构中又具备了适当的知识基础，那么，这种学习材料对学习者来说就构成了潜在的意义。学习就是让学习者重视、积极主动地将符号所代表的新知识与认知结构中的适当知识加以联系的倾向性（心向），学习者必须积极主动地使这种具有潜在意义的新知识与认知结构中的有关旧知识发生相互作用，使认知结构或旧知识得到改善，使新知识获得实际意义即心理意义。教师运用"讲授法"可以发挥两方面的作用：一是学生不具备适当的知识基础，教师可增加补充学习；二是根据"先学"情况，教师可以采用先行组织者（advanced organizer）的教学策略，先于学习任务呈现一种引导性材料，增加新旧知识之间的联系，以促进学习的迁移。在"讲授"时，教师要注意下面三个方面：

1. 最佳讲授期

《论语》云：不愤不启，不悱不发。"愤"即想说又说不出来，"悱"即想悟又悟不到，这就需要老师的启和发。故学生"愤""悱"之时就是最佳讲授期。

2. 最佳讲授区

懂与不懂，会与不会，介于学习者没有辅助就可以完成的任务和在辅助下可以完成的任务之间的区域，亦即最近发展区，就是教师的最佳讲授区。从专业角度来讲，有效教学就是把学生的最近发展区转化为现有发展区，这样的教学就是有效教学。这时的学习，也离不开老师的"导"或"讲"，一个重要的方法就是在最近发展区内提供支架式教学。当学生努力掌握新知识和技能时，教师给予学生的辅助被称为支架。在引入新的学习材料时，支架最直接的方法之一就是给出解释，也就是"讲授"。关于如何有效解释有三条建议：第一，确保解释在最近发展区内，以使得学习难易适中（意味着你需要了解学生知道什么，有什么技能，有什么样的误解）；第二，将概念和原理与学生的日常生活和已知的知识相联系，使你的解释有意义；第三，给学生提供再理解的机会，对一些学生解释更加详细，而给予一些学生独立思考的空间。

3. 最佳讲授级

按布鲁姆的教育目标分类学，人的认知分为六个级别：记忆、理解、应用、分析、评价和创造。通常把前三级称为低阶思维，后三级称为高阶思维。《国家中长期教育改革和发展规划纲要（2010—2020 年）》的战略主题是：坚持以人为本，全面实施素质教育……着力提高学生学习能力、实践能力、创新能力。低阶思维交由学生进行，可以通过自主学习来实现，而高阶思维往往就有一定的难度，这就是我们的最佳讲授级。高阶思维与发展性学力有很多相同之处。

此外，"三讲"追求心理认知度和学生参与度的最佳搭配、组合。按有意义学习理论结合学情选择讲的内容，按学习活动所指向的学生认知水平及参与人数两个维度构成坐标的四层次象限的最佳选择（希姆勒），如图 1-6-1 所示。

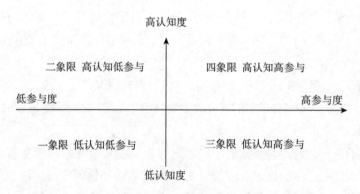

图 1 - 6 - 1　四层次象限图

一象限：世界上最遥远的距离，是我就在你的对面，你却没看见。周国平说，每个人都睁着眼睛，但不等于每个人都在看世界。这一象限内，老师的知识水平和教学能力都存在问题，当然也有学生的问题，低认知度，激发不了学生的兴趣，或者学生眼里根本就没有学习。

二象限：典型的讲授型课堂。教师以专家的水平去教学生，学生没有主动参与，他就一节课讲到底。

三象限：一学就懂，一考就砸。教师"满堂问"，问题人人能答，课堂热热闹闹，看似效果很好，却什么也没有学到。

四象限：有挑战性的内容和问题，激发学生的学习热情，这应该属于理想的课堂。

象限的选择标准是要符合学情。如基础偏差的班级，第三象限也是一种选择。如果能够把基础内容学懂学好，培养学习兴趣，逐步建立自信，增加效能感，提高学习动机，这也应该是一种很好的策略。

铜仁二中的学生，虽然主要以重点高中落选考生为主，但是很多学生在理科方面还是有很好的功底，要想培养出优秀学生，在一类班还是应该选择第四象限。当然二类班可以在三、四象限之间平衡一下，以三象限为主，以四象限为辅，适当照顾班级某学科比较优秀的学生。

教学活动设计应把握的两个原则：一是促进学习者高层次的思考；二是尽量调动全员参与。

（三）五步：学、问、思、讲、练

1. 学（自学、自练）

学（學），是会意字。在字形上，甲骨文中的"学"字是由"两只手朝下的形状（两手帮助、扶掖、提携、教导之意）"，"爻（便表示物象的变动、变化，知识无穷）"，"一间房子的侧视形（这房子是学习的地方）"和"子（求学的孩子）"四部分组成。在字义上，"学（jiào）"字的本义是"对孩子进行启蒙教育使之觉悟"，即表示"进行教导"，读作 xué 时用于表示"接受教育"的意思。从造字看，我们传统的学生的"学"一直由教师在主导，是一种接受学习，可见要改变这种传统的学习观很不容易。所以我们要运用建构主义学习理论，认识到学生是学习的主体，我们要帮助学生成为自主学习者。

自主学习是与传统的接受学习相对应的一种现代化学习方式。以学生作为学习的主体，学生自己做主，不受别人支配，不受外界干扰，通过阅读、听讲、研究、观察、实践等手段，使个体学习行为可以得到持续变化（知识与技能，方法与过程，情感与价值观的改善和升华）。《基础教育课程改革纲要（试行）》在论及基础教育课程改革的具体目标时指出："改变课程实施过于强调接受学习、死记硬背、机械的现状，倡导学生主动参与、乐于探究、勤于动手，培养学生搜集和处理信息的能力、获取新知识的能力、分析和解决问题的能力以及交流与合作的能力。"课程标准中也有类似的表述。齐莫曼教授认为当学生在元认知、动机和行为三个方面都处于积极状态时就是自主的学习，如表 1 - 6 - 2 所示。

表 1 - 6 - 2　齐莫曼自主学习理论

科学的问题	心理维度	任务条件	自主的实质	自主的过程
为什么学	动机	选择参与	内在的或自我激发的	自我目标、自我效能、价值观、归因等
如何学	方法	选择方法	有计划的或自动化的	策略使用、放松等
何时学	时间	控制时限	定时而有效	时间计划和管理
学什么	学习结果	控制学习结果	对学习结果的自我意识	自我监控、自我判断、行为控制、意志等
在哪里学	环境	控制物质环境	对物质环境的敏感和随机应变	选择、组织学习环境
与谁一起学	社会性	控制社会环境	对社会环境的敏感和随机应变	选择榜样、寻求帮助

我国学者庞维国概括为：自主学习是建立在自我意识基础上的"能学"，建立在内在学习动机上的"想学"，建立在掌握一定学习策略基础上的"会学"，建立在意志努力上的"坚持学"。

目标分类学教我们合理采用概括性目标和具体教学目标；行为主义教会我们采用直接教学，分小步子，提供练习，及时反馈和正向强化；认知学习理论教会我们如何促进学生有意义学习和自主学习；建构主义理论教会我们采用发现学习，提供支架式教学，成为问题解决者；人本主义注重以学生为中心的教学，培养兴趣，建立关怀取向，如第斯多惠的名言："教学的艺术不在于传授本领，而在于激励、唤醒、鼓舞。"社会认知理论教学生相互学习。

学生为本或是学生中心，是当前广泛被接受的教育理念。在教学中如何落实这些理念？方法和路径当然是多样的。但在课堂之中，所谓"为本"或是"中心"的表现应当有一个基本指针，那就是"学生更多"，而不是"老师更多"。

课堂的现实恰恰表现出的是"教师更多"，因此，教师需要"大幅度退位"，学生需要"大幅度进位"。如何实现这"一退一进"？我认为基本路径就是：把过去都是老师干的事，尽量交给学生干。学生干，就是活动，就会形成经验，也就会逐步发展为能力。同时，学生亲自干过，一定会比听过、看过印象更为深刻，最终考试分数也会更好。

陶行知先生告诫我们："小孩子有不可思议的力量"，并大力倡导和实际应用"小先生制""教学做合一"。这也就是美国国家实验室所证明的效率最好的学习方式——"做中学"和"教别人"。

2. 问

"问者，讯也。"在《说文解字》里，本义指有不知道或不明白的事情请人解答。

审视传统的课堂教学，我们的观念总是强调老师的讲解传授，学生的被动接受，不注重学生提问能力的培养。

其实我们有做"学问"的优良传统，我们要求学生的是"学答"。这样的结果往往是墨守成规，缺乏创新。根据新时代培养创新型人才的要求，首先教师必须改变观念，鼓励学生敢于质疑，勇于提问。

如何鼓励学生质疑提问呢？教学中要形成"提问"的文化，一方面布置学生摘抄积累有关质疑问难、提出问题的名言。例如，"读书无疑者，须教有疑；有疑者却要无疑，到这里方是长进。"（朱熹）"真理与疑问互为滋养，自然一步步地把我们推到绝顶。"（但丁）"问号是开启任何一门科学的钥匙。"（巴尔

扎克）"学习知识要善于思考，思考，再思考，我就是靠这个方法成为科学家的。"（爱因斯坦）

学生提问能力的培养，也就是让学生从不知道自己不知道到知道自己不知道，从而使之知道自己知道的一个过程。现代教学论研究指出，产生学习的根本原因是问题。没有问题，就不会激发学生的好奇心和求知欲；没有问题，学生的学习就只能是消极被动的接受，就不会自主地进行探究性学习。创新人才最重要的特征不是掌握更多的已有知识，而是主动地发现、探索、体验和解决问题，从而具有获取新知识和利用知识进行创新的能力。所以，我们必须把问题看成是学习的动力和起点。学习过程也就是发现问题、提出问题、分析问题、解决问题的过程。要让学生带着问题走进课堂，带着更多问题走出课堂。发现问题往往比解决问题更加重要，把问题清楚地写下来，就已经解决一半，要培养学生的问题意识，想问、敢问、会问。

有效的课堂提问不仅能促进学生参与教学，获得知识，同时还能调动学生学习的积极性，培养思维能力。

有效提问的作用主要表现在以下几个方面：吸引学生的注意、启发学生的思维、激发学生的兴趣、增进师生的交流。美国心理学家布鲁纳说："向学生提出挑战性的问题，可以引导学生发展智慧。"问题是思维的表现形式，教学中一个巧妙的提问，常常可以一下子打开学生思想的闸门，使他们思潮翻滚，灵光一现，有所发现和领悟，起到"一石激起千层浪"的效果。一个好的问题犹如一条纽带，还会将师生间的认识和感情紧密联系起来，架起师生双向交流的桥梁。

提问的功能有三点：明确学习目标，指明学习重点；获得反馈信息，诊断学习状况；支撑学生学习，引导知识建构。

按照学生的认知水平，提问可以分成无认知问题、低认知问题、高认知问题三类。无认知问题往往是"是不是""有没有"的提问方式；低认知问题考查学生的知识和记忆，关注学生的理解领悟和应用情况；高认知问题则更体现对学生高阶思维的培养，考查学生分析联系、整合创造以及评价判断的能力。

提问的方式主要有两个：具体问题和问题链。在提问时，注意切入点要具体，问题要具体，这样的提问才便于思考，促进思维发展。如果有多个问题，要形成问题链，共同指向主问题。

3. 思

前面我们解释了"思"，就是动脑筋思考。

我们一直有重视思考的传统，"学而不思则罔，思而不学则殆"。爱因斯坦亦说:"独立思考和独立判断的一般能力,应当始终放在首位。学习知识要善于思考,思考,再思考,我就是靠这个方法成为科学家的。"

思考是有目的的心理活动,而且我们能够控制它。就像开车一样,只有当我们握住方向盘时,我们才能开得平稳。思考更为正式的定义是:思考是能够帮助我们阐述或解决问题、做出决定、了解欲望的所有心理活动;思考是探寻答案,是获取意义。

思考的路径通常是:分析问题,解决问题,做出决策。在分析问题阶段,需要用到事实性知识,也就是需要熟悉问题产生的历史背景并且理解与问题有关的概念。在此基础上,我们还需要通过缜密的思考,来解决问题和做出决策。

那么什么是缜密的思考呢?在神经生理学和认知心理学上,把缜密的思考这个过程的心理活动分为两个阶段:产生阶段和判断阶段。在解决问题和做出决策时,这两个阶段相辅相成。高效的思考需要掌握这两个阶段中适当的方法。

下面让我们来学习一下,作为一个好的思考者如何在每个阶段更有效地思考。

(1)产生阶段

在这个阶段,大脑会产生各种关于问题的概念、不同的解决方式和可能的解决途径。具体而言,好的思考者在选择一种思考问题的角度时,先从许多不同的角度来看待问题,考虑许多不同的的研究方法,并且在做出判断前产生许多想法。

而差的思考者往往在有限的视角下看待问题,在问题发生时只采用想到的第一种解决方法,判断每一个问题都很迅速。此外,在思考的过程中,他们常常不知不觉地将想法和通常的看法、熟悉的和所期待的想法相契合。

(2)判断阶段

这个阶段,人们对产生的想法进行检查和评估,并且在适当的地方予以补充完善,然后做出判断。好的思考者能在有证据的基础上得出结论,而不仅仅靠自己的直觉。他们能够敏感地觉察到自己的局限和倾向,能仔细检查自己思考的逻辑和解决方案的可操作性。他们能够识别问题不完善和欠缺的地方,对负面的结果能有一个预期,并且常常能够完善和提炼自己的想法。

与此相反,差的思考者快速进行判断并且不具有批判性,忽略了一些必需的证据,在形成结论时常常依靠自己的感觉,他们对自己的局限性和倾向性常常视而不见。

提高思考能力的难度取决于你的习惯和态度。在此之前,如果你很少有或者没有直接的机会对你的思考技能进行训练，那么你的思考可能就被一些不好的习惯和态度束缚住了。假如你有提高思考技能的愿望，就可以找到锻炼思考技能的方法，如记读书笔记、写反思、听意见，都是好的思考方法。

没有认真思考，就会出现马寅初所说的"消化不良"："对于书本知识，无论古人今人或某个权威的学说，要深入钻研，过细咀嚼，独立思考，切忌囫囵吞枣，人云亦云，随波逐流，粗枝大叶，浅尝辄止。"

4. 讲

"讲"我们也分析过，本意是"讲和"，这里我们的"讲"，就是表达，就是口语交际。"表"是表述，"达"（達）形声，从辵（chuò），夆声。本义是道路畅通。用今天的话讲，表达是一种通行证。表达的重要性，是随着时代变化而变化的，曾经有"沉默是金"的说法。改革开放初强调学好理科，有"学好数理化，走遍天下都不怕"之说。现在这个时代有很多东西应运而生，很多东西变重要了，如口语交际就是如此。中国有重视口才的优良传统，在灿若星辰的中国文化史中，有很多人因口才而青史留名，如我们语文课本里的触龙、烛之武、蔺相如、魏征等。

伴随信息社会的脚步，地球越来越小，越来越成为地球村，交际就越显得重要。有一种普遍的观点认为，我国学生的创新能力不足，很多人分析这与我们的基础教育不重视表达有关，著名数学家邱成桐分析中国人的特点时，就举了这么一个段子：美国人是一分的才气，九分的表达；印度人是五分的才华，五分的表达；中国人是九分的才华，一分的表达。确实中国的尊师重教、中国的基础教育举世闻名，可以说是赢得了起点，但是培养出来的学生创新能力却不尽如人意。邱成桐的分析或许有一定的道理。

其实表达还是一种学习方法，有表达记忆法，演讲学习法，其实风靡世界的费曼学习法，就是运用口语表达来整理思维能力的功能，来促进学习的。

表达还可以化解人的心理障碍。心中有苦说出来，痛苦就会减半；心中快乐与人分享，快乐会翻倍。

教育的功能就是促进人的社会化，所以表达能力的重要性不光是说道理，还是增强自信心，增强人生动力的重要方面。会讲、会表述，才能实现目标。

"讲"的重要性不言而喻，作为一个环节，可以锻炼学生的表达能力，可以培养学生的思维能力，还可以促进人的信心、提升效能感，帮助人走向成功。

5. 练

练，形声。从糸（mì），表示与线丝有关，柬声。本义把生丝煮熟，亦指把麻或织品煮得柔而洁白；引申出练习、操演、漂洗、洗涤等义项。

　　我们教育是重视训练的，我这里主要讲三点。一是训练的科学性方面。按行为主义理论，练，要注重及时的反馈，研究显示，通过学习后进行练习并及时地得到正误反馈与反馈不及时的情况相比，他们的成绩更好，成绩更好又可以提升学生后续学习的信心。二是训练的"度"的把握。文化知识的学习、强化肯定是需要"练"的，但是对一匹绢不停止地洗会出现什么情况？所以"练"重在一个度的问题。适当的"练"有助于学生掌握新知识，并饱含激情地运用知识去解决新的问题。没有"练"那就是放羊式，是不负责任的；过度"练"，那也是违背事物的规律的，孔子说"过犹不及"。三是训练的分类：有教师讲解和师生共"练"；有教师指导下的"练"；有学生独立的"练"。

Ⅶ 教学设计和实施注意事项

一、如何设定与撰写学习目标

心理学家马杰在《准备教学目标》中指出:"如果你不知道要去哪里,最好的地图也无法帮助你到达目的地。"对于课堂教学效率,专家指出保持评估与目标和教学的一致性非常重要,并明确指出"只有学生意识到目标,目标才会发挥最大作用"。

1. 每节课的目标不宜过多,分清主要目标和次要目标。次要目标不要作为整堂课的教学目标,目标多了,不利于课堂学习任务的集中。

2. 明确教学目标的设计依据是什么?教师心中要有这样一条思维线:课程标准—教材—学情。

3. 把握教学目标的行为主体是什么?教是为了学,教学目标的行为动词自然应该是学生所发出的动作。因此,在教学目标中"培养""让""使""引导"这些体现教师主体的词是不宜的。

4. 教学目标分类问题。

(1)我们可以把教学目标分为成果目标、过程目标、创造目标三类,对这三类教学目标的叙写应该使用的行为动词示例见表1-7-1。

表1-7-1 教学目标分类及叙写

教学目标	含义	可观测的动词示例
成果性教学目标	通过学习获得的成果是什么	记住、会写、会背、会用、掌握
过程性教学目标	重要的学习过程也是教学目标	理解、经历、体会、感受、体验、探究
创造性教学目标	一个开放的、难以预测的结果	制作、设计、扮演、编写

（2）教学目标是一个复杂问题，也可以按布鲁姆的理论分为以下几块。

①认知领域

认知过程维度：知识、理解、应用、分析、综合、评价。

知识维度：事实性知识、概念性知识、程序性知识、元认知知识。

②情感领域：接受（参加）、反应、认同、组织、价值的性格化。

③动作技能领域：知觉、定势、指导下的反应、机械动作、复杂的外显反应、适应、创造。

5. 教学目标分两类：模糊性目标（概括性目标—具体行为结果）适合结构不良问题（无准确答案），便于课堂生成；具体性目标适合事实性知识和简单的技能，以及结构良好问题（有准确答案）。教学目标的选择应该根据学科的特点，如语文学科宜用概括性目标，增加课堂的灵活性和偶然性，让课堂更加精彩，而数学、科学等学科宜用具体教学目标，让课堂效率更高。

建议概括性目标的呈现方式：方法＋学科核心素养目标。如高一语文《囚绿记》，教学目标：用圈点批注法欣赏重点句段，体会本文托物言志和象征手法的运用。

建议具体性目标的呈现方式：知识点＋方法＋能力＋核心素养。如高一化学《氨》，教学目标：通过回顾和认识氨气在日常生活、生产的应用实例，激发学习兴趣，认识化学对社会的重大贡献，强化化学学科的价值观，落实"科学精神与社会责任"的核心素养。

二、如何撰写"导、学、问、思、讲"

1. "导"指教师进入课堂的导入语，也可以是中途导入材料，还可以是一个环节与另一个环节之间的过渡，俗称"串词"。好的导入，可以激发学生的兴趣，有利于课堂教学的推进，同时激发学生的探究精神。

"导"以教师"导"为主，也可以设计学生开展活动、实验导入。

可以设置情境导入、采用教具导入、联系生活导入、实验导入、活动导入、联系知识点在生活中的运用导入，还可以采用检查预习导入、回顾导入、背景导入、作者导入、名句导入、设问导入等。

2. 如何撰写"学、问、思、讲"

教学设计分几个板块时，根据教学内容的推进需要而合理设置环节。每个板块前要有教学目标或教学内容。预习检查环节适合设置"教学内容"，新授课适合设置"教学目标"。

"学、问、思、讲"是环节重点，可根据需要选择，应尽量考虑学生主体学习的需要，每个环节都可设置学生提问时间。"问"教师应准备主要问题；"思"要写出教师引导学生思考解决方案或思考步骤；"讲"教师需要准备问题的正确答案。

三、教学中对"导、学、问、思、讲、练"的步骤如何操作

"导"主要是教师的情境导入，也包括教学环节之间的环节过渡，如语文、历史等学科可以设置"课前三分钟"活动，由学生活动导入；有的学科如化学可以设置由老师或学生做实验导入。

除了"导"更多由老师负责以外，其余环节都要体现"学生主体"的理念。

学：以学生课前预习、自主学习或小组学习为主，教师的作用是安排学习任务，提供学习指导，或接受咨询。

问：每个学科都要根据学科特点，适时进行提问培训指导。如语文在预习环节如何发现问题，在文本理解环节如何提问，在文本分析"为什么"环节如何提问，在文本赏析"怎么样"环节如何提问。通过培训提高学生的"问题"敏感意识。问题分为结构良好问题（有固定答案），结构不良问题（有参考答案），争议问题（开放性，没有结论）。在教学的每个环节，对不同类型的问题，教师均应注重学生学习中存在的问题，鼓励学生大胆质疑，提出问题，鼓励学生大胆探讨。对"结构良好问题"要于无疑处生疑，对"结构不良问题"和"争议问题"教师更应重视，允许学生提问。

根据教学推进需要，教师可以预设问题，"问"这一环节，教师主要提出统整环节的主要问题。对于学生的问题，可以鼓励学生或师生合作共同即时解决，也可以将学生提的问题整合到教师的问题链中。

内容如下：

要求各科制定提问指导文本，语文学科提问指导示例如表1-7-2所示。

表1-7-2　阅读教学思维支架提问指导三级量表

Ⅰ级	Ⅱ级：角度	Ⅲ级：提问内容	思维能力
第一层级是什么	内容理解（结构良好问题）	从整体对预习进行提问指导——①你了解作者什么事迹或逸闻趣事？②你了解文体有什么特点？③这篇文章的写作背景是什么？④你找出哪些生字词？⑤你画出哪些引起你注意的的句子？⑥你能用一句话概括文章写了什么内容吗？⑦你认为文本想表达（主旨、感情、意图等）什么？（简捷操作：写得好的地方打"！"号，有疑问的地方打"？"号）	直觉思维整体思维
第二层级为什么	内容分析（结构不良问题）	从浅层进行提问指导——"主旨"入手，分析内容、结构、语言和写作技巧提问①你认为文章应该如何划分层次？结合主旨，理由是什么？②为什么这样写的角度，如某个段落写了什么内容？与主旨有什么关系？为什么这样安排顺序？（简捷操作：划分层次及理由；分析各部分内容，为什么要这样写）	形象思维辩证思维逻辑思维
第三层级怎么样	文本鉴赏（结构不良有争议问题）	从深层进行提问指导——①某个词、句在文中的含义是什么？用了什么手法？对表现主旨有何作用？②（赏析）结合主旨（词句段，主题、形象、结构、线索、语言风格、表达技巧），这样写好在哪里？③（创新思维）你是否同意作者的观点？如果你是作品中的人物会怎样？这篇文章的某一方面对你有什么启示？（简捷操作：这样写好在哪里？是否同意作者观点？）	批判思维创造思维

注：1. 本提问表参照《金字塔原理》一书，设计思维支架。"是什么"要点：写了什么，想表达什么？"为什么"要点：结合主旨思考，为什么这样写？"怎么样"要点：结合主旨鉴赏，这样写好在哪里？

2. 本表设计利用"自我提问"学习策略，将问题高度组织化、结构化。

3. 根据文本特点和学生情况，第三层级的提问可临时修改，体现学习活动的复杂性和灵活性。

思：要留出时间，要有充足的时间，让学生思考，包括"解决问题的方案"的思考，也包括具体问题的思考。

学生可以独立或小组进行收集资料、策划方案、提出解决步骤，准备、安排回答问题，遇到困难问题也可以听取老师的建议进行思考。

教师在这一环节，作用巨大，主要作用是提供思考路径或搭建支架，为学生顺利解决问题提供具体的"问题链"。

讲：对"问题"呈现解决步骤、方法或讲述答案。

由小组或学生对问题进行逐一讲解，组内补充，再由其他组学生补充。

教师在这个环节的作用是倾听学生发言，根据学生的讲述情况，酌情安排其他学生讲解或自己补充。注意三个方面："讲"前全部学生都要思考、准备；安排谁"讲"，不要形成固定模式，一旦形成模式，没有任务的学生就不学习了；学生"讲"后需要准备答案或提出参考意见。

练：可以设置课前练、环节练、课后练，可以是巩固性练习，可以是检查性练习。可以是教师指导下的师生共练，可以是教师指导下的学生练，可以是课后独立的家庭练。

教师要合理安排练习，及时反馈，提高学生的学习兴趣。

第二部分 02

普通高中"学力发展课堂"
学科教学设计精选

语文"学力课堂"教学设计

记梁任公先生的一次演讲*

人教版 高一上（必修1）

铜仁市第二中学 郑年忠

一、教学设计思路分析

教材分析

《记梁任公先生的一次演讲》是《普通高中课程标准》（实验）教科书，人教版语文必修一的第 8 课，是一篇略读课文。这是一个现代散文单元，入选的两篇文章均是名家名篇，承担着散文这种文学作品阅读鉴赏的重任。上一课是鲁迅的《记念刘和珍君》。本文是一篇写人记事的散文，它围绕梁任公先生的一次演讲，选取了几个作者印象深刻的片段，从正、侧两个方面表现了梁启超先生平凡之中的不平凡，表达了作者对梁先生的敬仰和赞美之情。语言简练风趣，篇幅短小精悍，感情真挚自然。学习本文，既要学习品人，又要学习品文。

设计思路

以核心素养为指导思想，参照"学力发展课堂"课题"发展性学力"的培养要求，结合思维课堂的基本设计思路，设计课题。

学情分析

1. 学生的学习特征——能力基础。我上课的这个班理科成绩突出，学生对语文的兴趣不错，但农村学生较多，不爱发言交流。与这个单元的《记念刘和珍君》相比，本文篇幅短小、线索清晰，也更易于学生理解和把握。

2. 学生对之前相关知识的掌握程度——知识基础。本课是该单元第二篇课文，是一篇自读课文，学生对写人叙事文章的特点在前面课文的学习中有了一定的掌握，对描写人物的方法也有基本的了解。内容方面，文章中所表现的生

---

* 贵州省教育科学规划"学力发展"课题（2018B172）教学设计。

活中的梁任公形象，以及幽默风趣的语言无疑会引起同学们极大的阅读兴趣。

3. 学生学习本节课知识时可能存在非科学或前科学概念的干扰。预计学习中可能存在一些问题，如对演讲内容中提到的《箜篌引》和《桃花扇》不了解，影响学生对文章的理解。

4. 学生对所学内容的兴趣、情感、态度、愿望、需求、重视等状况。高一的学生对梁启超先生已有一定程度的了解，初中时学习的近代历史，学生还能记住一些，进入高中徐志摩的《再别康桥》中有涉及，还有该班班主任的介绍，根据学校的安排，两周前刚刚看过由徐涛主持的情境访谈节目《见字如面》，其中朗读过一封梁启超写给儿女们的一封信，介绍自己给徐志摩和陆小曼婚礼上作的独一无二的证婚词，同学们应该印象深刻。学生们对梁启超这一人物形象，应该有进一步了解的愿望。

课时安排

一课时

二、教学设计方案

教学目标（学科核心素养目标）

1. 分析作品怎样表现人物的个性情操；

2. 如何表现对人物的情感倾向和评价。

教学策略

1. 信息技术手段的使用：制作 PPT 课件。

2. 教学目标采用分小步子的教学策略，以学生为主体，来提高课堂教学效率。

模式选择

1. 学思讲模型（ √ ）2. 费曼模型（　　）3. 五何模型（　　）

三、教学过程与方法

导：

介绍一少年在宴席前折花偷藏，父亲出了一幅上联："袖里笼花，小子暗藏春色"，梁启超暗吃一惊，随口对来"堂前悬镜，大人明察秋毫"，引出文章主人公。

设计意图：这一设计理念源于孟子所云："诵其文，读其诗，不知其人，可乎？是以论其世也。"作用有三：一是意在激发学生学习兴趣；二是初步了解梁启超的才华；三是体现对联文化在核心素养中的"文化传承与理解"。

第一板块

教学内容：检查课前布置预习，整体了解课文。

检查课前预习

1. 检查生字词，由学习小组进行检查并汇报检查情况，提交问题。

请学生到黑板上为加点字词注音（课件展示）：

叱咤　莅临　迥异　精悍　激亢　箜篌　酣畅　蓟北

2. 课前了解作者梁实秋和主人公梁启超是什么人，有哪些主要成就？

教师准备参考答案（PPT 展示）：

梁实秋（1903—1987），中国散文家、文学评论家、翻译家。原名治华，浙江杭县（今余杭）人，生于北京。创作以散文小品著称，风格朴实隽永，有幽默感，以《雅舍小品》为代表作。1949 年后曾任台湾省立师范大学文学院院长。

梁启超（1873—1929），中国近代维新派领袖，学者。字卓如，号任公，又号饮冰室主人。广东新会人。清光绪举人。和其师康有为一起，倡导变法维新，并称"康梁"。1898 年入京，参与百日维新。戊戌变法后逃亡日本。曾倡导文体改良的"诗界革命"和"小说界革命"。晚年在清华讲学。著述涉及政治、经济、哲学、历史、语言学、宗教及文化艺术、文字音韵学等。其著作合编为《饮冰室合集》。

3. 通读全文，勾画描写梁启超演讲的语句，思考：梁启超的这次演讲给听众留下了怎样的印象？从哪里可以看出来？

明确：留下深刻的印象，感染影响了听众。原句："过去也有不少显宦……但是他们没有能留下深刻的印象"，"我记得清清楚楚……这就是梁任公先生"，"我记得他开头讲一首古诗"，"他掏出手巾拭泪，听讲的人不知有几多也泪下沾襟了"，"不少人从此对于中国文学发生了强烈的爱好"，"于是我想起了从前的一段经历，笔而记之"。

设计意图：检查预习，整体感知课文内容，思考文章的主旨，为具体研读文本做准备，体现以学生为中心的教学理念。

第二板块

教学目标 1：分析作品怎样表现人物的个性情操。

学：

1. 详细阅读 2 至 4 自然段，画出描写人物的句子，并作旁注。【温馨提示】仿照课后"研讨与练习一"进行。

2. 默读 5 至 9 自然段，画出你认为写得精彩的句子，并作旁注。

问：

可以说，到清华大学这所名校讲演做报告的人数不胜数，但他们却没给作者留下什么印象。为什么梁启超的一次讲演给作者留下如此深刻的印象，使之常常想起，并写文记念？（即他在演讲时有什么特点？）

思：

1. 从开场白、声音、内容、表情、外貌、神态、语言、动作方面思考有什么特点？

2. 梁启超的形象如何在文中得到完美展示的？

3. 如何理解"我记得他开头讲一首古诗，箜篌引……有情节，有背景，有人物，有情感"这段话？

讲：

1. 梁任公演讲特点：

开场白：独特（谦逊、自负）

声音：沉着有力，洪亮激亢（沉稳、睿智）

内容：丰富有趣（博闻强记、学识丰富）

表情：成为表演、酣畅淋漓（感情丰沛）

外貌：身材（短小精悍）、眼神（光芒四射）、步履（稳健）、气质（潇洒）

神态：生动有趣（自负、谦逊）

语言：旁征博引（风趣、博闻强记）

动作：手舞足蹈（自由洒脱）

总之，梁任公是一个有学问，有文采，感情丰沛，沉稳睿智潇洒，热心肠而又谦逊的学者形象。

2. 在对事件的描述中插入对人物的肖像、语言、动作、神态等的细节描写，在细节和侧面描写中展示人物性格特征。

3. 相继补充资料：这里说的悲剧是《古诗源》里记载的一个故事，说"朝鲜津卒霍里子高，晨起刺船，有一白首狂夫，披发提壶，乱流而渡。其妻随而止之，不及，遂堕河而死。妻援箜篌而鼓之，作公无渡河之曲，声甚凄怆，曲终，亦投河而死。"

而在梁任公讲稿中是这样的："古乐府里有一首箜篌引，不知何人所作，据说是有一个狂夫，冬天早上，在河边'披发乱流而渡'。他的妻子从后面赶上来要拦他，拦不住，溺死了。他的妻子做了一首'引'，是：'公无渡河，公竟渡河！渡河而死，其奈公何！'"看来梁启超在演讲中是作了即兴渲染的。

明确：《箜篌引》的悲剧在于狂夫对渡河的执着和牺牲。联系梁启超等维新志士的情况，梁启超在解释《箜篌引》时体现出志士们在国家衰亡，无路可走的情况下，为寻找国家民族出路而敢作敢为、英勇执着、勇于牺牲的精神。

设计意图：1. 按学习任务分解的"小步子"学习，每一步任务都很具体，有效地解决学习过程中"虚假学习"的问题；2. 在教学活动中，便于老师观察学生的学习状态并调整教学行为；3. 学需疑也。第一，培养学生提问的能力；第二，以问题链组织课堂，课堂结构清晰。

第三板块

教学目标2：如何表现对人物的情感倾向和评价。

学：

找出表现作者对梁任公先生情感倾向的句子。【温馨提示】如第1段：那时候的青年学子，对梁任公先生怀着无限的景仰。

问：

1. 从题目看，文章主要是回忆梁任公先生的一次演讲，文章前两段没有写演讲。这样有何作用？

2. 表达情感有直接、半直接半含蓄、完全含蓄的方法，你能给这些句子归类，体会其作用吗？

思：

1. 梳理前两段内容，分析其作用。

2. 分别找出三类句子，再进行分析。

讲：

1. 写其他演讲者没有留下印象。这是用侧面烘托的方法来突出梁任公先生演讲的独特魅力，让读者对梁任公演讲既充满好奇，又对其充满敬佩之情。

2. 三类句子：

第一，直接表达。（1）那时候的青年学子，对梁任公先生怀着无限的景仰。（2）有学问，有文采，有热心肠的学者，求之当世能有几人？

第二，半直接半含蓄的表达。（1）我很幸运地有机会听到这一篇动人的演讲。（2）他敲头的时候，我们屏息以待，他记起来的时候，我们也跟着他欢喜。（3）除了当时所受的感动之外，不少人从此对于中国文学发生了强烈的爱好。

第三，完全含蓄的表达。（1）他真是手之舞之，足之蹈之，有时掩面，有时顿足，有时狂笑，有时太息。（2）学生称老师为"先生"也属于含蓄表达。

作用分析：直接表达对人物的敬仰和赞美，发自内心的高度评价；半直接半含蓄，既叙事又抒情，表达学生对讲课老师的崇拜之情；含蓄表达，看不到赞美或心情，而是通过外貌、动作等来表达自己的倾向，或欣赏赞美，更能看出作者的赞叹之情，这是一种高超的语言艺术。

设计意图：1. 分小步子落实教学目标；2. 体现学生主体，每一步都以学生的学习活动来推进课堂。

练：分层作业设计（根据目标进行检查）

1. 课堂作业：仿照下面例句写一句话，来表现一个人物。

【例句】那时候的青年学子，对梁任公先生怀着无限的景仰，倒不是因为他是戊戌政变的主角，也不是因为他是云南起义的策划者，实在是因为他的学术文章对于青年确有启迪领导的作用。

2. 课后作业：采用正侧结合的方法写一段文字，记一个最熟悉的人。

《菩萨蛮》其二[*]

人教版 高二下选修《中国古代诗歌散文欣赏》

铜仁市第二中学 瞿瑜

一、教学设计思路分析

教材分析

《菩萨蛮》其二是《普通高中课程标准》（实验）教科书，人教版语文选修《中国古代诗歌散文欣赏》第二单元自主赏析部分的课文。这个单元是"置身诗境，缘景明情"单元，本单元分为赏析示例、自主赏析、推荐作品三个部分。这个单元主要学习通过对古典诗歌中意向的把握，发挥想象，体会和品味中国古典诗歌特有的意境美。赏析示例作品是《春江花月夜》，集写景、抒情、说理为一体。本文是唐末五代词人韦庄的组词作品中的第二首，上片描写碧绿的春水，何等空灵，躺在游船画舫和着雨声入睡，又是何等惬意；下片暗用卓文君的典故，垆边人指的就是自己的妻子，主人公何尝不思念这位面如皎月、肤色赛霜雪的妻子。因此，这首词重在对江南情事的追忆，表达了词人对江南美景的依恋和思归不得的盘结愁绪。

设计思路

以核心素养为指导思想，参照"学力发展课堂"课题"发展性学力"的培养要求，结合思维课堂的基本设计思路，设计课题。

学情分析

1. 学生的学习特征——能力基础。我上课的两个班基础较好，学生对语文的兴趣很浓，通过高一两个学期的学习，他们已经初步掌握了一些诗歌鉴赏的方法。

---

* 贵州省教育科学规划"学力发展"课题（2018B172）教学设计。

2. 学生对之前相关知识的掌握程度——知识基础。本课是该单元自主赏析部分的课文，是一篇自读课文，学生对诗歌特点有了一定的掌握，对诗歌鉴赏方法也有基本的了解。内容方面，诗中所描写的江南美景，以及江南人们悠闲自在的生活方式都会勾起学生无限的向往之情，从而引起学生的阅读兴趣。

3. 学生学习本节课知识时可能存在非科学或前科学概念的干扰。预计学习中可能存在一些问题，如对课文作者韦庄的生平事迹和内容中卓文君的典故不了解，影响学生对文章的理解。

4. 学生对所学内容的兴趣、情感、态度、愿望、需求、重视等状况。本单元中，学生已经学过了《春江花月夜》《登岳阳楼》《梦游天姥吟留别》等经典之作，如同山珍海味、燕窝鱼翅，而《菩萨蛮》其二则用极少的笔墨为我们描绘了一幅清新淡雅的江南春水图，读来唇齿留香。风格的迥异应该能使学生有了解本词的愿望。另外，初中时，学生已经学过《滁州西涧》，对韦应物比较了解，作为韦应物的四世孙，学生也不陌生。

课时安排

一课时

二、教学设计方案

教学目标（学科核心素养目标）

1. 通过反复诵读，置身诗境，发挥联想，品味诗歌的意境，感受意境之美；

2. 合作探究，缘景明情，揣摩诗歌抒发的复杂情感。

教学策略

1. 信息技术手段的使用：制作 PPT 课件。

2. 教学重难点的解决办法：采用对教学重点和难点分小步子的教学策略，来提高课堂教学效率。

模式选择

1. 学思讲模型（ √ ）2. 费曼模型（　　）3. 五何模型（　　）

三、教学过程与方法

导：

董其昌《画旨》有云："读万卷书，行万里路"，穷其一生，我们很难读完万卷书，那么至少可以努力行万里路。在前三十年的时光里，我曾经震撼于东北大地的千里冰封，万里雪飘，感叹过西北沙漠的苍茫辽阔，领略过青藏高原上佛寺庙宇的庄严神圣，留恋过一望无际的碧海蓝天……很遗憾，有一个地方身不能至，心向往之，同学们，你们知道是哪里呢？

对，今天我们一起走进《菩萨蛮》，走进韦庄的江南。

欣赏老师幻灯片里播放的旅游照片，进入情境。

设计意图：本文采用图片导入法进入文本，精选授课教师旅行的照片配上文字播放。这样的设计理念优点有二：一是创设情景，让学生插上想象的翅膀，令学生沉浸在祖国大好河山里，自然引出文题；二是本班农村学生较多，很多孩子走得最远的地方就是来到铜仁二中就读，对外面的世界充满了憧憬，教师的经历可以激发他们学习本文的兴趣，同时拉近与老师的距离。

第一板块

教学目标1：置身诗境，发挥联想，品味诗歌的意境，感受意境之美。

导：

（课前布置预习，要求反复诵读课文，读准字音，圈出预习中的疑惑之处，将疑惑写成问题，提交给小组长）

1. 根据课前布置的预习内容，检查预习情况，重点检查诵读情况；

2. 寻问学生在预习中存在的问题。

设计意图：体现以学生为中心的教学理念。

学：

安排学生用自己喜欢的方式再次朗读本词，大致了解本词内容。结合注释，重点理解上片。找出上片的意象，分析词美在哪里？

问：

"人人尽说江南好"，你认为江南"好"在哪里？

思：

1. 课堂上播放纯音乐《琵琶语》，让学生进入情境，引导学生发挥联想和想象，根据诗歌内容，找到重点意象品析，描绘和再现诗歌意境。（学生根据"春水碧于天，画船听雨眠"展开想象并描绘画面）

2. 亭台楼阁，花草鸣禽，江南处处是美景，词人为什么只写江南的水呢？（学生抓住"碧"字思考，每个地方的景色各有特点，江南的水碧绿澄澈，是江南最具特点的景色）

3. 所谓旅行，无非是从一个自己住厌了的地方去往一个别人住厌了的地方，再美的风景看得久了都会腻味，所以吸引词人流连忘返的仅仅是江南如画的美景和闲适的生活吗？（学生抓住"垆边人似月，皓腕凝霜雪"思考）

讲：

1. 描绘：春天水涨，碧绿的湖水一如天的颜色，游人坐在彩画的小船中听着外面的微微雨声，不知不觉地睡着了。在炉边卖酒的少女面貌之光彩皎皎照人，像月亮一样美丽，卖酒之际、举手之间，手腕如霜雪一样洁白。

2. 江南是鱼米之乡，水是江南灵动的标志，"春水碧于天"，一片碧绿，胜过天色，这是何等之空灵的景致。描绘了江南水乡的景色美。

3. "画船听雨眠"描绘了江南人们躺在精美的船上伴着蒙蒙细雨悠然入眠，可见江南生活是悠闲的、自在的、岁月静好的，这体现了江南的生活美。

4. "垆边人似月，皓腕凝霜雪"借卓文君的典故，写出了江南的人物美。

第一句：游人多借酒添兴或消愁，多愁善感的词人需要女子做衬，知他愁苦。第二句："皓""霜雪"等细节描写突出了酒家女子手臂白皙细嫩，可见该女子容貌身姿也是极美的。同时，手是勤劳的象征，写酒家女子的手，可见其勤劳质朴。酒家女子美在内外兼修。

总结：艺术手法主要有白描、细节描写。

设计意图：1. 按学习任务分解的"小步子"学习，每一步任务都很具体，有效地解决在学习过程中的"虚假学习"问题；2. 学生在教学活动中，便于老师观察学生的学习状态并调整教学行为；3. 以问题链组织课堂，课堂结构清晰。

第二板块

教学目标2：缘景明情，揣摩诗歌抒发的复杂情感。

学：

阅读下片，结合注释，理解词的内容。

问：

1. 上片为我们描绘了一个如诗如画的江南世界，上片表达了作者对江南的什么感情？

2. 下片写了什么内容呢，体现了作者哪些复杂的感情？

3. 为什么？谈谈你的理解。

思：

1. "江南好"，表达作者对江南的什么感情？

2. 再美的风景也只能小住，不能长留，尤其是客居他乡的游子总以不能归家而愁绪满怀，因此本词仅仅只是表达对江南的赞美和留恋之情吗？

3. 引导学生结合韦庄生活的时代背景和他的个人遭遇来分析本词。（可反复朗读"未老莫还乡，还乡须断肠"句）

讲：

1. 赞美和留恋之情。

2. 赞美江南，但仍然思念家乡。

3. 从表意上来看，久居他乡的人都会思念家乡，作者却说，不到老的时候就不要回乡，否则会因为过早离开江南而遗憾、惆怅，表达了对江南极度的赞美和留恋之情。但结合当时的时代背景和他个人遭遇来分析，整首词虽然表面上直接描绘江南好风光，直抒胸臆表现自己对江南的喜爱和迷恋，写自己没有老所以不还乡，写得很旷达，实际上却是迂回曲折地表达对故乡欲归不得、想回不敢的凄苦无奈。

联系时代背景：韦庄生活在唐帝国由衰弱到灭亡，再到五代十国分裂割据的混乱时期。早年寓居长安、洛阳等地。唐末兴起的黄巢农民起义以迅猛之势一举攻破长安的时候，年约45岁的韦庄深陷重围，与弟妹、友人失散，只身藏匿，大病一场，几乎丧命。后逃至洛阳，辗转避乱江南长达十年之久。本词就是他避乱江南时期所作。

备注：赏析结束，全班再次朗诵诗歌。

设计意图：1. 训练学生的高中语文核心素养：提升概括能力和表达能力。2. 突破难点，由学生一步步自己找到问题的答案。3. 培养学生对诗歌的鉴赏能力。

练：（分层作业）

1. 课堂作业：

一个地方享有盛名，除了自身的美，也少不了文人墨客的吟诵，请你拿起手中的笔，选取铜仁二中特色景点，找准角度，写一段赞美二中的文字。

（要求：字数100字左右，至少使用一种手法，鼓励诗词形式）

2. 课后作业：

比较鉴赏韦庄《菩萨蛮》与白居易《忆江南》意境的异同。

《项脊轩志》*

人教版 选修《中国古代诗歌散文欣赏》

铜仁市第二中学 肖阳

一、教学设计思路分析

教材分析

《项脊轩志》是《普通高中课程标准》（实验）教科书，人教版语文选修《中国古代诗歌散文欣赏》第六单元的一篇自主赏析课文。这是一个古代散文单元，入选的文章均是名家名篇，承担着散文这种文学作品阅读鉴赏的重任。本单元中，同样为自主赏析篇目的还有选自《论语》的《子路、曾皙、冉有、公西华侍坐》和李白的《春夜宴从弟桃花园序》。本文是一篇回忆性记事散文，全文以作者青年时代朝夕所居的书斋项脊轩为经，以归家几代人的人事变迁为纬，真切再现了祖母、母亲、妻子的音容笑貌，也表达了作者对三位已故亲人的深沉怀念。作者借一轩以记三代之遗迹，睹物怀人，悼亡念存，叙事娓娓而谈，用笔清淡简洁，表达了深厚的感情。全文语言自然本色，不事雕饰，不用奇字险句，力求朴而有致，淡而有味，营造出一种清疏淡雅的感觉。

设计思路

以核心素养为指导思想，参照"学力发展课堂"课题"发展性学力"的培养要求，结合思维课堂的基本设计思路，设计课题。

学情分析

我执教的文科一类班，整体语文素养较好，且班级女生较多，她们心思细腻，善于观察揣摩，情感丰富，善于表达。与这个专题下的《子路、曾皙、冉有、公西华侍坐》《春夜宴从弟桃花园序》相比，本文篇幅较长、但线索清晰，

---

* 贵州省教育科学规划"学力发展"课题（2018B172）教学设计。

也易于学生理解和把握。

1. 学生对之前相关知识的掌握程度——知识基础。《项脊轩志》在《中国古代诗歌散文赏析》的最后一个单元，是第六单元的第四篇课文，是一篇自主赏析课文。经过初高中的文言文学习，学生对文言文知识有了一定的掌握，对"志"这种文体也有基本的了解。内容方面，文章中通过细节所表现的真挚的感情，应会吸引同学们细细品味。

2. 学生学习本节课知识时可能存在非科学或前科学概念的干扰。预计学习中可能存在一些问题，如创作背景，若不细读第 5 段"余既为此志"部分，则难以发现文章不是一时写就的。

3. 学生对所学内容的兴趣、情感、态度、愿望、需求、重视等状况。归有光对祖母、母亲、妻子的深情追忆如泣如诉，哀婉动人，这令人难忘的亲情，刻骨铭心的爱情，最易引起学生的情感共鸣。学生通过感受、理解、认识这美好、高尚的情感能够充实自己的心灵世界，获得精神的成长。

课时安排

两课时

二、教学设计方案

教学目标（学科核心素养目标）

1. 借助注释和工具书，理解词句含义，读懂文章内容；

2. 理清文章线索，把握作者寄寓于平淡细节中的深情。

教学策略

1. 信息技术手段的使用：制作 PPT 课件。

2. 教学重难点的解决办法：采用对教学重点和难点分小步子的教学策略，来提高课堂教学效率。

模式选择

1. 学思讲模型（ √ ）2. 费曼模型（　　）3. 五何模型（　　）

三、教学过程与方法

导：

一座房子因为有了人，才有了故事，因为有了故事，才让人感念。小小的项脊轩承载着归家太多的往事，归有光的内心也许永远有着一份不堪触摸的酸楚。引出项脊轩与作者。

设计意图：这样的设计将房—人—情联系了起来，以激起学生阅读本文的兴趣。

第一板块

教学目标1：借助注释和工具书，理解词句含义，读懂文章内容。

导：

（课前布置预习，要求圈出预习中的疑惑之处，将疑惑写成问题，提交给小组长）

1. 根据课前布置预习，检查预习情况；

2. 寻问学生在预习中存在的问题。

设计意图：体现以学生为中心，培养学生自主学习文言文的能力。

学：

反复诵读，结合注释，自主学习课文。

问：

1. 请同学们谈谈第一次诵读这篇古文，有什么样的感受？

2. 你在读的时候有没有遇到困难？

3. 你能用简洁的语言概括文章内容吗？

讲：

1. 分组梳通字词障碍，概括段落内容。

2. 分小组，逐段诵读，校正字音，重点字词。概括本段内容。

（1）对第1段字音理解有困难的地方进行点拨，比如，"垣墙周庭，以当南日"的"当"，应读其本字音"dǎng"（挡）；"前辟四窗，垣墙周庭，以当南日，日影反照，室始洞然"这句话是一个物理原理，是镜面反射的作用。房子坐南朝北，太阳光照不到，于是先打通墙，把阻隔阳光的墙变成能打开的窗，再在太阳光照得到的地方砌上墙，太阳光遇墙反射，反照进窗，这样房子就明亮起来了呀。

（2）对第2、3段字音理解有困难的地方进行点拨，比如，"迨诸父异爨"的"爨"，读音为"cuàn"，从字形出发理解词义，"烧火做饭"的意思；"东犬西吠，客逾庖而宴，鸡栖于厅"既表现了家里人没有心情和时间收拾，也有各家之间的疏远之意。

（3）对第4、5段字音理解有困难的地方进行点拨，比如，"吾妻来归"和"吾妻归宁"，来归是嫁到我家来。归：古代女子出嫁。归宁是出嫁的女儿回娘家省亲。

（4）引导学生归纳出本文就是借项脊轩的兴废，记述与之有关的家庭琐事，表达物在人亡，三世变迁的感慨，抒发对祖母、母亲和妻子久远的怀念。

第二板块

教学目标2：理清文章线索，把握作者寄寓于平淡细节中的深情。

导：

姚鼐说：《项脊轩志》是"太仆最胜之文"。这主要得力于作者善于捕捉生活细节以表达深挚的感情。

初中我们学过朱自清先生的散文名篇《背影》，其中有一段精彩典型的细节描写，我们一起来回顾一遍吧："我看见他戴着黑布小帽，穿着黑布大马褂，深青布棉袍，蹒跚地走到铁道边，慢慢探身下去，尚不大难。可是他穿过铁道，要爬上那边月台，就不容易了。他用两手攀着上面，两脚再向上缩；他肥胖的身子向左微倾，显出努力的样子。这时我看见他的背影，我的泪很快地流下来了。"作者抓住生活中买橘子这一十分平常的小事精雕细刻，成功刻画了父亲的背影，使我们感到父亲的真实、可敬、可亲，从而写得情透纸背，泪透纸背，力透纸背。

学生活动：读《背影》中的精彩典型细节。

设计意图：与老师一起回顾曾经学过的内容，唤醒知识记忆。

学：

重读文本，找出文中的细节描写，品析其中所显现的深情，有疑问的地方请老师指导释疑。

问：

什么是细节描写？这篇文章于平淡细节中见深情，以情动人，大家都特别关注人之情，如果要你围绕情来进行探究，你会选择哪个人的哪个细节进行深入品析？

思：

1. 描写的手法有哪些？结合《背影》文段进行总结。

2. 文中写到的主要人物是祖母、母亲和妻子，归有光对她们有哪些细节的描写？

3. 从这些细节中，透露出归有光对她们分别含有怎样的深情？

讲：

1. 细节描写就是把细小事物，如一个动作、一种表情、一个特点用特写镜头把它放大，通过准确、生动、细致地描绘，使读者"如见其人""如睹其物"。或者说所谓细节描写，就是对某些细小而又能很好地表现人物思想性格的环节和情节，加以具体描写。好的细节描写，能使人物性格丰满、活灵活现、惟妙惟肖，增强文章的形象性、生动性和真实性。

示例：室西连于中闺，先姚尝一至。妪每谓余曰："某所，而母立于兹。"妪又曰："汝姊在吾怀，呱呱而泣；娘以指叩门扉曰：'儿寒乎？欲食乎？'吾从板外相为应答。"语未毕，余泣，妪亦泣。

2. 明确小组的观点态度，言之有理即可。例如，第2段里叙述了作者束发读书轩中，祖母前来探望的一件佚事。一见面，祖母就说："吾儿，久不见若影。何竟日默默在此，大类女郎也？"话语中既含疼宠之情，又有赞许之意。"比去，以手阖门，自语曰：'吾家读书久不效，儿之成，则可待乎！'"这一段描写，细致入微地写出了老祖母复杂的内心活动。临走的时候，轻轻阖门，生怕屋外有什么动静会干扰孙儿读书。一个小小的动作，表露了祖母对孙儿的关切之情。同时，看到孙儿如此发愤，想见将来必有成就，喜悦之情不能自已，因此喃喃自语，又想到自己年岁大了，怕等不到孙儿获取功名那一天，激动之中，又稍带有几分伤感。"顷之，持一象笏至，曰：'此吾祖太常公宣德间执此以朝，他日汝当用之！'"希望孙儿取得功名，光宗耀祖，这无疑有其功利的一面，但通过一个细节，几句话语，就把祖母对孙儿的勉励、期待之情摹写得十分真切。

作者撰写《项脊轩志》一文之后，又有其妻来归一段情事。项脊轩中原是作者一人独居，或"啸歌"，或"兀坐"，以诗书自娱。"后五年，吾妻来归"，这时的项脊轩中完全是另一番景象：其妻"时至轩中，从余问古事，或凭几学书"。有问即有答，有学即有教。从字里行间，我们似可以听得见项脊轩中传出来的欢声笑语。再说，作者安贫乐道，他的妻子问的是大事，学的是书法，志趣自然相近，伉俪间感情之融洽自可想见。这一层从正面写。接着，作者又指出一件琐事，"吾妻归宁，述诸小妹语曰：'闻姊家有阁子，且何谓阁子也？'"表面看来，这一句话突然冒出，似与上文全不相关，然而细细体味，文脉似断而实连。"吾妻"转述的是诸小妹的话。诸小妹怎么会问起"阁子"的事呢？无疑是"吾妻"经常在她们面前提起的缘故。那么"吾妻"为什么会经常提起"阁子"呢？上面"时至轩中……"那一句话就是答案。可以想见，"吾妻"经常在诸小妹面前提起的，不光是"阁子"，而且还有阁子中的人，他们在阁子中亲密无间的生活。这一层从侧面写，对前一层既是补充，又是深化。"其后六年……其后二年……"这一层，交代了妻子亡故之后的一些事情。句句纪实，字字含情。第一句，说"其后六年，吾妻死，室坏不修"。项脊轩原先是既窄小，又破旧，作者"稍加修葺"，再作美化，独居陋室，自有无穷乐趣。现在呢？因为"吾妻死"，室坏也不想修了。作者没有说妻子亡故以后自己如何悲痛，如何怀念，但读者从前后的对比中自能体会到作者对妻子那种真挚的感情和深切的怀念。妻子亡故，已有时日：但复葺旧室，全然不见当年的热情，无限伤感溢于言外。

总结：古人云，人生有三大不幸，少年丧母，中年丧妻，老年丧子。归有光，一人就占据两项，但他心中被生活的磨难煎熬到极点的这些情愫，并没有像火山般喷发出来，只选取了最平常最琐碎的小事娓娓道来。文章看似平淡，无意于感人，其实关于惨淡之情，处处溢于言语之中。希望同学们也能在生活中注意身边容易被忽视的平常之事，体会其中的深情厚谊。

设计意图：1. 按学习任务分解的"小步子"学习，每一步任务都很具体，有效地解决在学习过程中的"虚假学习"问题。2. 学生在教学活动中，便于老师观察学生的学习状态并调整教学行为；3. 学需疑也。（1）培养学生提问的能力；（2）以问题链组织课堂，课堂结构清晰。

练：（分层作业：根据目标进行检查）

1. 课堂作业：

项脊轩，为作者书房，"室仅方丈"，也是一个陋室。试将本文与刘禹锡的《陋室铭》作比较，说说两篇文章所写的内容和抒发的情志有什么不同。

2. 课后作业：

作者托项脊轩寄托对家族、身世、亲人的感慨，是悲情，那你如何理解文章第1段修葺完项脊轩后的喜悦之情。

《父母与孩子之间的爱》*

人教版　高一下（必修4）

铜仁市第二中学　杨雅州

一、教学设计思路分析

教材分析

《父母与孩子之间的爱》是《普通高中课程标准》（实验）教科书，人教版语文必修四的第9课。这是一个现代杂文，随笔单元，阅读本单元文章能领略真正有思想深度的好文章，使人清醒，能感受到思想冲击的力量。

阅读这类文章要从文章结构入手，沿着作者的思路，去提出问题，分析问题和解决问题，把观点与材料紧密结合起来。对这类文章能从不同角度去思考，质疑或阐发。

设计思路

以核心素养为指导思想，参照"学力发展课堂"课题"发展性学力"的培养要求，结合思维课堂的基本设计思路，设计课题。

学情分析

1. 学生的学习特征——能力基础。我上课的这个班理科成绩突出，对学习语文的兴趣浓厚，但语文底子薄弱，不爱发言交流，不善于表达自己。本课逻辑关系清晰、结构鲜明、主题思想鲜明，也更易于学生理解和把握。

2. 学生对之前相关知识的掌握程度——知识基础。本课是该单元第二篇课文，在此之前有鲁迅的《拿来主义》，学生对杂文的特点有了一定的掌握，对文章结构的划分有基本的了解。内容方面，文章中所阐述的父母与孩子之间的爱，以及如何拥有成熟的爱会让学生有所启迪。

---

* 贵州省教育科学规划"学力发展"课题（2018B172）教学设计。

3. 学生学习本节课知识时可能存在非科学或前科学概念的干扰。作者弗罗姆是美国哲学家，研究人心理和精神，文章没有趣味性，学生阅读时会有难度。

4. 学生对所学内容的兴趣、情感、态度、愿望、需求、重视等状况。高一的学生对诗词小说这类常见的文体比较熟悉，而对科学类或针砭时事类的文章比较陌生，接受度也不高。但这部分作品可以训练学生的逻辑思维能力和语言严谨性，同时扩宽学生视野。

课时安排

一课时

二、教学设计方案

教学目标（学科核心素养目标）

1. 理解爱的能力发展和爱的对象的发展之间的关系；

2. 初步了解弗罗姆对健康而成熟的灵魂的认识，激发培养健康而成熟的心灵的激情；

3. 把对"爱"的认识由感性层面上升到理性的高度，形成健康而成熟的心灵，懂得如何去回报"爱"、唤醒"爱"。

教学策略

1. 信息技术手段的使用：制作 PPT 课件。

2. 教学重难点的解决办法：采用对教学重点和难点分小步子的教学策略，来提高课堂教学效率。

模式选择

1. 学思讲模型（ √ ）2. 费曼模型（　　　）3. 五何模型（　　　）

三、教学过程与方法

导：

以往我们的感受都是很具体和感性的，而我们今天就站在理性的高度来重新审视这份爱。这篇文章是从美国著名的心理学家、社会学家弗罗姆《爱的艺术》中节选出来的，在学新课文以前我给大家介绍一下《爱的艺术》这本书的主要观点和内容：它阐释了爱并不是一种与人的成熟程度无关的感情，而是一个能力的问题，是一门通过训练自己的纪律、集中和耐心学到手的一门艺术。

如何来理解以上观点呢？今天我们就通过对《父母与孩子之间的爱》这篇选文的解析来体会其中的含意。

第一板块

教学目标1：理解爱的能力发展和爱的对象的发展之间的关系。

学：

（预习检查）

1. 阅读《父母与孩子之间的爱》，思考这篇文章主要写了什么？作者想表达什么？

2. 在预习时有哪些不懂的语句？

明确：

1. 文章讲了从爱的阶段，到爱的对象，最后达到二者之间的综合。作者想表达的是，爱是一种主动的能力，因而它像其他艺术一样，是可以而且应该被学习的。（原句）人从同母亲的紧密关系发展到同父亲的紧密关系，最后达到综合，这就是人的灵魂健康和达到成熟的基础。

2. 自由回答。

问：

文章中承上启下的关键句是哪一句，其作用是什么？

讲：

先讨论承上启下的关键句，再由学生对理由进行阐述。（先由每个小组的组长发言，再由学生相继补充）

承上启下的关键句是：（第4段第1句）同爱的能力发展紧密有关的是爱的对象的发展。

理由：前三段讲的是爱的能力发展；后面讲的是爱的对象发展。这句是过渡句，承上启下，把握了这句，文章整体思路就清晰了。爱的对象发展经历了三个阶段：人同母亲关系紧密—人同父亲关系紧密—"达到综合"。

设计意图：让学生学会抓住文章的中心句、过渡句、总结句，这是理解文章思路的快捷键。

第二板块

教学目标2：初步了解弗罗姆对健康而成熟的灵魂的认识，激发培养健康而成熟的心灵的激情。

学：

再次阅读课文，提出问题。

问：

爱的对象发展到"综合"才能促使爱走向成熟。那么爱的对象的发展为什么一定要达到"综合"呢？不可以只发展同父亲的关系或同母亲的关系吗？

思：

提示：

1. 母爱与父爱各自有哪些积极面和消极面？为什么他们各自会有积极面和消极面？请大家阅读文章进行信息筛选，并要求能说出筛选的依据。

2. 信息筛选：注意引导语，如"积极的一面""消极的一面"。

3. 关于父爱积极面和消极面的解说的相关语句：消极的一面是父爱必须靠努力才能得到，在辜负父亲期望的情况下，就会失去父爱。父爱的积极的一面也同样十分重要。因为父爱是有条件的，所以我可以通过自己的努力去赢得这种爱。

讲：

1. "综合"既需要父母进行努力，也需要孩子自己学会"综合"。（抓住第8、9段的首句可知）

2. 从父母角度来说，母亲既想要"给予孩子一种生活上的安全感"，又想要孩子独立；父亲所提出的要求一定要受一定的原则支配，不能专横，要宽容而有耐心，使孩子有自信心。总之，父母应该发展父爱和母爱的积极面，遏制消极面。父母的这种做法最终使孩子走向成熟。（通过筛选第8段信息可得）

3. 从孩子的角度来说，"综合"就是要能融合父爱与母爱积极的一面，并让孩子能从对父母的依附关系逐渐走向独立。

设计意图：在目标1整体理解的基础上，再对文章的重要内容进行梳理，为目标3（感情的升华）作铺垫。

第三板块

教学目标3：把对"爱"的认识由感性层面上升到理性的高度，形成健康而成熟的心灵，懂得如何去回报"爱"、唤醒"爱"。

导：

实现"综合"关键有两点：一是融合父爱与母爱积极的一面；二是从对父母的依附关系走向独立，"成为自己的主人"。

学：

阅读下面AB两句，谈谈自己的理解。

A. 一个成熟的人最终能达到他既是自己的母亲，又是自己的父亲的高度。

B. 他发展了一个母亲的良知，又发展了一个父亲的良知。

问：

爱的对象发展达到综合，就会促进爱的成熟，那么成熟的爱究竟是怎样的爱？它和不成熟的爱有着怎样的区别？

思：

1. 理解这些句子。

孩童式的爱情原则："我爱，因为我被人爱"。成熟的爱的原则是："我被人爱，因为我爱人。"不成熟的、幼稚的爱是："我爱你，因为我需要你。"而成熟的爱是："我需要你，因为我爱你。"因果倒装句式想强调什么？

2. 文章中谈到两种爱的原则："我爱，因为我被人爱""我爱你，因为我需要你"和"我被人爱，因为我爱人""我需要你，因为我爱你"。这两种原则的区别在哪里？

讲：

明确：

1. 加点的四句都属于因果倒装，意在强调原因，以突出不同的爱的原则和特征。"不成熟的爱"以"被人爱"为前提，所以总是期望获取；而"成熟的爱"以"爱人"为基础，一个成熟的人懂得只有爱他人，自己才会获得快乐；成熟的人深刻明白他人对自己的重要性，知道给予比获得更重要，"赠人玫瑰，手留余香"。如果每个人都能懂得这爱的艺术，都能拥有成熟的爱，那该是多么美好的世界啊！

2. 二者的区别：一个是成熟的爱；一个是不成熟的爱。

设计意图：突破难点交由学生完成，一步步得出自己对问题的理解。

练：（分层作业：根据教学目标设置作业）

这篇课文理性地分析了父母对孩子的爱在性质上的区别，请拿起你的笔，在卡片上为父母写下一段话。

《师说》[*]

人教版　高一下（必修3）
铜仁市第二中学　冯应清

一、教学设计思路分析

教材分析

《师说》是《普通高中课程标准》（实验）教科书，人教版语文必修3的第11课，是一篇略读课文。这是一个古代议论性散文单元，入选的文章均是古文名家之作，承担着引导学生学习古人议论文艺术，清晰地表达自己思想和见解的任务。本单元散文有议论治国得失的，有总结军事经验的，有讨论学习和人才培养的。而本文是一篇有关师道的议论性散文，论证逻辑严密，文章立论清晰，它围绕韩愈对尊师重教思想的阐述和论证，多角度、多方法地论述了文章的思想，着重表达了要培养谦虚好学的品质。学习本文，不仅要感受古人的襟抱和睿智，汲取传统文化思想的精华，同时要多多琢磨文章立论的方法，多点质疑问难的精神，探究问题，提高学生学习的思考能力和议论能力。

设计思路

以核心素养为指导思想，参照"学力发展课堂"课题"发展性学力"的培养要求，结合思维课堂的基本设计思路，设计课题。

学情分析

1. 学生的学习特征。我所带的这个班级学生对语文学科的兴趣一般，部分同学对自主探究式学习的模式不太适应，自觉性有待提高，且学生相对来说不喜欢主动发言交流。同时，学生对新知识新问题的接受、理解、思考和运用的能力也有待提高，学生往往是被动式学习，课前不积极预习，课后没有及时巩

---

* 贵州省教育科学规划"学力发展"课题（2018B172）教学设计。

固。为此，我尝试通过活动学习六步法引导学生主动学习，探究问题，从而在一定程度上达到有效的学习效果。

2. 学生对相关知识的掌握程度。在《师说》以前，学生已经学习了《寡人之于国也》《劝学》《过秦论》等文章，对议论文章的立论、结构、论证方法的学习和重点实词、虚词的积累都有了一定的基础。本课在先前的学习基础上，引导学生从字音、翻译、文言知识和整体思路主动学习，理解并学会运用对比论证、事理结合论证的方法，树立尊师重教的思想，培养谦虚好学的品质。

3. 学生在学习过程中可能存在的问题干扰。重点文言实词、虚词的理解受到阻碍，诵读过程中的节奏、语调、语气不准，对正反对比、事理结合的论证方法没有完全理解。

4. 学生对学习内容的需求和期待。学生对教学内容的把握重点集中在有效记忆、实虚词、写作方法和思想意义四个方面，通过积极主动的探究式学习，引导学生全面掌握学习古文的相关知识和能力，了解中国优秀传统文化，传承发展，培养学生的核心素养。

课时安排

两课时

二、教学设计方案

教学目标（学科核心素养目标）

1. 分析作者如何运用正反对比、事理结合的论证方法；

2. 理解韩愈对尊师重教思想的论述，培养学生谦虚好学的品质。

教学策略

1. 信息技术手段的多元化使用，如 PPT、思维导图等手段。

2. 教学目标的分解发散式设置，如采取小组模式学习，布置不同且具有连贯性的预习作业、课堂问题。

模式选择

1. 学思讲模型（ √ ）2. 费曼模型（　　　）3. 五何模型（　　　）

三、教学过程与方法

导：

播放一个背景视频：成语故事——《程门立雪》。故事梗概：河南的程颢与其弟程颐在神宗熙宁、元丰年间讲孔、孟之学，黄河、洛河一带的学子以他们为师。杨时40岁时，到洛阳拜见程颐。正巧，程颐在闭目静坐养神。杨时就与同行的游酢站在门口等候。直到程颐醒来，门外大雪已下了一尺多深。

设计意图：通过这样一则成语故事引出古人对尊师重道、专心致学的重视，激发学生们的学习兴趣，了解为什么老师能够在古人"天、地、君、亲、师"的文化传统中独占一席之地。而老师的作用是什么呢？通过向学生抛出问题引导课前预习。

第一板块

教学目标1：分析韩愈如何运用正反对比、事理结合的方法来论证自己的观点。

导：

（课前布置预习，要求反复诵读课文，读准字音，圈出预习中的疑惑之处，将疑惑写成问题，提交给小组长）

1. 根据课前布置预习，检查预习情况，重点检查诵读情况；

2. 寻问学生在预习中存在的问题；

3. 作者对从师学习的观点是什么？（圣人无常师）

设计意图：布置预习，检查学情，体现以学生为中心的教学理念。

学：

1. 集合注释，理解课文；

2. 梳理各段段意。

教师在学生学习时进行巡视，相继解答学生提问。

问：

1. 第二段中，韩愈从哪几个方面论证了社会当中耻于从师的不良风气？

2. 第三段中，韩愈又用了什么方法来论证"圣人无常师"的道理？

3. 归纳总结本文的论证方法。

思：

教师在学生思考讨论的过程中，适当提出的问题引导学生将问题带入文本理解分析，并提供一些指导或者关键词。

讲：

韩愈从圣人与众人、父母与子女、百工之人与士大夫之族三个方面论证了耻于从师的不良风气；以事例、事理论证了"圣人无常师"的观点；对比论证、事理论证的方法。

115

设计意图：

1. 分解学习任务，杜绝"无效"问题；

2. 留心观察学生的学习状态，并及时调整教学行为；

3. 培养学生的问题意识，养成发现问题、主动提问的良好学习习惯；

4. 锻炼学生的思维逻辑和语言表达能力。

第二板块

教学目标2：理解韩愈对尊师重教思想的论述，培养学生谦虚好学的品质。

学：

在对文本有了一定的掌握之后，引导学生对《师说》所倡导的尊师重教的思想观点深入理解，请学生结合当下的学习实践，谈一谈自己的认识。

问：

1. 请学生思考，韩愈在文中所讲的"师"指的是哪种老师？

2. 由此可知，韩愈通过批评社会"耻学于师"的风气，从正面又表达了怎样的观点？

3. 文中所讲的从师的道理，哪一些对我们现在来说仍有借鉴意义？

思：

学生在教师的指导下，结合本小组的讨论意见和个人想法整理学习成果，等待课堂发言。

讲：

传道授业解惑之师，道为儒家之道，业为儒家经典，即老师首先应该掌握的知识与能力，惑为在学习过程中遇到的问题和疑惑；从正面表达了应当树立尊师重教的社会风尚，培养人们谦虚好学的道德品质；好学求师仍然是今天必不可少的文化传统风尚。

设计意图：

1. 分解学习任务，杜绝"无效"问题；

2. 留心观察学生的学习状态，并及时调整教学行为；

3. 培养学生的问题意识，养成发现问题、主动提问的良好学习习惯；

4. 锻炼学生的思维逻辑和语言表达能力。

练：

1. 完成《导学案》"知识记忆与理解"部分字音、词语句式积累练习。

2. 请以"勤能补拙"为话题，用正反对比的方法改写下面的文字，使观点得到论据的支撑。

我国明代的张溥小时候很"笨",别人读一会儿就能背下来的东西,他往往要读几十遍才能背下来。但是,他并没有灰心,每拿到一篇文章,先认真抄一遍,校正好,再大声朗读一遍,然后烧掉,接着再抄。这样,一篇文章往往要抄六七遍。后来,他逐渐变得文思敏捷,出口成章。26 岁写下了名扬天下的《五人墓碑记》。

仲永 5 岁就能赋诗,可谓天赋出众。凭着聪明,他父亲带他四处作诗炫耀。仲永再也不思进取,长大以后,他变得庸庸碌碌,泯然众人矣!

《拿来主义》*

人教版　高一下（必修4）

铜仁市第二中学　刘伟

一、教学设计思路分析

教材分析

《拿来主义》是《普通高中课程标准》（实验）教科书，人教版语文必修4第三单元第8课，是一篇精读课文。

这个单元主要是随笔、杂文等文章，入选的文章均是名家名篇，承担着文学作品阅读鉴赏的重任。鲁迅先生的文章向来以冷峻犀利，幽默深刻的风格著称，且令人深省。

本文是一篇议论性的杂文，它选取了深刻且典型的社会现象，从多方面讽刺国民统治时期的黑暗现实，表明作者对文化遗产继承的态度。语言简练风趣，篇幅短小精悍，感情真挚自然。学习本文，要学习品文，咀嚼鲁迅先生文章的文字内涵。

设计思路

以核心素养为指导思想，参照"学力发展课堂"课题"发展性学力"的培养要求，结合思维课堂的基本设计思路，设计课题。

学情分析

1. 学生的学习特征——能力基础。我上课的这个班级理科成绩较好，学生对语文的兴趣不错，但主观能动性较差，学习方式大多趋于传统授课方式，不爱发言交流。与前一个古诗文单元不同，本文为现代文，且篇幅短小、线索清晰，也更易于学生理解和把握。

---

* 贵州省教育科学规划"学力发展"课题（2018B172）教学设计。

2. 学生对之前相关知识的掌握程度——知识基础。本课是第三单元第一篇课文，是一篇精读课文。学生对现代文较为感兴趣，易接受，文字通俗易懂。之前学生已有学习现代文的基础，学习这篇文章对学生来说不难。本文虽然是一篇杂文，但是议论性较强，高中阶段对学生写作能力有了更高的要求，学习这篇文章有助于提高学生议论文写作水平。

3. 学生学习本节课知识时可能存在非科学或者前科学概念的干扰。预计学习中可能存在一些问题，如"主义"一词的意思不了解，影响学生对文章的理解。

4. 学生对所学内容的兴趣、情感、态度、愿望、需求、重视等状况。经过小学与初中的学习，高一学生对鲁迅先生相对较为熟悉。小学与初中所学的鲁迅的文章，学生还能记住一些，对其文笔风格有一定了解，学生进入高中也在不断学习鲁迅的文章，学生学习鲁迅先生的文章有一定基础。鲁迅先生历来关心国家与青年，文章表达内容亦是激励为主，学生对鲁迅先生也历来怀有敬仰之情，学生们对鲁迅的文章较为愿意学习。

课时安排

一课时

二、教学设计方案

教学目标（学科核心素养目标）

1. 学习本文先破后立的论证方式；

2. 体会"拿来主义"的现实意义，正确客观看待传统文化和外来文化。

教学策略

1. 信息技术手段的使用：制作 PPT 课件。

2. 教学重难点的解决办法：采用对教学重点和难点分小步子的教学策略，来提高课堂教学效率。

模式选择

1. 学思讲模型（ √ ）2. 费曼模型（   ）3. 五何模型（   ）

三、教学过程与方法

导：

PPT 课件展示鲁迅先生一些经典的名言警句，并简单提要小学与初中学生所学过的鲁迅先生的文章。让学生总结出鲁迅先生文章文字犀利幽默、写作视角锐利，且内容主要是关心青年、关心国家的特点。

设计意图：

1. 意在激发学生学习兴趣、思考及合作探究能力；

2. 提高学生主观能动性；

3. 积极主动参与课文理解。

第一板块

教学目标1：学习本文先破后立的论证方式。

导：

（课前布置预习，要求诵读课文，读准字音，找出文章所提到的"主义"有几个，圈出预习中的疑惑之处，将疑惑写成问题，提交给小组长）

1. 根据课前布置预习，检查预习情况，重点检查诵读情况；

2. 寻问学生在预习中存在的问题。

设计意图：让学生在课前对所要学习的内容有个初步了解，以便更好地融入课堂学习，以便及时解决预习中存在的问题，让学习更轻松更高效，这也体现以学生为主体，以学生为中心的教学理念。

学：

学生再读课文，梳理文章的段意，并找出文章的过渡句、关键句。

明确段意：第1段揭露国民党政府在学艺（文艺）上奉行"送去主义"的媚外求辱和欺世惑众的可耻行为；第2段我们没有实行"拿来主义"；第3段尖锐地指出"送去主义"自欺欺人的实质，它必然导致亡国灭种的惨重后果；第4段指出"抛来"与"抛给"的区别；第5段，承上启下，主张我们要在送去之外，还得拿来；第6段，揭示"送来主义"的危害性；第7段，揭示"拿来主义"的内涵就是"运用脑髓，放出眼光，自己来拿！"；第8段是批判对待文化遗产的三种错误态度；第9段是阐明实行"拿来主义"的正确做法；第10段总结全文，指出实行"拿来主义"的人应具有的胆识和品质，以及"拿来主义"对于创造民族新文化的重要意义。

明确关键句：

1. 所以我们要放出眼光，自己来拿；

2. 拿来主义者是全不这样的；

3. 总之，我们要拿来。

问：

这篇文章采用了什么论证方式？有什么特点？

思：

1. 作者想表达什么？

2. 文章是如何层层推论到拿来主义的，这样有什么好处？

讲：

明确：

1. 作者表达拿来主义的态度。

2. 闭关主义：碰了钉子；一味送去：沦为乞丐；听凭送来：深受其害。所以：运用脑髓，放出眼光，自己来拿。这种因果论证和破立结合的论证方式，有强大的无可辩驳的逻辑力量。

设计意图：1. 按学习任务分解的"小步子"学习，每一步任务都很具体，有效地解决学习过程中的"虚假学习"问题；2. 培养学生独立思考能力，学会思考的学习行为。学生在教学活动中，便于老师观察学生的学习状态并调整教学行为。

第二板块

教学目标2：分析比喻论证，体会"拿来主义"的深刻内涵，正确客观看待传统文化和外来文化。

学：

自读7至10段，领会作者如何论证拿来主义。

问：

第8段中具体比喻有什么含义？这样写有什么作用？拿来主义在今天还有什么现实意义？

思：

1. 第8自然段中"大宅子"比喻什么？面对文化遗产，出现了几类人？他们"拿来"的做法与态度是怎么样的？比喻论证法有什么作用？

2. "拿来主义"的做法是什么？（用原文回答）作者用了哪些比喻来说明拿来主义的做法？

3. "拿来主义"最终的目的是什么？

4. 现实意义分析言之成理即可。

讲：

1. "大宅子"比喻文化遗产。有三类人，分别是（1）孱头：怕给污染，徘徊不敢进，拒绝继承（逃避主义）；（2）昏蛋：保存清白，放火烧光，盲目排斥（虚无主义）；（3）废物：羡慕，欣欣然蹩进，全盘接受（投降主义）。

比喻论证，用人们熟悉的事件作比，具体、通俗、形象，使如何对待文化遗产这个抽象问题具体化，使深奥问题浅显化。

2. 拿来主义者的做法：占有，挑选。鱼翅：吃掉，文化遗产中有益无害的部分，吸收（使用）。鸦片：送药方供治病，有益有害的部分，趋利避害（使用）。烟枪烟灯：毁掉大部分，文化遗产中的旧形式，作为史料反面教材（存放）。姨太太：各自走散，腐朽淫靡的东西，剔除（毁灭）。

3. 最终目的：救亡图存。

4. 对"拿来主义"的现实意义，分小组发言，言之成理即可。

设计意图：1. 分解小步子落实教学重点；2. 训练学生的高中语文核心素养：概括思维能力；3. 突破难点交由学生完成，一步步自己得出对问题的理解。

练（分层作业设计）：

1. 鲁迅先生文章的语言非常值得品味，做"研讨与练习"第三题。

2. 做"研讨与联系"第四题，小组讨论近百年来我们从外国"拿来"了什么？还有哪些东西可以"拿来"？

《赤壁赋》*

人教版　高一下（必修2）

铜仁市第二中学　文双珍

一、教学设计思路分析

教材分析

《赤壁赋》是《普通高中课程标准》（实验）教科书，人教版语文必修2的第三单元，本单元学习古代山水游记类散文，山水游记一般不只是对自然风物的客观描绘，它往往包含着抒情和说理的成分。在记叙游览的同时，或表达物我两忘的喜忧，或抒发时不我待的忧思，或倾诉怀才不遇的愤懑……本单元共三篇文章，分别为《兰亭集序》《赤壁赋》《游褒禅山记》。而《赤壁赋》一文属文赋，文质兼美，音韵和谐，乃苏轼之传世名篇。尽管文章抒发的情感，反映的思想有些深奥，但文章在诵读、鉴赏、审美等各方面，均可视作古代散文的经典。同时，体悟文章的精美高妙，对培养学生学习文言文的兴趣，体会作者豁达的胸襟，提升学生的文学素养乃至综合素养，有很大的帮助。

设计思路

以核心素养为指导思想，参照"学力发展课堂"课题"发展性学力"的培养要求，结合思维课堂的基本设计思路，设计课题。

学情分析

1. 学生的学习特征——能力基础。我上课的这个班级是一个理科二类班，学生基础较差，对文言文的学习兴趣不够，不爱发言交流。《赤壁赋》一文属文赋，文质兼美，音韵和谐，乃苏轼之传世名篇，读起来朗朗上口，便于理解背诵。

---

* 贵州省教育科学规划"学力发展"课题（2018B172）教学设计。

2. 学生对之前相关知识的掌握程度——知识基础。本课是第三单元的第二篇课文，学生对古代山水游记类散文有所了解，因此在指导学生学习时不仅要重视文言字词的积累和句式的把握，梳理文本思路，也要品味人文情感，把握作者的思想感情。在教学时让学生在阅读的过程中感受中国传统文化精华，体验作者的人生感受并在情感上与之产生共鸣。调动学生积极性，让学生参与到教学活动过程中，发挥他们的主体作用。

3. 学生在学习过程中可能存在的问题干扰。重点文言实词、虚词的理解受到阻碍；诵读过程中的节奏、语调、语气不准；对本文情、景、理相交融难以理解。

4. 学生对学习内容的需求和期待。通过积极主动的探究式学习，引导学生全面掌握学习古文的相关知识和能力，从整体上把握文章内容，加深对作者情感的体悟，并能理解作者阐述的人生道理，了解中国优秀传统文化，传承发展，培养学生的核心素养。

课时安排

两课时

二、教学设计方案

教学目标（学科核心素养目标）

1. 理清文章思路，体会作者的思想感情，领会本文情景理交融的特点；

2. 体会作者遇到挫折后表现出来的超脱的人生态度和乐观情怀。

教学策略

1. 信息技术手段的使用：制作 PPT 课件。

2. 教学重难点的解决办法：采用对教学重点和难点分小步子的教学策略，来提高课堂教学效率。

模式选择

1. 学思讲模型（ √ ）2. 费曼模型（　　）3. 五何模型（　　）

三、教学过程与方法

导:

成熟是一种明亮而不刺眼的光辉，一种圆润而不腻耳的音响，一种不再需要对别人察言观色的从容，一种终于停止向周围申诉求告的大气，一种不理会哄闹的微笑，一种洗刷了偏激的冷漠，一种无须声张的厚实，一种能够看得很远却又并不陡峭的高度。勃郁的豪情发过了酵，尖利的山风收住了劲，湍急的细流汇成了湖，结果——引导千古杰作的前奏已经鸣响，一道神秘的天光射向黄州，《念奴娇·赤壁怀古》和前后《赤壁赋》马上就要产生。

设计意图：这段文字源于余秋雨的《苏东坡突围》，作用有三：一是意在激发学生学习兴趣；二是让学生初步了解苏东坡；三是体现核心素养的"文化传承与理解"。

第一板块

教学目标1：理清文章思路，体会作者的思想感情，领会本文情景理交融的特点。

导：

1. 根据课前布置预习，检查预习情况；

2. 寻问学生在预习中存在的问题。

学：

1. 学生自读课文，结合注释理解文章，用简洁的语言概括课文各段内容。

2. 找出苏轼与客游赤壁时心情变化的关键词。

问：

本文的景和理是如何交融起来的？

思：

1. 开篇中赤壁之景到底怎么样？作者的心情如何？找出描写赤壁之景的句子。

2. 第二段中写洞箫声，有何作用？

3. 客人为何而悲？具体在"悲"什么？请用原文回答。

4. 最后作者是怎样劝慰客人，使他从悲情中解脱出来的？

讲：

明确：景中有理，理中有景，互相交融。

1. 清风和明月交织，露珠和水色辉映，幽雅而宁静，苍茫而朦胧，风月无边，秋景如画。"诵""歌"，表现出泛舟秋江赏美景的愉悦；"纵"有听凭、随意的意思。主人公在茫无边际的江水中从流飘荡、任意东西，于是"浩浩乎如冯虚御风，飘飘乎如遗世独立，羽化而登仙"。作者写自己在辽阔江面上泛舟，仿佛在浩荡的太空中乘风飞行，毫无阻碍简直就要远离人世，飘飘升入仙界里去了，令人陶醉其中。

2. 箫的音调悲凉、幽怨，"如怨如慕，如泣如诉。余音袅袅，不绝如缕"，竟引得潜藏在沟壑里的蛟龙起舞，使独处在孤舟中的寡妇悲泣。这里将抽象而不易捉摸的声情写得具体可感，诉诸读者的视觉和听觉。一曲洞箫，凄切婉转，其悲咽低回的音调感人至深，致使作者的感情骤然变化，由欢乐转入悲凉，开启下文悲伤的基调。

3. 听到"如怨如慕，如泣如诉，余音袅袅，不绝如缕"的箫声，客人由喜转悲。一悲英雄不复，一世英雄，随大江东去而销声匿迹，是何等的黯然；二悲人生短暂，天地万物如此永恒，而人只活一世，短短几十载，在对比之中，悲情自然而生；三悲壮志难酬，理想现实矛盾，理想是丰满的，可以"挟飞仙遨游，抱明月长终"，在理想中自己是强大的，自己是自由的；而现实却很残酷，自己没有受到重用，人生目标难以实现。

4. 作者以江水、明月为喻。（1）从"变与不变"的角度，从变的角度来看，天地万物也是瞬息万变的，就如水和月一样，江水日夜不停地流，月亮有圆有缺。从不变的角度来看，虽然月有阴晴圆缺，但是千百年来，月亮还是那个月亮，世界上只有一个月亮。虽然作为个体的人，生命是短促的，但他参与了整个人类的生命活动，而作为整个人类，又同宇宙一样是永恒存在的。（2）从"取与不取"的角度加以阐述。大自然是个无穷宝藏，可以作为人们的精神寄托，所以苏轼认为人对自然万物，不该取的不取，该取的就取。不必因"吾生之须臾"而羡慕其"无穷"，而要使无穷的自然万物为"吾生"所享用，从中得到乐趣。

设计意图：1. 按学习任务分解的"小步子"学习，每一步任务都很具体，有效地解决在学习过程中的"虚假学习"问题；2. 学生在教学活动中，老师为学生提供思考支架进行引导；3. 以问题链组织课堂，层层推进，课堂结构清晰。

第二板块

教学目标2：体会作者遇到挫折后表现出来的超脱的人生态度和乐观情怀。

导：

通过学习，我们了解到"一度下狱，三度被贬，命途多舛，生活坎坷"的苏轼，既没有像贾谊那样"抑郁而终"，也没有像陶渊明那样"归隐田园"，而是在自己风雨道路上，一蓑烟雨任平生。接下来我们一起品味一下苏轼在本文所表达的人生态度和乐观情怀。

学：

学生再读文本，找到体现作者人生态度的词句，认真揣摩品赏。

问：

1. 作者的"苟非吾之所有，虽一毫而莫取"这种观点在当今社会是否可取？

2. 最后一段为什么以酒后一片狼籍，"相与枕藉乎舟中"的景象作结？表达了作者怎样的情怀和人生态度？

思：

教师在学生思考讨论的过程中，适当提出问题引导学生将问题带入文本理解分析，并提供一些指导或者关键词。

讲：

1. 明确小组的观点态度，言之有理即可。

2. 照应开头，极写游赏之乐，以至于忘怀得失、超然物外的境界，表现出自己坦荡的胸襟，以坦然的心境欣赏"江上之清风，山间之明月"，到大自然中寻求精神寄托，表现出自己"旷达乐观"的人生态度。

练：（分层作业设计）

1. 完成《导学案》"知识记忆与理解"部分字音、词语句式积累练习。

2. 《赤壁赋》中"风""月"景物描写沟通了全篇的感情脉络，文字抒情唯美。在古代的诗词中，有关"风""月"的诗句比比皆是。请同学们课后收集诗词，在班上进行"风""月"飞花令。

3. （课后作业）下面是《后赤壁赋》中的一段文字，仔细阅读，体会它与本文所描绘的景色有什么不同。

是岁十月之望，步自雪堂，将归于临皋。二客从予过黄泥之坂。霜露既降，木叶尽脱，人影在地，仰见明月，顾而乐之，行歌相答。已而叹曰："有客无酒，有酒无肴，月白风清，如此良夜何！"客曰："今者薄暮，举网得鱼，巨口细鳞，状似松江之鲈。顾安所得酒乎？"归而谋诸妇。妇曰："我有斗酒，藏之久矣，以待子不时之需。"于是携酒与鱼，复游于赤壁之下。江流有声，断岸千尺；山高月小，水落石出。曾日月之几何，而江山不可复识矣。

数学"学力课堂"教学设计

"函数与导数的综合应用"的解题教学课例*

——以 2018 年全国数学理科 II 卷第 21 题为例

铜仁市第二中学 王胜华

一、教学设计思路分析

教材分析

函数与导数在高考考查中一般情况下有两道选择题和一道解答题，或者一道选择题一道填空题和一道解答题，共 3 道题，分值为 22 分左右。高考对这一部分内容考查的难度相对稳定，选择题、填空题主要考查基本初等函数及其应用，重点是函数定义域、值域、函数的单调性、奇偶性和周期性的应用；指数函数、对数函数、幂函数的图象和性质的运用；函数零点的判断、简单的函数建模、导数的几何意义的运用等；解答题主要考查导数在函数问题中的综合运用，重点是利用导数的方法研究函数的单调性和极值，解决与函数的单调性、极值、最值相关的不等式和方程等问题。考查函数建模和利用导数解模的能力，突出了对学生的逻辑推理能力、运算求解能力、分类与整合思想、化归与转化思想、数形结合思想、函数与方程思想的考查。

设计思路

以核心素养为指导思想，参照"学力发展课堂"课题"发展性学力"的培养要求，结合思维课堂的基本设计思路，设计课题。

学情分析

从学生层面看：学生通过高三反复训练和总结对导数具有一定的理解，可以应用导数求解一些简单函数的单调性、极值、最值等问题，但是对于一些含有参数的函数问题解决起来还是比较困难，例如本例题的实质就是考查利用导

---

* 贵州省教育科学规划"学力发展"课题（2018B172）教学设计。

数判断函数单调性，求解函数最值的问题，但还有大部分学生对于函数的理解还是停留在一个变量的层面上，对于双变量或是多变量的问题，学生还是无从下手。且一些学生的脑海中对于数学化归的思想还不理解，不能举一反三；从学生素质层面看：学生自主探究习惯也初步养成。现阶段高三学生思维活跃，课堂参与意识较强，而且已经具有一定的分析、推理能力。

课时安排

一课时

二、教学设计方案

教学目标（学科核心素养目标）

1. 利用导数研究函数的性质（单调性、最值、极值）及函数图象的交点个数问题。

2. 通过一题多解、一题多变的教学模式让学生从题海中解脱出来，使其能够举一反三、延伸拓展，提高其分析问题与解决问题的能力。

教学策略

1. 信息技术手段的使用：制作 PPT 课件。

2. 以问题引领"教"和"学"，通过"先学后教"和启发式提问来提高课堂教学效率。

教学模式的选择

1. 学思讲模型（ √ ） 2. 费曼模型（   ） 3. 五何模型（   ）

三、教学过程与方法

教学目标：从一道高考题入手，通过一题多解，一题多变的方式打开学生的思维，引导学生对典型例题解法的总结、回味与"提炼"，力求做到吃透一道题，掌握一类题，悟出一些方法、道理，让学生从题海中解脱出来。

导：

1. 提出问题，运用导数可解决哪些常见的问题，并抽 2 ~ 3 名同学回答；

2. 对学生的回答进行查漏补缺，并且通过 PPT 展示；

学生思考，并对已经回答的结论进行补充或提出新的问题。

学：

展示高考真题（2018 全国 2 卷理科数学第 21 题）

已知函数 $f(x) = e^x - ax^2$

（1）若 $a = 1$，证明：当 $x \geq 0$ 时，$f(x) \geq 1$；

（2）若 $f(x)$ 在 $(0, +\infty)$ 只有一个零点，求 a 的值。

学生认真阅读和审题，找出该题的条件及需要解决的问题。

问：

通过阅读该题，请同学们思考，解答该题你能想出几种方法？

思：

提供解题思维步骤：第（1）问利用化归思想，将问题转化成函数最值问题；第（2）问解决这类问题我们常用的方法有哪些？预测学生能回答两种：1. 分离参数；2. 分类讨论（同学们想一想，分类讨论做该题是不是太麻烦），是否还有其他简便方法呢？

3. 图象法（把问题转化成一条曲线与一条直线的交点问题）由 $f(x) = 0$，即 $e^x = ax^2$ 显然 $a > 0$ 再两边取以 e 为底的对数，将问题转化成零点问题。

讲：

学生讲解（学生补充）

教师根据学生讲解情况，补充新的解法，或再次重复学生的讲解（视学生理解情况而定）

（1）解法一：$\because a = 1, x \geq 0$

$\therefore f(x) = e^x - x^2$ 由 $f(x) \geq 1$，

则 $e^x - x^2 \geq 1$ 即 $\dfrac{x^2 + 1}{e^x} \leq 1$，令 $g(x) = \dfrac{x^2 + 1}{e^x}$

则 $g'(x) = \dfrac{-(x-1)^2}{e^x}$ $\therefore g'(x) \leq 0$ 在 $[0, +\infty)$ 上恒成立 $\therefore g(x)$ 在 $[0, +\infty)$ 上位单调递减增

$\therefore g(x) \leq g(0) = 1$ $\therefore \dfrac{x^2 + 1}{e^x} \leq 1$

$\therefore e^x - x^2 \geq 1$ $\therefore$ 当 $x \geq 0$ 时 $f(x) \geq 1$

解法二：$\because a = 1, x \geq 0$

$\therefore f(x) = e^x - x^2$ 由 $f(x) \geq 1$，则 $e^x - x^2 - 1 \geq 0$ 令 $g(x) = e^x - x^2 - 1$ 则 $g'(x) = e^x - 2x$ $\therefore g''(x) = e^x - 2$

由 $g''(x) > 0$ 得 $x > \ln2$，由 $g''(x) < 0$ 得 $0 \leq x < \ln2$

$\therefore g'(x)$ 在 $[0, \ln2)$ 单调递减，在 $(\ln2, +\infty)$ 单调递增减

$\therefore g'(x) = g'(\ln2) = 2(1 - \ln2) > 0$

$\therefore g(x)$ 在 $[0, +\infty)$ 上位单调递增

$\therefore g(x) \geq g(0) = 0$ $\therefore e^x - x^2 - 1 \geq 0$ 在 $[0, +\infty)$ 上恒成立 $\therefore e^x - x^2 \geq 1$ 成立 $\therefore$ 当 $x \geq 0$ 时 $f(x) \geq 1$

(2) 解法一：令 $f(x) = 0$ 即 $e^x - ax^2 = 0$，又 $x > 0$ $\therefore a = \dfrac{e^x}{x^2}$

令 $h(x) = \dfrac{e^x}{x^2}$ 则问题转化为曲线 $h(x)$ 与直线 $y = a$ 只有一个交点

又 $\because h'(x) = \dfrac{e^x(x-2)}{x^3}$ $\therefore$ 当 $x \in (0,2)$ 时 $h'(x) < 0, h(x)$ 单调递减；

当 $x \in (2, +\infty), h'(x) > 0, h(x)$ 单调递增；

$\therefore h(x)_{\min} = h(2) = \dfrac{e^2}{4}$ 且当 $x \to 0$ 时 $h(x) \to +\infty, x \to +\infty, h(x) \to +\infty$

$\therefore$ 要使曲线 $h(x)$ 与直线 $y = a$ 仅有一个交点

$\therefore a = \dfrac{e^2}{4}$

解法二：（分类讨论）略

解法三：令 $f(x) = 0$ 即 $e^x - ax^2 = 0$

$\because x > 0$ $\therefore ax = \dfrac{e^x}{x}$

令 $g(x) = \dfrac{e^x}{x}$ 则问题转化为曲线 $g(x)$ 与直线 $y = ax$ 只有一个交点

又 $\because g'(x) = \dfrac{e^x(x-1)}{x}$ $\therefore$ 当 $x \in (0,1)$ 时 $g'(x) < 0, g(x)$ 单调递减；当 $x \in (1, +\infty)$ 时，$g'(x) > 0, g(x)$ 单调递增；又 $\because g(1) = e$ 且当 $x \to +\infty, g(x) \to +\infty$ $\therefore$ 曲线 $g(x)$ 与直线 $y = ax$ 只有一个交点，则直线 $y = ax$ 应为 $g(x)$ 的切线

设切点为 (x,y) 则 $\begin{cases} a = \dfrac{e^x(x-1)}{x} \\ ax = \dfrac{e^x}{x} \end{cases}$ 解得 $x = 2, a = \dfrac{e^2}{4}$

解法四：由 $f(x) = 0$，即 $e^x = ax^2$ 显然 $a > 0$

$\therefore$ 上式两边取以 e 为底的对数得 $x = \ln a + 2\ln x$

$\therefore 2\ln x - x + \ln a = 0$

令 $g(x) = 2\ln x - x + \ln a$ 则问题转化为函数 $y = g(x)$ 在 $(0, +\infty)$ 只有一个零点

又 $\because g'(x) = \dfrac{2-x}{x}$ 当 $x \in (0,2)$ 时，$g'(x) > 0, g(x)$ 单调递增；

当 $x \in (2, +\infty)$ 时,$g'(x) < 0$,$g(x)$ 单调递减,又 $\because g(x)$ 在 $(0, +\infty)$ 仅有一个零 $\therefore g(2) = 0$ 即 $2\ln2 - 2 + \ln a = 0$

解得 $a = \dfrac{e^2}{4}$

练:

1. 根据此题自己编两个题。(可以将条件和结论稍加改变或者改变一下问法)

2. 老师把该题改成讨论函数 $f(x) = e^x - ax$ 在区间 $(0, +\infty)$ 的零点个数,同学们看看行不行?

设计意图:从一道高考题入手,通过一题多解,一题多变的方式打开学生的思维,引导学生对典型例题解法的总结、回味与"提炼",力求做到吃透一道题,掌握一类题,悟出一些方法、道理,把学生从题海中解放出来。让学生学会运用所学知识对主要题型举一反三、延伸拓展,提高学生分析问题与解决问题的能力,从而实现学生长见识,悟道理的教学目的。

等差数列的前 n 项和*

人教 A 版　高一上（必修 5）

铜仁市第二中学　石毅

一、教学设计思路分析

教材分析

本节课所学内容是人教 A 版高中数学必修 5 的第 2 章第 3 节 "等差数列的前 n 项和" 的第一课时，课型为新知课。它与等差数列的通项公式、性质有着密切的联系，是对前面所学的等差数列相关知识的巩固和应用。同时，等差数列的前 n 项和公式有广泛的实际应用，能体现解决数列问题的通性通法，无论在知识还是能力上，都是进一步学习其他数列知识的基础，因此，"等差数列的前 n 项和" 在 "数列" 一章中起着承上启下的重要作用。

本节主要内容为等差数列求和公式的推导及其简单应用。本节对等差数列的前 n 项和公式的推导是在学生已掌握等差数列的通项公式及其性质和 "高斯算法" 等相关知识的基础上进行，以公式的推导为载体，使学生掌握等差数列的前 n 项和公式，并能利用它解决等差数列求和问题，考查学生的运算、推理及等价转化的能力。在推导等差数列的前 n 项和公式的过程中所采用的 "从特殊到一般的研究方法" 和 "倒序相加法" 是一种常用且重要的数学思想方法。

设计思路

本节采用情境导入，由现实情境引入数列求和的模型，在渗透数学文化、思想的同时，激发学生的学习兴趣，引导学生由特殊到一般，再由一般到特殊进行研究，通过探索、讨论、分析、归纳而获得等差数列求和的知识和方法，掌握等差数列的前 n 项和公式并能应用公式解决问题。

---

* 贵州省教育科学规划 "学力发展" 课题（2018B172）教学设计。

学情分析

本班为理科一类班，学生基础知识比较扎实、思维较活跃，学生层次差异不大，能够很好地掌握教材上的内容，能较好地做到数形结合，善于发现问题，深入研究问题。

在此之前，学生已经学习了等差数列的通项公式及基本性质，且大部分学生对"高斯算法"已有比较清晰的认识，知道其算法的基本原理，这为"倒序相加法"的教学提供了很好的基础。

在初中的时候，学生已经学过梯形的面积公式，可类比记忆本节课的等差数列的前 n 项和公式。

本节课对学生来说，最大的困难就是从特殊的等差数列的求和推广到一般的等差数列的求和，如何从"高斯算法"的首尾配对过渡到用"倒序相加法"求一般的等差数列的前 n 项和公式。

课时安排

一课时

二、教学设计方案

教学目标（学科核心素养目标）

1. 掌握等差数列的前 n 项和公式，理解公式的推导方法，并会用等差数列的前 n 项和公式解决问题。

2. 经历公式的推导过程，体会数形结合的数学思想，体验从特殊到一般，再由一般到特殊的研究方法，在知识发展及形成过程中培养学生观察、联想、归纳、类比的逻辑推理能力，培养学生分析问题，解决问题的能力。

教学策略

1. 信息技术手段的使用：制作 PPT 课件。

2. 教学重难点的解决办法：采用对教学重点和难点分小步子的教学策略，来提高课堂教学效率。

模式选择

1. 学思讲模型（ √ ）2. 费曼模型（　　）3. 五何模型（　　）

三、教学过程与方法

第一板块

导:

应用具体的例子引入课题。

1. "数学王子"的故事:德国古代著名数学家高斯 10 岁的时候很快就解决了这个问题: $1+2+3+\cdots+100=?$ 你知道他是怎样算出来的吗?

2. 泰姬陵:泰姬陵坐落于印度古都阿格,是十七世纪莫卧儿帝国皇帝沙杰罕为纪念其爱妃所建,她宏伟壮观,纯白大理石砌建而成的主体建筑叫人心醉神迷,成为世界七大奇迹之一。陵寝以宝石镶饰,图案之细致令人叫绝。传说陵寝中有一个三角形图案,以相同大小的圆宝石镶饰而成,共有 100 层,奢靡之程度,可见一斑。

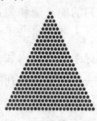

图案中,第 1 层到第 21 层一共有多少颗宝石?

学生通过听故事,了解数学文化,欣赏数学美,观察并探究相关解决方案。

设计意图:用多媒体展示泰姬陵的彩图,呈现问题,使学生进入问题情境,在渗透数学文化、思想的同时,激发学生的学习兴趣,使学生体会数学来源于生活。以问题的提出引发学生思考,使学生带着问题学习新知识,目标更明确。

学:

1. 引导学生讲述"高斯算法";

2. 引导学生思考"高斯算法"的技巧性;

3. 引导学生解决"泰姬陵第 1 层到第 21 层一共有多少颗宝石?"的问题。

学生活动:

1. 描述高斯算法:首尾配对 $1+100=101$, $2+99=101$, $\cdots\cdots$, $50+51=101$, 所以 $1+2+3+\cdots+100=50\times101=5050$;

2. 第 k 项 + 倒数第 k 项 $=101$;

3. 把这个"全等三角形"倒置,与原图拼成平行四边形。

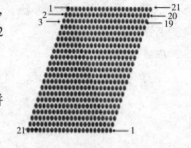

获得算法: $S_{21}=\dfrac{21\times(1+21)}{2}$。

设计意图:通过高斯算法循序渐进,让学生发现规律,首尾配对揭示等差数列的性质——角标和相等,对应项的和相等。借助几何图形的直观性更易解决问题,渗透数形结合思想。

问:

如何求解:$1 + 2 + 3 + \cdots + n = ?$

设计意图:培养学生大胆猜想的能力,让学生用类比、归纳的思想总结出等差数列求和的方法,这为用"倒序相加法"推导等差数列的前 n 项和公式做好铺垫。

思:

提示:用类比的思想解决问题,利用"倒序相加法"可计算得

$$1 + 2 + 3 + \cdots + n = \frac{n(1+n)}{2}$$

1. 对于一般的等差数列,如何求它的前 n 项和?

2. 由 $a_n = a_1 + (n-1)d$,能得到等差数列的前 n 项和公式的其他形式吗?

3. 如何记忆等差数列的前 n 项和公式?

4. 等差数列的前 n 项和公式有何特点?

学生活动:

1. 利用"倒序相加法"推导出等差数列的前 n 项和公式 $S_n = \frac{n(a_1 + a_n)}{2}$;

2. 推导等差数列的前 n 项和公式的另一种形式;

$$S_n = na_1 + \frac{n(n-1)}{2}d$$

3. 类比梯形的面积公式;

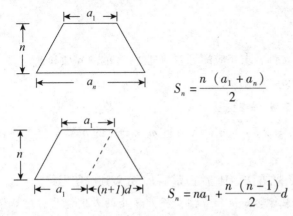

$$S_n = \frac{n(a_1 + a_n)}{2}$$

$$S_n = na_1 + \frac{n(n-1)}{2}d$$

4. 两个公式中共有五个量,可以知三求二。

设计意图:培养学生类比、积极思考、多种途径解决问题的能力,强调研

究问题时从特殊到一般的研究方法。通过推导过程让学生理解等差数列的前 n 项和公式。通过类比梯形面积公式，让学生体会数形结合思想，增强对等差数列的前 n 项和公式的理解和记忆。通过剖析公式的特点，加深对公式的理解，能在已知其中三个量时，正确选择公式求解其余两个量。

讲：

学生进行推导；教师评价、补充。

第二板块

教学目标1：应用相应的公式解决本节课的例题与练习。

学：

例题讲解

例1. 根据下列各题中的条件，求相应的等差数列 $\{a_n\}$ 的前 n 项和 S_n：

$(1) a_1 = 5, a_n = 95, n = 10$

$(2) a_1 = 100, d = -2, n = 50$

例2. 已知等差数列 $\{a_n\}$ 的前 10 项的和是 310，前 20 项的和是 1220，求这个等差数列的前 n 项和公式 S_n。

学生分析问题，根据题目所给条件正确选择公式求解，并叙述解题思路，反思总结解题方法。

设计意图：培养学生分析问题、解决问题的能力，体会从一般到特殊的应用思想，体会方程的思想，建立等差数列与方程的联系；通过让学生叙述解题思路，锻炼学生的表达能力。通过反思总结，提升学生归纳、概括的能力，养成学习中常常反思的好习惯。

练： 课堂练习

1. 根据下列各题中的条件，求相应的等差数列 $\{a_n\}$ 的前 n 项和 S_n。

$(1) a_1 = -4, a_8 = -18, n = 8$；

$(2) a_1 = 14.5, d = 0.7, a_n = 32$；

2. 求集合 $M = \{m | m = 2n - 1, n \in N^*, 且 m < 60\}$ 的元素个数，并且求这些元素的和。

学生认真思考，寻求解题方法，独立完成练习，并叙述解题思路。

设计意图：巩固本节课所学知识和方法，提升学生的表达能力，培养学生的应用意识。

练：课后练习

必做题：课本第 46 页习题 2.3 A 组第 2 题。

选做题：课本第 46 页习题 2.3 B 组第 2 题。

思考：已知数列 $\{a_n\}$ 的前 n 项和公式为 $S_n = 2n^2 - 30n$，这个数列是等差数列吗？若是，求出它的通项公式；若不是，请说明理由。

设计意图：根据学生的不同层次需求，设计不同要求的练习，使得学生完成作业不再困难，能更好地激发学生完成作业的兴趣；设置思考题，为下一次课的教学做好铺垫。

用向量方法解决空间中的夹角问题[*]

铜仁市第二中学 刘经纬

一、教学设计思路分析

教材分析

本节课是在已完成了"空间中直线与直线所成的角，直线与平面所成的角，平面与平面所成的角，空间向量的坐标表示，空间向量的数量积"等内容的教学后进行的，是空间向量在立体几何中的简单应用。

设计思路

通过数形结合的思路和方法的应用，进一步让学生感受和体会空间直角坐标系，方向向量，法向量在空间几何体中的应用。

学情分析

按照几何的方法来解决立体几何中的角度问题，需要学生有较强的空间想象能力和作图能力，学生在这些能力上往往有些不足，在解决空间中的角度问题时就会有一定的困难。用向量的方法来处理立体几何中的这些问题，可以把空间图形的研究从"定性推理"转化为"定量计算"，有助于学生克服空间想象力的障碍从而顺利解题。

课时安排

一课时

二、教学设计方案

教学目标（学科核心素养目标）

1. 理解直线与直线所成的夹角，直线与平面所成的角，二面角。

＊ 贵州省教育科学规划"学力发展"课题（2018B172）教学设计。

2. 理解直线的方向向量和平面的法向量与直线与直线之间，平面与平面之间夹角的关系。

3. 会用向量的方法求直线与直线，直线与平面，二面角的大小。

教学策略

1. 信息技术手段的使用：制作 PPT 课件。

2. 教学重难点的解决办法：采用对教学重点和难点分小步子的教学策略，来提高课堂教学效率。

模式选择

1. 学思讲模型（ √ ）2. 费曼模型（　　　）3. 五何模型（　　　）

三、教学过程与方法

第一板块

导：

应用具体的例子引入课题。

1. 在正三棱柱 $ABC - A_1B_1C_1$ 中，$AB = \sqrt{2}AA_1$ ，则 AB_1 与 BC_1 的夹角为（　　　）

A 30° 　　　　　 B 45° 　　　　　 C 60° 　　　　　 D 90°

学生回顾空间中直线与直线，直线与平面，平面与平面所成角的定义。

设计意图：让学生先用几何法来解决这个问题，提出问题是否有其他方法，怎样解决。

学：

1. 教师对相应知识的总结，归纳。

设直线 l,m 的方向向量分别为 $\vec{a},\vec{b}$ ，平面 α,β 的法向量分别为 $\vec{n},\vec{m}$ ，则

（1）直线 l,m 的夹角为 θ ，则 $\cos\theta = |\cos < \vec{a},\vec{b} >|$

（2）直线 l 与平面 α 的夹角为 θ ，则 $\sin\theta = |\cos < \vec{a},\vec{n} >|$

（3）平面 α,β 的夹角为 θ ，则 $\cos\theta = \pm \cos < \vec{n},\vec{m} >$

2. 询问学生在相应知识中存在的问题。

（1）学生回顾空间中两个向量的夹角公式，两条直线所成的角与它们的方向向量之间的关系，直线与平面所成的角与它们的方向向量和法向量之间的关系，平面与平面所成的角与它们的法向量之间的关系，以及相应的公式。

（2）分组自由回答存在的问题

设计意图：让学生对相应公式的回顾与熟悉，做相应的练习，找到自己存在的问题。

第二板块

教学目标：应用相应的公式解决本节课的例题与练习。

学：

例题讲解

例 1. 在长方体 $ABCD - A_1B_1C_1D_1$ 中，$AB = AA_1 = 2, AD = 1$，E 是 CC_1 的中点，则异面直线 BC_1 与 AE 所成角的余弦值为（　　　）

A. $\dfrac{\sqrt{10}}{10}$　　　　B. $\dfrac{\sqrt{30}}{10}$　　　　C. $\dfrac{2\sqrt{15}}{10}$　　　　D. $\dfrac{3\sqrt{10}}{10}$

例 2. 已知正方体 $ABCD - A_1B_1C_1D_1$ 的棱长为 1。

（1）求直线 B_1C_1 与平面 AB_1C 说成角的正弦值；

（2）求二面角 $A - BD_1 - C$ 的大小。

问：

通过前面的知识学习与例题讲解，学生先提出自己在解决问题中所存在的问题，教师提出问题：我们在建立空间直角坐标系时要注意什么，相应的向量所成角与立体几何体中角的关系。

先让会的学生回答所提出的问题，有不足的地方教师补充。

讲：

教师根据学生对知识的归纳，总结进行补充讲解。

学生对所学的知识进行思考，对相应的知识是否已掌握了，能否把相应的知识应用到解决问题中去。

设计意图：通过学生的反思，归纳，总结加深对知识的理解与掌握。

练：

练习（1）如图，$AD//BC$ 且 $AD = 2BC$，$AD \perp CD$，$EG//AD$ 且 $EG = AD$，$CD//FG$ 且 $CD = 2FG$，$DG \perp$ 平面 $ABCD$，$DA = DC = DG = 2$。

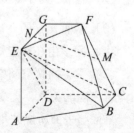

（1）若 M 为 CF 的中点，N 为 EG 的中点，

求证：$MN //$ 平面 CDE；

（2）求二面角 $E-BC-F$ 的正弦值。

2. 如图：四棱锥 $P-ABCD$ ，底面 $ABCD$ 为矩形，平面 $PAD \perp$ 平面 $ABCD$ ，$\angle APD = 90°, PA = PD = 2$，$AB = 4$ 。

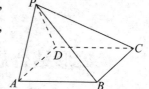

（1）直线 AC 与平面 PCD 所成角的正弦值；

（2）二面角 $A-PB-C$ 的余弦值。

数形结合思想在函数与方程中的应用[*]

铜仁市第二中学　向云江

一、教学设计思路分析

教材分析

"数形结合思想在函数与方程中的应用"是《普通高中课程标准》（实验）教科书，人教版数学必修一第三章二轮复习课。华罗庚先生说过："数缺形时少直觉，形少数时难入微。"数形结合常用于解方程、解不等式、求函数值域、解复数及三角函数，充分发挥形的形象性、直观性，数的深刻性、精确性，弥补形的表面性，数的抽象性，从而起到优化解题途径的作用。本章内容要注重方程的根、函数的零点及函数的图象与 x 轴有交点三者之间的转化，学生在了解数形结合思想的基础上，增强学生数形结合能力与化归意识，培养学生的创造性潜能。

设计思路

本节课是高三二轮复习课，以核心素养为指导思想，结合学生学情、学生的知识认知结构及接受知识的能力，贯穿教体验、教思考、教表达的课堂模式，设计本课题。

学情分析

1. 本班学生的基础较好，数学成绩在同类班级中较为突出，知识结构的完整性较好，但在作图能力方面还有待提高，因此在选题上注重图形要源自基本初等函数的简单变形，引导学生利用图象的变换规律解决问题。

2. 在此之前学生对基本函数图象的作法有一定的掌握，课堂中涉及一定的函数动态图，吸引学生的眼球，增强学生的课堂注意力和兴趣。

---

* 贵州省教育科学规划"学力发展"课题（2018B172）教学设计。

3. 由于才进入复习阶段，部分学生作图不规范、不严谨，学生对知识网络体系框架的建构不够完善，导致知识点的联系性不强，可能会影响其作图的进度及解题的准确率。

4. 函数题一般在考试中的难度较大，但如果掌握好数形结合的理念，利用图象中变与不变的规律，能够起到优化解题的作用。并且学生在此之前已经对基本初等函数图象的做法有一定的掌握，故而学生对本节内容应该有更进一步了解的想法和愿望。

课时安排

一课时

二、教学设计方案

教学目标（学科核心素养目标）

1. 结合函数图象，明确数形结合思想解题的好处。

2. 通过本节内容的教学，渗透数形结合、化归等重要数学思想，增强学生数形结合能力与化归意识，培养学生的创造性潜能。

3. 通过数形结合解决函数零点问题，让学生亲身体验数学的简约美，激发学生"学好数学"的兴趣，增强学生"学好数学"的信心。

教学策略

1. 制作 PPT 课件，课件中体现图形的动态变化。

2. 利用尺规作图，规范每一个学生的作图，为解决问题提供保障。

3. 启发式教学，课堂中发挥学生的主观能动性，贯穿教体验、教思考、教表达。

模式选择

1. 学思讲模型（ √ ）2. 费曼模型（   ）3. 五何模型（   ）

三、教学过程与方法

导：

教师引导学生齐读华罗庚先生的名言警句，介绍考纲要求，阐述数形结合思想。

学生读名言名句，感悟以形释数、以数解形的语言魅力。

设计意图：一是通过数学大师对"数"与"形"的深刻理解，让学生感受数学之美，增强学习的兴趣；二是阅读考纲，回归课本，指引学生有方向的复习，达到事半功倍的效果。

学：

回归课本，让学生回顾函数与方程中的知识点。

学生自己学习。

问：

1. 教师寻问学生自学情况。（问答互动，启发教学）

2. 回归问题，答疑解惑。

让学生回答函数的零点、方程的根及函数图象三者之间的关系，并将学生提出的问题简单整理后展示在 PPT 中，老师做好补充和说明。

例 1. 已知 $0 < a < 1$，则方程 $a^{|x|} = |\log_a x|$ 的实根个数为_____；

例 2. 已知定义在 R 上的奇函数 $f(x)$ 满足 $f(x-4) = -f(x)$，且在区间 $[0, 2]$ 上是增函数，若方程 $f(x) = m(m > 0)$，在区间 $[-8,8]$ 上有四个不同的根 x_1, x_2, x_3, x_4，则 $x_1 + x_2 + x_3 + x_4 = $ _____.

例 3. 设函数 $f(x) = |x + a|$，$g(x) = x - 1$，对于任意的 $x \in R$，不等式 $f(x) \geq g(x)$ 恒成立，则实数 a 的取值范围是_____.

例 4. 已知函数 $f(x) = \dfrac{|x^2 - 1|}{x - 1}$ 的图象与函数 $g(x) = kx - 2$ 的图象恰有两个交点，求 k 的取值范围.

例 5. 若二次函数 $f(x) = x^2 - 2ax + 4$ 在 $(1, +\infty)$ 内有两个零点，求 a 的取值范围？

思：

1. 展示问题，教思考。

展示每一个问题时，回答以下问题：

（1）该问题的范畴是什么？

（2）问题中设计到的知识点有哪些？

（3）要利用这些知识点解决问题，需要用到什么方法或者数学工具？

2. 透视问题，教表达。

（1）学生回答所设置的问题后，启发学生思考问题该如何去解决，并让学生讲述自己的解题思路，询问其他学生是否还有别的方法。

（2）问题解决后，你有什么收获？

3. 展示过程，教体验。

（1）该问题需要画出哪些函数的图象，在画函数图象过程中需要注意哪些问题?

（2）学生上台展示自己的学习成果，教师做好引导，并让学生表达出自己的成果。

1. 学生思考问题，整理好自己的思维线索，规范做好图形；2. 完成问题后做好自己的总结和反思；3. 归纳本节课的重难点，梳理好笔记内容，完成课堂练习。

设计意图：1. 回顾知识，做好解题的知识储备，提出自己的问题，老师可根据自备的例题，适当进行展开，做到答疑解惑；2. 用思考问题的方式引导学生把知识形成"串"，为问题的解决创造条件；3. 学生讲述自己的思路，锻炼学生的表达能力、思维能力和语言组织能力；4. 学生上台展示后进行生生互动，让更多学生参与课堂、享受课堂，感受讲述人精彩展示的同时，也激励自己前进的学习动力；5. 问题解决后，让学生反思和总结，培养学生的学习习惯，能够避免很多非智力因素的丢分；6. 本节的精彩点在于图象的正确呈现，因此规范学生的作图方式，为解决问题带来便利的同时，也让学生再次感受数形结合思想解决问题的"美"。

讲：

1. 教师安排好相应的学生，让学生先思考，再进行表达，最后上台展示；

2. 将学生提出的问题整理后适当进行展开。

1. 学生讲（其余学生提出自己的疑惑）；2. 认真听和记、着重理解。

设计意图：1. 锻炼学生书写能力、思维能力、表达能力；2. 答疑解惑。

练：

1. 设 $f(x) = |\lg(x-1)|$ ，若 $0 < a < b$ 且 $f(a) = f(b)$ ，则 ab 的取值范围是_____ .

2. 已知函数 $y = f(x), x \in R$ 满足 $f(x+1) = f(x-1)$ ，且 $x \in [-1, 1]$ 时，$f(x) = x^2$ ，则函数 $y = f(x)$ 与 $y = \log_5 x$ 的图象交点的个数为_____ .

微专题：圆锥曲线的综合问题 [*]

铜仁市第二中学　刘冠希

一、教学设计思路分析

教材分析

圆锥曲线部分往往以客观题形式考查圆锥曲线的标准方程、圆锥曲线的定义、离心率、焦点弦长、双曲线的渐近线等问题。圆锥曲线的综合问题主要有最值问题、参变量范围问题、探究性问题等题型，这些问题充分体现了数形结合思想，函数与方程思想，主要考查转化与化归能力、推理论证能力、运算求解能力以及创新意识和应用意识，是高考命题的常见题型和基本问题，下面就几个热点问题做一下总结和分享。

设计思路

以核心素养为指导思想，参照"学力发展课堂"课题"发展性学力"的培养要求，结合思维课堂的基本设计思路，设计课题。

学情分析

1. 学生对圆锥曲线的定义、几何性质和基本题型已经掌握，一轮二轮复习也得到了一定的训练，但是对圆锥曲线的综合大题，往往把握不了，多次检查发现，答卷的结果不能令人满意。

2. 学生在应变能力上，需要加以系统的训练。例如，圆锥曲线第一问如果是常规的设计，往往得分率高，但是近几年高考的题型变了，如出现了求轨迹方程，需要利用函数与方程的思想处理的时候，很多学生就拿不下来了，这点毛病是很突出的。

3. 计算能力的考查体现在第二问，很多学生做到这里，基本上时间就不够

---

[*] 贵州省教育科学规划"学力发展"课题（2018B172）教学设计。

了，极少有学生能够在兼顾全卷的情况下达到这个题的计算能力要求，这点只能在平时进行专业的训练了。

课时安排

一课时

二、教学设计方案

教学目标（学科核心素养目标）

1. 掌握三类问题的解法：（1）求离心率的值或取值范围的基本方法技巧；（2）以动直线中的参量为变量的定点、定值、取值范围问题。

2. 经历高考题的训练过程，体会数形结合的思想，体验高考题的思维过程；并让学生学会彼此交流做题思维与方法技巧，培养其独立自主解决问题和与人交流学习的好习惯。

教学策略

1. 信息技术手段的使用：制作 PPT 课件。

2. 在学生已有知识的基础上，通过引导和启发，限时训练和方法对比等手段，达到教学相长的目的。

模式选择

1. 学思讲模型（ √ ） 2. 费曼模型（   ） 3. 五何模型（   ）

三、教学过程与方法

导：

教师提出问题：

1. 求离心率的值或取值范围的基本方法技巧？

2. 圆锥曲线中常见的定点、定值、取值范围问题有哪些？

3. 随机选择学生进行思考回答，对学生的回答进行查漏补缺，并且通过 PPT 展示。

设计意图：引出本节课的教学内容，指出重难点。

学：

展示经典例题

【例1】已知双曲线 $\dfrac{x^2}{a^2} - \dfrac{y^2}{b^2} = 1(a > 0, b > 0)$ 的左，右焦点为 $F_1(-c, 0)$，$F_2(c, 0)$，若双曲线上存在点 P 使 $\dfrac{a}{\sin \angle PF_1F_2} = \dfrac{C}{\sin \angle PF_2F_1}$，则该双曲线的离

心率的取值范围是_____.

【例2】设圆 $x^2 + y^2 + 2x - 15 = 0$ 的圆心为 A，直线 l 过点 $B(1,0)$ 且与 x 轴不重合，交圆 A 于 C,D 两点，过 B 作 AC 的平行线交 AD 于点 E。

（Ⅰ）证明 $|EA| + |EB|$ 为定值，并写出点 E 的轨迹方程；

（Ⅱ）设点 E 的轨迹为曲线 C_1，直线 l 交 C_1 于 M,N 两点，过 B 且与 l 垂直的直线与圆 A 交于 P,Q 两点，求四边形 $MNPQ$ 面积的取值范围。

【例3】已知椭圆的中心在原点，焦点在 x 轴上，长轴长是短轴长的 2 倍且经过点 $M(2,1)$，平行于 OM 的直线 l 在 y 轴上的截距为 $m(m \neq 0)$，交椭圆于 A,B 两个不同点。

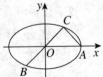

（Ⅰ）求椭圆的方程；

（Ⅱ）求 m 的取值范围；

（Ⅲ）求证直线 MA,MB 与 x 轴始终围成一个等腰三角形。

学生动手完成解题过程，之后小组组员间推荐出学生上来用投影展示，讲出方法，组下学生自己对比交流；待学生基本交流完毕后，教师做点评。

设计意图：方法归纳；效率对比。

讲：

1. 安排学生先展示自己的解答过程并总结解题的技巧和思想方法；

2. 在学生分析的基础上，教师对考点命题进行分析补充：圆锥曲线部分往往以客观题形式考查圆锥曲线的标准方程、圆锥曲线的定义、离心率、焦点弦长、双曲线的渐近线等问题。圆锥曲线的综合问题主要有最值问题、参变量范围问题、探究性问题等题型，这些问题充分体现了数形结合思想，函数与方程思想，主要考查转化与化归能力、推理论证能力、运算求解能力以及创新意识和应用意识，是高考命题的常见题型和基本问题。

设计意图：学生动手完成本题的解题过程，之后小组组员间推荐出学生上来用投影展示，讲出方法，在总结归纳中实现理论的提升。

问：

教师提问：

1. 求离心率的值或取值范围，如何要谨防"小题大做"；

2. 直线与圆锥曲线中涉及的中点问题、垂直问题、弦长问题、斜率问题等，如何转化为动直线中的变量（如斜率 k）的等式或不等式来解决；

3. 以动直线中的参量为变量的定点、定值、取值范围问题，解题中要注意哪些问题。

学生自我反思记录，随机点学生回答，大家补充记录，教师提炼。

设计意图：让学生学会及时反思提炼的思维习惯。

练：

1. 已知双曲线 $\dfrac{y^2}{a^2} - \dfrac{x^2}{b^2} = 1(a > 0, b > 0)$ 的一个焦点与抛物线 $x^2 = 16y$ 的焦点重合，且点 $(0,b)$ 到该双曲线的渐近线的距离大于 2，则该双曲线的离心率的取值范围为（　　）

A. $(1, 2)$　　　　B. $(2, +\infty)$　　　　C. $(1, \sqrt{2})$　　　　D. $(\sqrt{2}, +\infty)$

2. 已知双曲线 $\dfrac{x^2}{a^2} - \dfrac{y^2}{b^2} = 1(a > 0, b > 0)$ 的左、右焦点分别为 F_1，F_2，且右顶点到渐近线的距离与到直线 $x = \dfrac{a^2}{c}$ 距离的比值大于 2，则双曲线的离心率范围为（　　）

A. $\left(1, \dfrac{5}{3}\right)$　　　　B. $(1, \sqrt{2})$　　　　C. $(1, 2)$　　　　D. $\left(1, \dfrac{7}{3}\right)$

3. 已知椭圆 $x^2 + \dfrac{y^2}{b^2} = 1$（$0 < b < 1$）的左焦点为 F，左右顶点分别为 A，C，上顶点为 B，过 F，B，C 作圆 P，其中，圆心 P 的坐标为 (m, n)。当 $m + n > 0$ 时，椭圆离心率的取值范围为_____．

课后作业：

1. 已知椭圆 $x^2 + \dfrac{y^2}{b^2} = 1(0 < b < 1)$ 的左焦点为 F，左、右顶点分别为 A，C，上顶点为 B，过 F, B, C 作圆 P，其中，圆心 P 的坐标为 (m, n)。当 $m + n > 0$ 时，椭圆离心率的取值范围为（　　）

A. $\left(0, \dfrac{\sqrt{2}}{2}\right)$　　　　B. $\left(0, \dfrac{1}{2}\right)$　　　　C. $\left(0, \dfrac{\sqrt{3}}{2}\right)$　　　　D. $\left(0, \dfrac{\sqrt{6}}{5}\right)$

2. 已知 F_1，F_2 分别是双曲线 $C: \dfrac{x^2}{a^2} - \dfrac{y^2}{b^2} = 1$ $(a > 0, b > 0)$ 的左、右焦点，直线 l 过 F_1，且 l 与一条渐近线平行，若 F_2 到 l 的距离大于 a，则双曲线 C 的离心率的取值范围为（　　）

A. $(\sqrt{5}, +\infty)$　　　B. $(1, \sqrt{5})$　　　C. $\left(\dfrac{\sqrt{5}}{2}, +\infty\right)$　　　D. $\left(1, \dfrac{\sqrt{5}}{2}\right)$

3. 已知点 F 为双曲线 $E: \dfrac{x^2}{a^2} - \dfrac{y^2}{b^2} = 1(a, b > 0$ 的右焦点，直线 $y = kx(k > 0)$ 与 E 交于 M，N 两点，若 $MF \perp NF$，设 $\angle MNF = \beta$，且 $\beta \in \left[\dfrac{\pi}{12}, \dfrac{\pi}{6}\right]$，则

该双曲线的离心率的取值范围是（　　）

  A. $\left[\sqrt{2},\sqrt{2}+\sqrt{6}\right]$ B. $\left[2,\sqrt{3}+1\right]$ C. $\left[2,\sqrt{2}+\sqrt{6}\right]$ D. $\left[\sqrt{2},\sqrt{3}+1\right]$

  4. 已知点 F_1，F_2 分别是双曲线 $C:x^2-\dfrac{y^2}{b^2}=1(b>0)$ 的左、右焦点，O 为坐标原点，点 P 在双曲线 C 的右支上，且满足 $|F_1F_2|=2|OP|$，$\tan\angle PF_2F_1\geq 3$，则双曲线 C 的离心率的取值范围为（　　）

  A. $\left(1,\dfrac{\sqrt{10}}{2}\right]$ B. $\left[\dfrac{\sqrt{10}}{2},+\infty\right)$ C. $\left(1,\dfrac{\sqrt{10}}{2}\right)$ D. $\left(\dfrac{\sqrt{10}}{2},2\right]$

  设计意图：及时进行针对性的训练，以巩固这节课所学的知识与技能。

基本不等式*

人教 A 版 高一上（必修 5）

铜仁市第二中学 刘正宇

一、教学设计思路分析

教材分析

1. 本节内容选自《普通高中课程标准实验教科书》（人教 A 版教材）高中数学必修 5 第三章第 4 节基本不等式，是在学习了不等式的性质、一元二次不等式的解法、线性规划的基础上对不等式的进一步研究，本节是教学的重点，学生学习的难点，内容具有条件约束性、变通灵活性、应用广泛性等特点。

2. 本节主要学习基本不等式的代数、几何背景及基本不等式的证明和应用，为选修 4－5 进一步学习基本不等式和证明不等式的基本方法打下基础，也是体会数形结合、分类讨论等数学思想，提升数学抽象、直观想象、逻辑推理等数学核心素养的良好素材。

3. 在学习了导数之后，可用导数解决函数的最值问题，但是，借助基本不等式解决某些特殊类型的最值问题简明易懂，仍有其独到之处。

4. 在高中数学中，不等式的地位不仅特殊，而且重要，它与高中数学很多章节都有联系，尤其与函数、方程联系紧密，因此，不等式才自然而然地成为高考中经久不衰的热点重点，有时也是难点。

设计思路

以核心素养为指导思想，参照"学力发展课堂"课题"发展性学力"的培养要求，结合思维课堂的基本设计思路，设计课题。

---

* 贵州省教育科学规划"学力发展"课题（2018B172）教学设计。

学情分析

1. 学生已经掌握的不等式的性质和作差比较法证明不等式对本节课的学习有很大帮助。

2. 学生逻辑推理能力有待提高，没有系统学习过证明不等式的基本方法，尤其对于分析法证明不等式的思路以前接触较少。

3. 对于最值问题，学生习惯转化为一元函数，根据函数的图象和性质求解，学生对于根据已知不等式求最值的题型接触较少，尤其会忽略取等号的条件。

课时安排

一课时

二、教学设计方案

教学目标（学科核心素养目标）

1. 会从不同角度探索基本不等式，会用基本不等式解决简单的最值问题。

2. 经历基本不等式的推导过程，体会数形结合、分类讨论等数学思想，提升数学抽象、直观想象、逻辑推理等数学核心素养。

3. 学生主动探索、勇于发现的科学精神，并在探究的过程中，体会数学的严谨性，发现数学的实用性。

教学策略

1. 由情景 1 和情景 2 引入课题，可明确本堂的主要内容，使学生学习目标明确，进而激发学生的学习兴趣。

2. 精心设置"问题串"，由简到难，由感性到理性，一步步引导学生自主探究，小组讨论推导基本不等式，让学生感受知识发展深化的过程，也体现以学生为主体，老师为主导的教学理念。

3. 为突破分析法证明基本不等式思路的获得这一教学难点，采用先学生小组讨论，再师生共同完成的策略。

4. 为突破应用基本不等式求最值这一难点，先由例题归纳应用基本不等式求最值的要点，然后趁热打铁设置两个练习，由简到难，由浅入深，采用学生板演，抢答和小组讨论等方式，及时发现问题，及时纠错，让"一正二定三相等"深入人心。

5. 课堂小结重视知识间的联系和研究问题的方法，并强调了数学思想方法和数学核心素养在数学学习中的作用。

模式选择

1. 学思讲模型（ √ ）2. 费曼模型（   ）3. 五何模型（   ）

三、教学过程与方法

第一板块

导：

情境1：在农村，为防止家畜家禽对菜地的破坏，常用篱笆围成一个菜园。

1. 如果菜园的面积一定，为节省材料，就应该考虑所用篱笆最短的问题，最短是_____m；

2. 如果所用篱笆的长度一定，为了充分利用材料，就要考虑所围菜园面积最大的问题，最大是_____m^2。

情境2：观看第24届国际数学家大会视频，注意观察会标图形在视频中出现了多少次？你能在这个图形中找出一些相等关系或不等关系吗？

学生思考讨论后回答。

设计意图：

1. 提出的实际问题新颖有趣，简单易懂，贴近生活，激发学生的学习兴趣，也为第三环节实际应用埋下伏笔。2. 通过会标导入新课，贴近现实，可激发学生的探究欲望，也让学生感受到数学文化的同时，激起学生的爱国情怀。

学：

探究：如图，AB 是圆 O 的直径，点 C 是 AB 上一点，$AC = a$，$BC = b$. 过点 C 作垂直于 AB 的弦 DE，连接 AD，BD，OD 则：

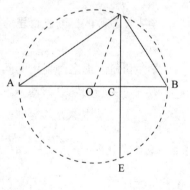

(1) 半径 $OD =$ _____

(2) $CD =$ _____

(3) 显然 CD _____ OD，即_____

学生观察图形，并思考问题，通过探究归纳总结基本不等式的几何意义：半径不小于弦长的一半。

教师总结：$\sqrt{ab}$ 又可称为 a 与 b 的几何平均数，$\dfrac{a+b}{2}$ 又可称为 a 与 b 的算术平均数，基本不等式也叫做均值不等式。

设计意图：

1. 借助初中阶段学生熟知的几何图形，并将问题细化，以填空形式呈现问题，有利于学生循序渐进地探索出基本不等式的几何意义，并进一步领悟基本不等式中等号成立的条件，升华理解。

2. 小组讨论可培养学生的合作交流能力，投影展示成果可及时发现学生的问题。

用数学符号语言、日常语言和图形语言表述基本不等式，将几何意义和代数意义一起讲解，有助于学生从多个角度认识基本不等式，培养学生数学表达能力。

问：

对于"情景导学"中的图形，把"风车"抽象成平面图形，在正方形 $ABCD$ 中有 4 个全等的直角三角形，设直角三角形的两条直角边长为 a，b，正方形 $ABCD$ 的面积为 S，4 个直角三角形的面积和为 S_1，则：

（1）正方形 $ABCD$ 的边长为_____

（2）$S =$ _____

（3）S_1 _____

（4）由图可知，S _____ S_1，即_____

不等式 $a^2 + b^2 \geqslant 2ab$ 对任意的实数都成立吗？如果 $a > 0$，$b > 0$，用 $\sqrt{a}$，$\sqrt{b}$ 分别代替重要不等式中的 a，b，可得什么？取等号的条件是什么？还有没有其他证明基本不等式的方法？

思：

学生按教师的提问进行思考。

讲：

学生讲解上面老师提出的问题。

教师进一步归纳总结基本不等式的一般形式，并强调当且仅当 $a = b$ 时取等号，并引导学生探究其他证明基本不等式的方法。

1. 作差比较法 $\dfrac{a+b}{2} - \sqrt{ab} = \dfrac{(\sqrt{a} - \sqrt{b})^2}{2} \geqslant 0$，2. 分析法要证 $\sqrt{ab} \leqslant \dfrac{a+b}{2}$

①，只需证：$a + b \geqslant 2\sqrt{ab}$②，要证②只需证明 $a + b - 2\sqrt{ab} \geqslant 0$③，要证③只需证明 $(\sqrt{a} - \sqrt{b})^2 \geqslant 0$④。显然，④是成立的，当且仅当 $a = b$ 时，④中的等号成立。

设计意图：

1. 将问题细化，以填空形式呈现问题，并利用图形的面积大小关系，循序渐进地抽象出重要不等式，几何画板演示直观形象，体会数形结合的思想。

2. 培养学生学习的严谨性和逻辑推理能力。

3. 体会代换在数学学习中的作用,感受数学知识间的联系。

4. 从几何图形中的面积关系获得基本不等式,然后从代数的角度推导,实现由感性认识到理性认识的升华。引导学生从多个角度证明基本不等式,培养逻辑推理能力,小组讨论可培养学生的合作交流能力,实物投影可及时发现学生的问题。

第二板块

学:

教师呈现例题。

学生思考并结合公式解决下列问题。

例:(1)用篱笆围一个面积为 $100m^2$ 的矩形菜园,问这个矩形的长,宽各为多少时,所用篱笆最短,最短的篱笆是多少?

(2)一段长为36m 的篱笆围成一个矩形菜园,问这个矩形的长,宽各为多少时,菜园的面积最大,最大面积是多少?

讲:

学生讲解例题;分组讨论并总结,将例题的结论推广为更一般的情况,设 $a>0$,$b>0$,1. 若 $ab=P$(定值),则当且仅当 $a=b$ 时,$a+b$ 有最小值 $2\sqrt{b}$。

2. 若 $a+b=S$(定值),则当且仅当 $a=b$ 时,ab 有最小值 $\dfrac{S^2}{4}$。

教师补充学生的讲解并强调要点:一正二定三相等。

设计意图:1. 和情景1前后呼应,学以致用,把两个实际问题化归为利用基本不等式求最值的数学模型,体会数学的应用价值,增强学生的学习的动力和信心,板演有利于及时发现学生解答中的问题,及时纠错,一题多解可更好地培养学生思维的发散性。2. 在学生经历例题中的两个最值问题之后,及时提问,培养学生题后反思的好习惯,将特殊问题一般化,举一反三,总结规律,有利于构建系统完整的知识结构。

练:(课堂练习)

1.(1)把36写成两个正数的积,当这两个正数取什么值时,它们的和最小?和的最小值是多少?

(2)把16写成两个正数的和,当这两个正数取什么值时,它们的积最大?积的最大值是多少?

2. 判断下列3个命题是否正确,并说明理由。

(1) 函数 $y = x + \dfrac{1}{x}$ 的最小值为 2　　　　　　（　　）

(2) 函数 $y = x + \dfrac{4}{x-2}$ $(x > 2)$ 的最小值为 6　　（　　）

(3) 函数 $y = \sqrt{x^2+9} + \dfrac{1}{\sqrt{x^2+9}}$ 的最小值是 2　（　　）

学生自主完成后再小组讨论，小组代表回答问题。

设计意图：1. 主要是让学生体会用基本不等式求最值的方便之处。2. 可加深学生对用基本不等式求最值的条件的理解，小组讨论可培养学生的合作交流能力，小组代表回答问题可培养学生数学表达能力、概括能力和逻辑推理能力。

练：（课堂练习）

1. 必做题：课本 100 页：A 组 1；101 页：A 组 2，B 组 1。

2. 选做题：课本 101 页：B 组 3。

设计意图：体现作业的巩固性和发展性原则，分为必做题和选做题，又充分考虑了学生的差异性。

空间向量在立体几何中的应用*

铜仁市第二中学 陈祥波

一、教学设计思路分析

教材分析

在空间直角坐标系中引入空间向量，是解决立体几何中图形的大小及位置关系等问题的一种理想的代数工具，它使我们能用代数的观点和方法解决几何问题，用精确计算代替逻辑推理和空间想象，用数的规范性代替形的直观性，可操作性强，从而大大降低了立体几何的求解难度，提高学生的学习效率。

设计思路

以核心素养为指导思想，参照"学力发展课堂"课题"发展性学力"的培养要求，结合思维课堂的基本设计思路，设计课题。

学情分析

1. 学生的学习特征——解题能力。我上课的是理科班，成绩中上水平，学生对学习立体几何的兴趣不错，相对于函数，立体几何更容易理解和把握，百分之九十的学生都会用向量方法解决问题。

2. 少部分学生对线面角与面面角概念理解不透彻。学生已经学习了空间向量的相关概念和性质，对空间向量知识有了一定的了解，所以课堂上可以多组织学生参与教学，通过自主探究主动发现应用空间向量解决线面、面面角等问题比用几何法简单些，但是由于学生对向量数量积的几何意义的理解并不透彻，所以在实际教学中需要多加启发和引导。

3. 学生对所学内容的态度、愿望、需求、重视等状况。由于立体几何在高考中占比百分之十五左右，而且立体几何是基础或中等题，学生对本知识点是

---

* 贵州省教育科学规划"学力发展"课题（2018B172）教学设计。

认真对待的，每次测试得分率很不错。

课时安排

一课时

二、教学设计方案

教学目标（学科核心素养目标）

1. 理解并会用空间向量求线线角、线面角、二面角的余弦值；

2. 理解并会用空间向量解决平行与垂直问题。

教学策略

1. 信息技术手段的使用：制作PPT课件。

2. 在学生已有知识的基础上，通过引导和启发，组织学生进行自主探究，在探究过程中建构起空间角与空间向量的联系，达到利用空间向量解决线线角、线面角的目的。

模式选择

1. 学思讲模型（ √ ） 2. 费曼模型（   ） 3. 五何模型（   ）

导：

1. 线线、线面平行及垂直的判定定理与性质定理是什么？

2. 怎样找空间中线线角、线面角和二面角的平面角？

3. 能否用代数运算来解决平行与垂直问题及求空间角？

学生自己作图，写出线线、线面平行，垂直的判定定理与性质定理的数学符号语言。

设计意图：让学生头脑中有图形，通过动手画出线线角、线面角和二面角的平面角，增强学生对二面角的理解。

学：

1. 根据学生的回答及作图情况，再次强调线线、线面平行与垂直的判定定理、性质定理；异面直线所成的角、线面角、面面角的向量表示。

2. 呈现例题

例1.（2019年全国Ⅰ卷，理T18改编）如图，三棱柱 $ABC - A_1B_1C_1$ 中，D 是 AB 的中点

（1）求证：$AC_1 /\!/$ 平面 CDB_1；

（2）若 $AA_1 \perp$ 平面 ABC，$AC \perp BC$，$AA_1 = 1$，$AC = BC = \sqrt{2}$，求二面角 $B_1 - CD - B$ 的大小。

讲：

学生讲解，教师补充并指出存在的问题。

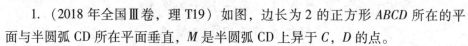

设计意图：1. 巩固线面平行的证明方法并归纳；

2. 面面角的求解方法，找到学生存在的问题。

练：（课堂练习）

1. （2018 年全国Ⅲ卷，理 T19）如图，边长为 2 的正方形 $ABCD$ 所在的平面与半圆弧 CD 所在平面垂直，M 是半圆弧 CD 上异于 C，D 的点。

（1）证明：平面 $AMD \perp$ 平面 BMC；

（2）当三棱锥 M – ABC 体积最大时，求平面 MAB 与平面 MCD 所成二面角的正弦值。

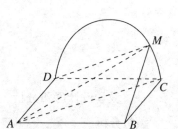

设计意图：锻炼学生的思维能力和表达能力，让学生感受当小老师的乐趣。

练：（课后作业）

2. 已知两平面的法向量分别为 m =（0，1，0），n =（0，1，1），则两平面所成的二面角为（ ）

A. 45°   B. 135°   C. 45°或 135°   D. 90°

3. 如图，在直三棱柱 $ABC - A_1B_1C_1$ 中，$\angle ACB = 90°$，$CB = 1$，$CA = \sqrt{3}$，$AA_1 = \sqrt{6}$，M 为侧棱 CC_1 上一点，$AM \perp BA$

（1）求证：$AM \perp$ 平面 A_1BC；

（2）求二面角 $B – AM – C$ 的大小

对数函数及其性质[*]

人教 A 版 高一上（必修 1）

铜仁市第二中学 杨伍

一、教学设计思路分析

教材分析

"对数函数及其性质"是普通高中实验教科书人教 A 版必修 1 第二章第二节的内容。函数是描述客观世界变化规律的重要数学模型，而对数函数是学生学习了函数的概念、性质以及指数函数及其性质后，学习的第二个基本初等函数，是高中阶段要研究的重要的基本初等函数之一，是函数学习的第二阶段，是对函数概念的再认识阶段，它是一种新的函数模型，在人口、考古、地震、pH 的测定等问题中有着广泛的应用。

"对数函数及其性质"教学时数安排是 3 课时，本节课是第一课时，它涉及对数函数概念的建立、图象的绘制、基本性质以及简单应用，属于概念性知识。教材从具体实例依次深入，了解对数函数模型的实际背景，学习对数概念，进而学习一类新的基本初等函数——对数函数。由于对数式与指数式的对应关系，对数函数与指数函数有着很多对应的性质。对数函数同指数函数一样，是以对数概念和运算法则作为基础展开的，并且对数函数的研究过程同指数函数的研究过程是一样的。教材的目的就是让学生对建立和研究一个具体的函数的方法有较完整的认识。一方面对数函数的学习可以进一步深化对函数概念、性质以及研究方法的理解，另一方面也为后续研究幂函数、三角函数等初等函数打下基础。

设计思路

以核心素养为指导思想，结合学生学情、学生的知识认知结构及接受知识

---

* 贵州省教育科学规划"学力发展"课题（2018B172）教学设计。

的能力，贯穿教体验、教思考、教表达的课堂模式，设计本课题。

学情分析

1. 学生已有认知基础。

（1）学生已经学习了函数的概念、表示方法和性质，知道函数的研究内容是函数的概念、性质以及应用。

（2）学生经历了指数函数的概念、性质以及简单应用的研究过程，初步建立了研究一个具体的函数的一般方法。

（3）学生学习了对数的定义、对数式和指数式的互化、对数运算性质以及对数的初步应用，具备了进行对数运算的能力。

（4）学生具有一定的分析问题和解决问题的能力，他们也知道将问题做类比和转化，这些无疑都为本节课知识的生长点提供有利条件。

2. 达成目标所需要的认知基础。

本节课是学生学习研究的第二个基本初等函数，虽然在前面学生已经初步建立了研究一个具体函数的一般方法，而本节课的目的是通过对对数函数的研究使学生对建立和研究一个具体的函数的方法有较完整的认识，这就需要学生具备较好的归纳、研究问题以及操作实施的能力，并且主动参与探究过程。

课时安排

一课时

二、教学设计方案

教学目标（学科核心素养目标）

1. 从具体实例中抽象出对数函数特征，并用数学符号表示，初步理解对数函数的概念，发展学生的数学抽象素养。

2. 类比指数函数的研究过程，精心设计对数函数的研究方案并实施，获得对数函数的性质，发展学生的几何直观素养和数学抽象素养。

3. 在经历对数函数的研究过程中，对建立和研究一个具体的函数的方法有较完整的认识，同时发展思维，促进自主学习能力的提升。

教学策略

1. 信息技术手段的使用：制作 PPT 课件。

2. 在本节课的教学中，主要以问题引导全程，启发学生反复思考。

3. 通过小组合作学习，展示学生的学习成果，让学生充分发表自己的观点，在此过程中学生不断将知识、方法内化成为自己的认知结构。这样做可使学生经历新概念产生的过程，认识新旧知识的联系，在过程中感受学习新概念、研究新函数的方法。

模式选择

1. 学思讲模型（ √ ） 2. 费曼模型（ ） 3. 五何模型（ ）

三、教学过程与方法

导：

应用具体的例子引入课题

马王堆女尸千年不腐之谜：一九七二年，马王堆考古发现震惊世界，专家发掘西汉辛追遗尸时，形体完整，全身润泽，皮肤仍有弹性，关节还可以活动，骨质比现在六十岁的正常人还好，是世界上发现的首例历史悠久的湿尸。大家知道，世界发现的不腐之尸都是在干燥的环境风干而成，譬如沙漠环境，这类干尸虽然肌肤未腐，是因为干燥不利细菌繁殖，但关节和一般人死后一样，是僵硬的，而马王堆辛追夫人却在湿润的环境中保存二千多年，而且关节可以活动。人们最关注两个问题：第一，怎么鉴定尸体的年份？第二，是什么环境使尸体未腐？其中第一个问题与数学有关。

学生通过听历史故事，了解数学它源于生产、生活实践，抽象于生活，又无处不在服务生活。

思：

引导学生思考怎么知道尸体距今约2200年，背后隐藏着那些数学知识。大家可能不知道生物体死亡后，它机体内原有的碳14会按确定的规律衰减，大约每经过5730年衰减为原来的一半，这个时间称为"半衰期"。根据此规律，人们获得了生物体内碳14含量p与死亡年数t之间的关系，$p = \left(\dfrac{1}{2}\right)^{\frac{t}{5730}}$，$p$与$t$是何种函数关系？由$p = \left[\left(\dfrac{1}{2}\right)^{\frac{1}{5730}}\right]^t = \left(\sqrt[5730]{\dfrac{1}{2}}\right)^t$可知，$p$是指数函数。已知马王堆汉墓女尸出土时碳14的残余量约占原始含量的76.7%，试推算马王堆汉墓的年代。

学生思考并利用科学计算器完成。

设计意图：从考古学的例子入手，激发学生的学习兴趣和求知欲，并体会变量P与t之间的函数关系。

学：

1. 从函数的观点引导学生认识$t = \log_{5730\sqrt{\frac{1}{2}}} P$，观察此函数有什么特点？2. 引导学生观察函数的特征：含有对数符号，底数是常数，真数是变量，从而得出对数函数的定义：$y = \log_a x (a > 0,$且$a \neq 1)$其中x为自变量，函数的定义域是（$0 + \infty$）。

（1）学生思考，归纳概括对数函数的定义，尝试用恰当的数学语言予以表达；（2）独立思考，尝试解决例题，可以小组讨论，交流。

例1：求下列函数的定义域：

①$y = \log_a x^2$　　　　②$y = \log_a(4 - x)$

设计意图：使学生通过求函数的定义域加深对对数函数概念本质的理解。

问：

1. 前面我们学习指数函数时，都对其哪些性质进行了研究？你能类比指数函数及其性质的研究思路，提出研究对数函数性质的方法吗？

2. 课堂巡视，个别辅导，展示部分学生的图象，并利用几何画板演示。

学生分成四个小组合作画出对数函数 $y = \log_2 x$、$y = \log_{\frac{1}{2}} x$、$y = \log_3 x$ 和 $y = \log_{\frac{1}{3}} x$ 的图象，互相交流，共同完成。

设计意图：通过画对数的函数图象使学生在对函数图象感性认识的基础上，发现、概括、归纳出对数函数的性质。

讲：

学生归纳总结，教师补充并通过 PPT 展示对数函数的性质。

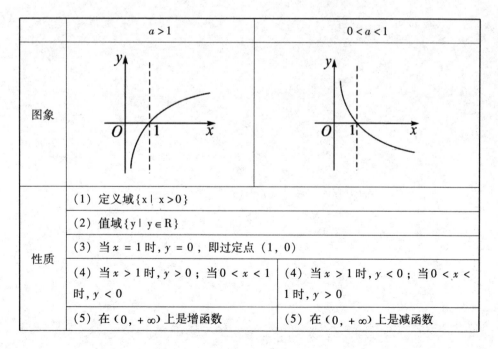

	$a > 1$	$0 < a < 1$
图象		
性质	(1) 定义域 $\{x \mid x > 0\}$	
	(2) 值域 $\{y \mid y \in R\}$	
	(3) 当 $x = 1$ 时，$y = 0$，即过定点（1，0）	
	(4) 当 $x > 1$ 时，$y > 0$；当 $0 < x < 1$ 时，$y < 0$	(4) 当 $x > 1$ 时，$y < 0$；当 $0 < x < 1$ 时，$y > 0$
	(5) 在（$0, +\infty$）上是增函数	(5) 在（$0, +\infty$）上是减函数

练:

1：比较下列各组数中两个值的大小。

(1) $\log_2 3.4$, $\log_2 8.5$

(2) $\log_{0.3} 1.8$, $\log_{0.3} 2.7$

(3) $\log_a 5.1$, $\log_a 5.9 (a > 0 且 a \neq 1)$

设计意图：应用对数函数的单调性"比较两个数的大小"，熟悉对数函数的性质，强调函数的单调性是解决问题的关键。

2. 教材 73 页练习 2。

英语"学力课堂"教学设计

Module 3 The Violence of Nature *

外研版 Book 3

铜仁市第二中学　毛胜文

一、教学设计思路分析

教材分析

1. Students are to learn vocabulary about natural disasters、Passive Voice in the Past Perfect Tense、Indirect Speech and describe natural disasters.

2. Students are to be fully aware of the characteristics of various natural disasters and the harm brought to mankind, increase the determination and confidence to fight and overcome them, students are to study hard, lay a good foundation and strive to contribute to the development of mankind.

3. Man is a part of nature, and human survival needs to protect the environment and nature.

设计思路

1. Students are to learn the basic vocabulary and grammar in this lesson through group work.

2. Cultivate students' ability of autonomous learning.

3. Students are to learn about the importance of human beings in protecting the environment and nature, as well as the ability to overcome natural disasters.

学情分析

1. Cognitive Characteristics: At this stage, students can clearly express their personal views in English and communicate information using basic vocabulary and sen-

---

* 贵州省教育科学规划"学力发展"课题（2018B172）教学设计。

tence patterns. Have certain basic knowledge of natural science.

2. Psychological Needs：At this stage, students desire to have their own personality, good at expressing themselves.

3. Learning Ability：ability to read and think independently; ability to explore collaboratively.

课时安排

One lesson（45mins）

二、教学设计方案

教学目标（学科核心素养目标）

1. The students are to understand and grasp the vocabulary and knowledge related to the violence of nature.

2. The students are to know how to read some news about natural disasters.

3. The students are to learn to express an event about natural disasters, especially using the Past Perfect Tense and Passive Voice.

模式选择

1. 学思讲模型（ √ ）2. 费曼模型（   ）3. 五何模型（   ）

三、教学过程与方法

导：

The Teacher shows some pictures of natural disasters. Ask students to do Activity 1 at page 22 individually, and check the meaning of the words with their partners. Ask one of them to describe what the Gulf Stream is.

Look at the pictures to learn vocabulary and words related to natural disasters（class or two – person activities）and learn the definition of the Gulf Stream（individual activities）through activity.

设计意图：The task is to inspire the students' interest to present the new words in the lesson, so that the students can remember them visually through the pictures. Learn to define, expand the vocabulary or phrases into sentences and paragraphs, and prepare for later reading.

第一板块

教学目标 1：Learn the vocabulary about natural disasters.

学:

Fast reading to do Activity 3. Ask students to find the six new words in the activity in the passage and let them guess their meanings according to the context and then finish Activity 3 individually. Check their answers with their partners.

Carefully read articles, according to the different purposes of reading, skimming, scanning and other ways to obtain information (individual activities and two activities combined).

讲:

After finishing the word practice, one of the members speak out the answers, and explain why.

设计意图: Develop the ability to use simple reading strategies for different reading purposes.

第二板块

教学目标2: Learn to get the main idea of the passage quickly.

问:

Ask to get the main idea of each paragraph.

Part 1. What is a tornado?

Part 2. What is a hurricane?

Part 3. What is an extraordinary event about?

According to the different purposes of reading, information can be obtained by reading, skimming, scanning and so on.

讲:

After finishing the passage, one of the members shows the answers, and explain why.

设计意图: Cultivate students' ability to acquire and organize information by using simple reading strategies according to different reading purposes, and cultivate students' ability to learn independently.

第三板块

教学目标3: Learn to master the difficult parts of the article.

问:

1. What can happen to furniture when a house is destroyed by a tornado?

And why?

2. What happened to Coghlan after the hurricane?

Students read , discuss and answer these questions.

思：

Read the passage and think carefully about the content of the article, and work together to get the summary.

讲：

After group discussion, students find the main words and phrases and wonderful sentences in the passage to introduce the passage in their own words.

设计意图：Cultivate the ability to analyze and solve problems; cultivate the sense of team cooperation. Through learning, awareness will be further raised and a correct outlook on life and values, as well as a sense of morality and the rule of law will be established.

Cultivate the consciousness of group cooperative learning, rationally carry out emotional education, sublimate students' thoughts, and cultivate students' ability of language output.

练：

Write a description about a serious natural disaster the students know. Read the new words, phrases and the passage next morning.

Recommendation Letter*

高考复习专题

铜仁市第二中学　何义士

一、教学设计思路分析

教材分析

This material is from the Internet and is related to corona – virus. It can attract students' interests.

设计思路

1. Enjoy a good sample composition.

2. Group work and find out the highlights.

3. Give a new topic and practice.

学情分析

1. Students are not good at writing and can't cover the required points.

2. Lack the ability of creating good sentences.

3. Lack of proper logic and proper junctions.

课时安排

One lesson（45mins）

二、教学设计方案

教学目标（学科核心素养目标）

1. Learn some good conjunctions related to recommendation letter.

2. Learn some advanced words and phrases related to recommendation letter.

＊ 贵州省教育科学规划"学力发展"课题（2018B172）教学设计。

3. Learn some advanced sentences related to recommendation letter.

模式选择

1. 学思讲模型（ √ ）2. 费曼模型（　　）3. 五何模型（　　）

三、教学过程与方法

第一板块

教学目标1：Learn some good conjunctions related to recommendation letter.

学：

Before the class, the teacher selects and sorts out a good sample composition including advanced conjunctions, words, phrases and sentences.

Sample composition：

Dear Jack,

Hearing that your country is suffering from COVID 2019, I'm writing to show my sympathy and give some advice on how to protect yourself.

First of all, it is highly suggested that you should wear a mask wherever you go out because the virus is spread by air. At the same time, you should clean your hands and body as frequently as possible. Of course, taking exercise is also a good way to keep virus away. What's more, you are supposed to register in the community the first minute you feel ill, such as coughing and having a fever. Only in this way can we put our society in good order and our government has more energy to fight against the virus.

Best wishes to you.

Yours,
Li　Hua

Let students read the composition and find out the conjunctions.

思：

Divide students into several groups and organize them to discuss. Walk around the classroom and offer help if necessary. Judge whether the selected conjunctions are right and try to think out more conjunctions.

讲：

Direct the students to show their answers. If necessary, add more information.

Such as first of all, at the same time , what's more, such as show their answers and perfect their answers.

设计意图：The aim of this part is mainly to let students appreciate some good conjunctions and grasp them. Meanwhile, students should be clear that conjunctions are very important in composition creating.

第二板块

教学目标 2：Learn some advanced words and phrases related to recommendation letter.

学：

Give instructions to students. Let students read the material again and find out the good words and phrases. Let students read the composition and find out the good words and phrases.

思：

Divide students into several groups and organize them to discuss. Walk around the classroom and offer help if necessary. Judge whether the selected good words and phrases are right and try to think out more good words and phrases.

讲：

Direct the students to show their answers. If necessary, add more information.

suffering from, show my sympathy, give some advice on, wear a mask, clean your hands as frequently as possible, of course, taking exercise, keep virus away, be supposed to, register in the community, the first minute, such as, put our society in good order, fight against the virus.

Show their answers and perfect their answers.

设计意图：The aim of this part is mainly to let students appreciate some good words and phrases and grasp them. Meanwhile, students should be clear that advanced words and phrases are very important in composition creating.

第三板块

教学目标 3：Learn some advanced sentences related to recommendation letter.

学：

Give instructions to students. Let students read the material again and find out the advanced sentences. Read the composition and find out the advanced sentences.

思：

Divide students into several groups and organize them to discuss . Walk around the classroom and offer help if necessary. Judge whether the selected advanced sentences are right and try to think out more advanced sentences.

讲：

Direct the students to show their answers. If necessary, add more information.

hearing that（非谓语）, it is highly suggested that, taking exercise is also a good way to keep virus away, you are supposed to register in the community the first minute you feel ill, only in this way can we put our society in good order.

Show their answers and perfect their answers.

设计意图：The aim of this part is mainly to let students appreciate some advanced sentences and grasp them. Meanwhile, students should be clear that advanced sentences are very important in composition creating.

练：

书面表达：

假如你是李华，你的美国朋友 Tom 所在国家目前正遭受新冠肺炎。他了解到中国此次疫情防控得当，中国目前逐渐摆脱疫情。特写信向你求助，作为一个一般民众应该注意哪些。请你写信回复他。(about 100 words)

A Life in Sport*

外研版 高二上（必修五）

铜仁市第二中学 吴敬孝

一、教学设计思路分析

教材分析

This lesson "A Life in Sport" is from the reading passage of Module 5, Book 5, which describes Lining, the gymnast prince. This passage calls students to love their motherland and sports by learning Lining's career of sports and his success of his business. And it can also cultivate students' spirit of sports.

设计思路

Students' integrating language skills are based on the knowledge of language, language skills, emotion, learning method and culture awareness. Reading is the best form of teaching them. Teachers can enhance them by telling them reading skills. Therefore, the important point of this class is to improve their reading abilities. Enable students get the main ideas. Guide students to predict, scan, skim, and analyse the structure of the text . After learning, students can know the regular process of reading, that is , from the whole to the parts and then details.

学情分析

Students are in the senior high school, grade 2. Most of them love English but lots of them come from countryside. They don't want to say much so their spoken English is ordinary. Compared with the previous modules, this passage is longer and difficult for them to understand. But it has a very clear clue and obvious structure.

---

* 贵州省教育科学规划 "学力发展" 课题（2018B172）教学设计。

课时安排

One lesson（45mins）

二、教学设计方案

教学目标

1. To get some information of Li Ning.

2. To develop some basic reading skills——Skimming and Scanning.

3. To cultivate students' spirit of sports.

模式选择

1. 学思讲模型（ √ ）2. 费曼模型（　　）3. 五何模型（　　　）

三、教学过程与方法

导：

Show a video of Zhong Nanshan's talk about sports. Have a free talk with the students about the great sportsmen or sportswomen in China. Enjoy the video. Have a free talk with the teacher.

设计意图：Arouse Students' interests using a video. Prepare for the following language learning.

学：

Tell the students to read the text fast and try to decide what it talks about. Offer them five different aspects to choose from.

1. Read the text and make their choices.

2. Check the answers.

设计意图：Train students' skimming skills. Get the gist and structure of the passage.

问：

Ask students to sort out examples from the topic.

1. Tell students to read and understand paragraphs 2—4, make up some questions in groups to ask other classmates.

2. Tell students to read paragraph 5 by themselves. Then ask the students' understanding of this part.

The students

1. read paragraph one carefully and sort out the examples from the topic. Students ask each other how to organise a similar article.

2. read paragraphs 2—4, make up some questions in groups to ask other classmates.

3. read paragraph 5 then ask some information about this part.

设计意图: 1. Experience the writing skills. 2. students design questions to ask others, which improve their abilities of sorting out information.

思:

1. Allow students to have enough time to think about what they have learned and fill in the blanks.

2. Compare the answers.

3. Think and fill in the blanks. compare the answers with each other.

设计意图: Consolidate what they learned in this class.

讲:

1. Summarise the development of Li Ning in recent years.

2. Ask students to discuss three questions in groups.

Students listen carefully and discuss the questions in groups and then share the results of the discussion with the whole class.

设计意图: Guide the students to talk about their own dreams.

练:

Assign homework: write a short summary about Li Ning.

设计意图: Review what they learned and practise their writing ability.

Unit 1 Cultural Relics *

人教版　高一上（必修 2）

铜仁市第二中学　沈澄宣

一、教学设计思路分析

教材分析

The topic of this unit is cultural relics and the protection of the culture relics. This passage mainly introduces the story of The Amber Room. This passage is a narrative, which is perfect for discourse analysis.

设计思路

This course is designed for students to learn how to summarize the main idea of each paragraph according to topic sentences and retell the passage with the help of the clues of the passage with discourse analysis 4W（when who what where）in a narrative pattern then to write a passage by using the approach of 4W.

学情分析

The students are from grade1 in senior high school. They have achieved certain English level and the ability to get the basic idea of the reading. But they may not know the Amber Room before. Moreover, their vocabulary is limited so they may have difficulties in understanding some sentences. Students' language abilities vary from one to another, keeping students centered by using affective strategies are necessary.

课时安排

This course includes one reading period & one writing practice period. The focus is to cultivate the students' reading and writing skills with discourse analysis.

---

* 贵州省教育科学规划"学力发展"课题（2018B172）教学设计。

二、教学设计方案

教学目标（学科核心素养目标）

Reading Skills Aims：

（1）Discourse analysis in a narrative pattern

（2）Predict by title

（3）Skim for the outline

Writing Skills Aims：

（1）Summarize clues（mind-map）

（2）Write with a 4W map

（3）Organize main structure of the passage

Cultural Awareness Aim：Learn to protect cultural relics.

模式选择

1. 学思讲模型（ √ ）2. 费曼模型（   ）3. 五何模型（   ）

三、教学过程与方法

导：

The teacher is to

1. Introduce the Treasure Hunting games.

2. Show students the video and pictures about the amber room.

Students are to

1. Follow the clues to find the lost treasure.

2. Make prediction according to the title.

设计意图：To warm students up by playing a game, they can get some basic background information about the Amber Room, which is helpful for students to understand the topic better. Making prediction before reading can arise students' interest to keep them going actively.

第一板块

教学目标1：Read for the outline

学：

Let students read the first and the last sentence of each paragraph and find the main ideas.

讲：

Check the answers, and explain why.

设计意图：Develop the ability to use skimming reading strategy for fast reading.

第二板块

教学目标2：Read for details.

问：

Ask students to read each paragraph one by one.

Students are to

1. Read paragraph 1 and finish the profile.

2. Read paragraph 2 – 3 and find out：

What did they do to the Amber Room?

3. Read paragraph 4 carefully and find out：

Who stole the Amber room?

4. Read paragraph 5 and fill in the form.

学：

Do different forms of exercises and find out detailed information by reading.

讲：

After reading the passage, one of them shares the answers with class.

设计意图：Cultivate students' ability to get detailed information by using scanning reading strategy according to different reading purposes.

第三板块

教学目标3：Retell the story with the help of a mind – map.

问：

Ask

1. Have you found your answers to the problems at the beginning after reading the passage?

2. How does this passage develop?

3. What is this passage?

思:

Students think carefully about what type the passage is according to the clues given.

练:

Students draw a mind map of the passage.

讲:

Students share their own mind map in the group to see if others can retell the passage with it.

设计意图: Let students explore on the own and find their own answer then get self – evaluation within groups so they can know both how to learn independently and work with others to get feedback in the future.

第四板块

教学目标4: Learn to use 4W in writing.

问:

1. What clues is your mind map based on? Time? events? or important people?

思:

Check each other's mind map to see how they make their mind map.

讲:

Analyze 4W (when who what where) in a narrative pattern.

学:

Make 4W mind map before writing.

练:

1. Write a story about your favorite cultural relics in or outside our country about 100 words according to the 4W .

2. Exchange writings among groups and check according to assessment.

3. Share the ideas in class.

设计意图: By leading students to find out how narratives develop, they can easily find basic elements they need to write their own passages in a well – organized way. Also, letting students practise putting what they just learned into using immediately is a great way to consolidate what they have learned.

Recommendation Letter[*]

高考复习专题

铜仁市第二中学　李友

一、教学设计思路分析

教材分析

The selected passages are excerpted from the recommendation letter from Grandpa, which is the elective 6 unit 3 of the People's Education Edition. The article is highly logical and has strong relevance to the main body of the recommendation letter in this lesson, which helps students to input language when writing.

设计思路

This course is divided into two main steps: one is reading and the other is writing; firstly, reading mainly solves students' input problems, including language input and text input. The former solves the problem of writing content and aims to let students write sometimes, the latter solves the problem of the overall structure of the article, aiming to let students know how to write. Secondly, writing is mainly to test students' language output. Through the foundation of reading, students can finally form their own model of suggestion letter.

学情分析

1. Students have a good foundation of vocabularies and express what they want to express using some basic sentences.

2. Lack the ability of arranging the whole passage, causing the confusion on how to arrange the passage structure.

＊ 贵州省教育科学规划"学力发展"课题（2018B172）教学设计。

3. Students are not experienced in expressing logically using proper junctions.

课时安排：

One lesson（45mins）

二、教学设计方案

教学目标（学科核心素养目标）

1. Let students learn some basic knowledge of the letter structure and the junctions words to be used in it latter.

2. Learn how to arrange the content of each paragraph and be familiar with dealing with topic sentence.

3. Cultivate students' independent thinking：brainstorm some linking words and sentences related to recommendation letter.

模式选择

1. 学思讲模型（ √ ）2. 费曼模型（   ）3. 五何模型（   ）

三、教学过程与方法

第一板块

教学目标1： Let students learn some basic knowledge of the letter structure and the junctions words to be used it in letter.

学：

Get students to read the passage and guess what type of letter it belongs to.

ADVICE FROM GRANDAD

Dear James，

It is a beautiful day here and I am sitting under the big tree at the end of the garden. I have just returned from a long bike ride to an old castle，It seems amazing that at my age. l am still fit cough to cycle 20 kilometer in an afternoon. It's my birthday in two weeks time and I'll be 82 years old！I think my long and active life must be due to the healthy life I live.

This brings me to the real reason for my letter. my dear grandson. Your mother tells me that you started smoking some time ago and now you are finding it difficult to give it up. Believe me. I know how easy it is to begin smoking and how tough it is to stop. You see, during adolescence I also smoked and became addicted to cigarettes.

By the way, did you know that, this is because you become addicted in three different ways?

First, you can become physically addicted to nicotine, which is one of the hundreds of chemicals in cigarettes. This means that after a while your body becomes accustomed to having nicotine in it. So when the drug leaves your body, you get withdrawal symptoms, I remember feeling bad – tempered and sometimes even in pain. Secondly, you become addicted through habit. As you know, if you do the same thing over and over again, you begin to do it automatically. Lastly, you can become mentally addicted. I believed I was happier and more relaxed after having a cigarette, so l began to think that I could only feel good when I smoked, I was addicted in all three ways, so it was very difficult to quit. But I did finally manage.

When I was young. I didn't know much about the harmful effects of smoking, I didn't know, for example, that it could do terrible damage to your heart and lungs or that it was more difficult for smoking couples to become pregnant. I certainly didn't know their babies may have a smaller birth weight or even be abnormal in some way. Neither did I know that my cigarette smoke could affect the health of non – smokers, However, what I did know was that my girlfriend thought I smelt terrible. She said my breath and clothes smelt, and that the ends of my fingers were turning yellow. She told me that she wouldn't go out with me again unless I stopped. I also noticed that I became breathless quickly, and that I wasn't enjoying sport as much. When I was taken off the school football team because I was unfit, I knew it was time to quit smoking.

I am sending you some advice found on the internet. It might help you to stop and strengthen your resolve. I do hope so because I want you to live as long and healthy a life as l have.

Love from

Grandad

思:

Students analyze writing skills according to what they have read, and think about how many junctions the passage uses and what they are.

讲:

Direct the students to show their answers;

for example, first, lastly and however and so on.

Find as more junctions as possible and add more which they are familiar with.

设计意图：Let students pay attention to the composition style and linking words which makes the passages more logic.

第二板块

教学目标2：Learn how to arrange the content of each paragraph and be familiar with dealing with topic sentence.

学：

Give instructions to students. Let students read the material again and answer the following questions：

1. The text can be divided into two parts, what are they?

2. Please write down the main idea of each part in groups.

3. Please underline the topic sentence of each paragraph.

思：

Students think about the relationship between each two paragraphs and figure out why the writer organise the passage like this.

讲：

Analyze writing skills. Passage structure：problems/phenomena——reasons & damages——advice

Part	A letter from grandfather	Paral & para 2	raise the problem——why did granddad write the letter
		Para3, para4 & para5	analyze the ways to be addicted to smoking and the harmful effects
Part 2	Advice		How to stop smoking

Check with what the teacher said and learn the more detailed structure of the recommendation letter.

设计意图：Exercise students' speed skills, master the general idea of the article as a whole, and grasp the structure.

第三板块

教学目标3：Brainstorm some linking words and sentences related to recommendation letter.

学:

Get students brainstorm to get more linking words and some sentences related to recommendation.

思:

Students judge whether the selected advanced sentences are right and try to think out more advanced sentences.

讲:

Students show their answers. If necessary, add more information.

一、Linking words:

(一) 表逻辑上的先后顺序

1. 首先: first, firstly, in the first place, in the first instance, to begin with

2. 其次: secondly, in the second place

3. 最后, 最重要的是: at last, finally, last, lastly, most importantly

(二) 表递进关系

1. (副词) 也; 而且, 还: also, too, besides

2. (并列连接词) 而且: and

3. 此外: in addition to, apart from

(三) 表转折或比较关系

1. (并列连接词) 但是: but

2. (副词) 然而: (and) yet, while, whereas

3. (副词) 然而: nevertheless, however

二、Sentence structures

1. You have asked me for some advice on how to improve…I'll write to give some useful suggestions.

2. I would like to suggest that…

3. I think if you…, you will…

4. First, you should…Second, why not…Finally, it would be a good idea if…

5. I hope you will find these ideas useful.

6. I would be more than happy to see improvements in this regard.

设计意图：The aim of this part is mainly to cultivate students independent thinking, analyze the cohesion and coherence of the article, and input more textual cohesive words for students to make students use more diversified words and avoid the stereotype.

练：

Writing Practice

假如你是李华，你的笔友 Peter 来信诉说他在学习中文方面遇到很多困难，并希望得到你的帮助。请你根据以下提示写一封回信。

要点：

1. 学唱中文歌曲；参加中文学习班；

2. 结交中国朋友；

3. 看中文书刊、电视。

注意：可适当增加细节，开头语已给出。

Dear Peter,

I'm very glad to hear from you and I am writing to give my advice on how to learn Chinese well.

Module 4 Great Scientists *

外研版（必修4）

铜仁市第二中学 刘玉琴

一、教学设计思路分析

教材分析

1. Students are to learn some words and phrases on describing people, the use of Passive Voice indifferent Tenses .

2. Students are to develop their own aims after learning the passage, and they must know that scientists make great contributions to the world. They deserve our respect. During the growth of the teenagers, there must be some positive person like Yuan Longping, the great man mentioned in the passage.

设计思路

1. Students are to learn some words and phrases and grammar in this lesson .

2. Cultivate students' ability of group work and autonomous learning.

3. Students are to learn about the great scientists who make a big difference in our life, and students can give more examples.

学情分析

1. Cognitive Characteristics：Make students know something about the current development of science and technology, as well as make them learn from those great scientists, such as the spirit of devoting to science, seeking truth and persistent dedication for human's happiness and development.

2. Psychological Needs：At this stage, students desire to have their own personali-

---

* 贵州省教育科学规划"学力发展"课题（2018B172）教学设计。

ty and they are good at expressing themselves.

3. Learning Ability: ability to read and think independently; ability to reflect.

课时安排

One lesson (45mins)

二、教学设计方案

教学目标（学科核心素养目标）

1. Students are able to know something about great scientists, such as Qian Xuesen, Marie Curie, Archimedes, Albert Einstein and Yuan Longping.

2. Students are able to learn some science – related words; the use of Passive Voice indifferent Tenses .

3. Students are able to learn how to say numbers.

模式选择

1. 学思讲模型（ √ ）2. 费曼模型（   ）3. 五何模型（   ）

三、教学过程与方法

导：

Ask what great scientists do you know? (free speaking)

Students say something about those four great scientists—— Qia Xuesen, Marie Curie, Archimedes, Albert Einstein.

Name Nationality Major Invention/Discovery Time of the discovery

Qian Xuesen China Physics Mathematics Chinese atom bomb In 1964

设计意图：The task is to arise the students' interest to the passage and some related words, so that the students can remember them quickly, and prepare for later reading.

第一板块

教学目标1：Students learn the vocabulary about science and scientists.

学：

Learn some words of different fields in science (individual activity) .

Subjects Chinese meaning The person who research the subjects

Biochemistry   生化学   Biochemist

Biology	生物学	Biologist
Botany	植物学	Botanist
Chemistry	化学	Chemist
Genetics	遗传学	Geneticist
Physics	物理学	Physicist
Zoology	动物学	Zoologist

讲：

After finishing the word practice, one of the members speak out the answers.

设计意图：Develop the ability to recite words by observing their structures.

第二板块

教学目标 2：Learn to get the main idea of the passage quickly.

问：

1. From the title, guess what the passage is about? Who is the student?

2. What do you know about Yuan Longping?

3. What kind of student was Yuan Longping when he was young?

4. What did he discover? How important was the discovery?

学：

According to the different purposes of reading, students can finish the tasks by skimming and scanning.

讲：

After reading the passage, give them some time to check answers with partners and then one of the members shows the answers.

设计意图：Cultivate students' ability to acquire information by reading according to different reading purposes, and for different reading purposes, they obtain different reading strategies.

第三板块

教学目标 3：Master the difficult parts of the article.

学：

The students have read the article.

问：

1. How many square kilometres of rice fields were converted to growing vegeta-

bles?

2. Where was Yuan Longping's rice exported?

思:

Read and think carefully（think about the structure of the article）. Try to retell the passage with their own words.

讲:

Group discussion , after that, students find some good words, phrases and the sentences that use passive voice in the passage.

设计意图：Cultivate the ability to extract information by reading. Cultivate the students to have correct value. Through reading, students are able to learn to write a passage on a person. Review the passive voice.

练:

Write a composition about a person that influence the students most. Recite the new words and phrases.

Parallel Writing[*]

高考复习专题

铜仁市第二中学 王玲

一、教学设计思路分析

教材分析

The reading material is extracted from our exam, which focuses on the discourse and logic in language. The topic is about working out in the morning, which is easy for students to understand and analyze.

设计思路

According to our research, aiming at developing students' learning ability, students are guided to read and summarize by themselves. Then, they will do related practice with the help of the teacher.

学情分析

Most students can write simple sentences and compositions for familiar topics, but they don't pay enough attention to passages' structure and logic. They need more instructions and practice. Besides, students are familiar with exercise.

课时安排

One lesson (45mins)

二、教学设计方案

教学目标 (学科核心素养目标)

In this lesson, students will

---

[*] 贵州省教育科学规划"学力发展"课题 (2018B172) 教学设计。

1. Learn how to write a passage with good structure and well – organized content through reading.

2. Prepare the draft for the speech on morning exercise with the help of given patterns and what we have learned in the lesson.

模式选择

1. 学思讲模型 （ √ ）2. 费曼模型 （   ） 3. 五何模型 （   ）

三、教学过程与方法

导：

Show students one picture of hamburger and ask "How many layers are there in a hamburger? Which part is the most important one? Which part is essential and fantastic? What are the similarities and differences between hamburgers and structures of writing? "

Students observe the picture carefully and try to give answers.

设计意图：Catch students' attention, introduce the topic and stress the importance of structure.

第一板块

教学目标 1：Learn how to write a passage with good structure and well – organized content through reading.

学：

Students read the given passage and summarize the main idea and structure.

If you are already making the time to exercise, it is good indeed! With such busy lives, it can be hard to try and find the time to work out. If you are planning to do exercise regularly, or you're doing it now, then listen up! Working out in the morning provides additional benefits beyond being physically fit.

· Your productivity is improved. Exercising makes you more awake and ready to handle whatever is ahead of you for the day. You can keep your head clear for 4 – 10 hours after exercise.

· Your metabolism （新陈代谢） gets a head start. After you exercise, you continue to burn calories throughout the day. If you work out in the mornings, then you will be getting the calorie （卡路里） burning benefits for the whole day, not in your sleep.

· Your quality of sleep improves. Studies found that people who woke up early for exercise slept better than those who exercised in the evening. Exercise energizes you, so it is more difficult to relax and have a peaceful sleep when you are very excited.

· You will stick to your diet. If you work out bright and early in the morning, you will be more likely to stick to healthy food choices throughout the day. Who would want to ruin their good workout by eating junk food? You will want to continue to focus on positive choices.

There are a lot of benefits to working out, especially in the mornings. Set your alarm clock an hour early and push yourself to work out! You will feel energized all day long.

思：

Reread the passage and consider what the three layers refer to.

讲：

The structure: main idea (the first layer) —— supporting idea, 4 benefits (the middle part) ——conclusion (the third layer)

The main idea: Working out in the morning provides additional benefits beyond being physically fit.

设计意图：Students can benefit a lot from parallel writing, which helps learners write effectively.

第二板块

教学目标2：prepare the draft for the speech on morning exercise with the help of given patterns and what we have learned in the lesson.

学：

Present some useful phrases and sentences for the beginning part and linking words.

"There are at least three aspects that I want to share with you.

First of all/ to begin with, in addition, finally/besides I will be grateful if you take my suggestions seriously. I firmly believe that …"

思：

Give instructions to students: Think about the benefits of doing morning exercise and make a draft for the speech. Walk around the classroom and offer help if necessary.

讲:

Students present the drafts and polish their writings.

设计意图: Follow the instruction of scaffolding, students can achieve the objectives. Before writing, they have got related information, so it's not difficult to finish the task.

练:

据世界卫生组织（World Health Organization）统计，全球 81% 的青少年缺乏锻炼。假如你是李华，请根据以下要点用英语准备一篇发言稿，在一次国际中学生交流活动中发言。

缺乏运动的原因；

运动的好处。

注意:

1. 词数 100 字左右;

2. 可以适当增加细节，以使行文连贯;

3. 开头和结尾已为你写好，不计入总词数。

Dear fellow students,

According to the World Health Organization, 81% teenagers are lack of exercising.

...

That's all. Thank you! (about 100 words)

Teaching of English writing based on reading the passage[*]

高考复习专题

铜仁市第二中学 周仕芬

一、教学设计思路分析

教材分析

According to the research, students improve their ability of English writing based on passage. The task is to read the passage, analyse the passage, summarize passage, improve writing ability and write your own passage.

设计思路

Improve writing based on reading the passage and analyse the structure of the passage.

学情分析

The students have a bad foundation in English. Some are not good at writing, some are afraid of writing. What's worse, some give up writing.

课时安排

One lesson (45mins)

二、教学设计方案

教学目标（学科核心素养目标）

1. Read the text and analyze introduction, body, conclusion in a passage.

2. Write their own passage and let the students improve the ability of writing.

---

* 贵州省教育科学规划 "学力发展" 课题 (2018B172) 教学设计。

模式选择

1. 学思讲模型（ √ ）2. 费曼模型（   ）3. 五何模型（   ）

三、教学过程与方法

第一板块

教学目标 1：Read the text and analyze Introduction, Body, Conclusion in a passage.

导：

Show a video of Earth Song and have a free talk with the students about the situation of the environment and the measures the government took.

Students follow the video and sing the song. Share the ideas with the teacher.

设计意图：Lead students to focus on the topic.

学：

Let the students read the passage fast and tell them to find the main idea.

Sample composition：

I am Li Hua from Xingguang Middle School. The topic of my speech is "Let's Ride Bicycles". As is known to us all, there is an increasing number of cars on roads. We can now drive to work, to go shopping, to visit friends and even to travel across the country. Though they bring about great convenience, cars also go hand in hand with air pollution as well as traffic jams.

How to solve these problems is a great challenge to everyone. My suggestion is that we should ride bicycles. There is no doubt that riding bicycles can surely do us good. Firstly, riding bicycles means using cars less, which is a good way to decrease traffic jams. Secondly, riding bikes is environmentally friendly, that is, it doesn't cause air pollution and is beneficial to our health. What's more, bicycles are so handy and convenient that you can go wherever you like and do not need to look for a large parking lot.

Since there are so many advantages, why not join us and ride bicycles?

设计意图：Students are encouraged to relate information or knowledge gained through reading to their own experience.

问：

1. Why Ride Bicycles?

2. How to solve these problems?

3. What are advantages of riding bicycles?

4. Can you find the introduction, body, conclusion in a passage?

Students answer the questions individually or cooperatively and analyse reading material:

Introduction/Body/Conclusion.

设计意图：Prepare an outline for your article and the use the functional sentence patterns into a complete passage.

第二板块

教学目标2：Write their own passage and let the students improve the ability of writing.

思：

Students discuss good expressions with the partners.

设计意图：To stimulate students' writing motivation and enthusiasm.

讲：

Key sentences：As is known to us all, My suggestion is that linking words：Firstly, Secondly, What's more. Useful linking words：

递进强调：in addition, above all…

表时序：finally, first of all…

表总结：in short, generally speaking…

1. Write down some own good words and sentences.

2. Remember the link words and use them correctly.

设计意图：Students make their first language output. Learn how to use words and sentences in order to make the logic of the article clear, smooth writing.

练：

Ask the students to write a passage about the speech.

书面表达：

假设你是某大学的学生李津。你校英语俱乐部将选举新一届副主席，负责规划、组织俱乐部的相关活动。你欲参选。请按以下提示，写一篇竞选演讲稿。

个人优势介绍（如性格、特长等）；

组织校内活动的设想（如举办讲座、英语晚会等）；

组织校际交流活动的设想（如举办辩论赛、演讲比赛等）；

表达当选的愿望。

注意：

1. 词数不少于100；

2. 请勿提及真实学校名称；

3. 可适当加入细节，以使内容充实、行文连贯；

4. 开头、结尾已给出，不计入总词数。

参考词汇：副主席 vice president　　竞选 run for

设计意图：Help and encourage students to express themselves fully in a relaxed environment and write a passage about the speech.

物理"学力课堂"教学设计

自由落体运动[*]

人教版　高一上（必修1）

铜仁市第二中学　娄姗姗

一、教学设计思路分析

教材分析

自由落体运动是学生学完匀变速直线运动规律后，知识的迁移和应用部分，通过对自由落体运动进行研究，一方面是对前面知识的复习和巩固，同时也加强了课本与实际生活的联系。另一方面通过实验培养学生的自主、合作探究的科学研究能力，为学生的终身发展打下良好的基础，所以本节课在本章中具有重要的地位和作用。

设计思路

以核心素养为指导思想，参照"学力发展课堂"课题"发展性学力"的培养要求，结合思维课堂的基本设计思路，设计课题。

学情分析

1. 学生已有的知识和能力。教学的对象是高一学生，学生已初步掌握了匀变速直线运动的规律，并利用电磁打点计时器研究过匀变速直线运动，同时对物理学中的理想模型有一定的认识，具备了初步的逻辑思维能力和实验设计能力。

2. 学生所欠缺的知识和能力。学生已经具备了一定的实际生活经验，通常学生会认为越重的物体下落得越快，这种错误的"前概念"直接影响了对本节内容的学习，同时学生的抽象思维比较薄弱，因此需要创设物理情境，通过合理的实验创设具体形象的模型，帮助学生构建自由落体模型，摒弃前概念的

---

* 贵州省教育科学规划"学力发展"课题（2018B172）教学设计。

干扰。

课时安排

一课时

二、教学设计方案

教学目标（学科核心素养目标）

1. 理解自由落体运动的定义和条件；

2. 理解自由落体运动的性质，掌握自由落体运动的规律。

教学策略

1. 信息技术手段的使用：制作 PPT 课件。

2. 教学重难点的解决办法：采用对教学重点和难点分小步子的教学策略，来提高课堂教学效率。

模式选择

1. 学思讲模型（ √ ）2. 费曼模型（　　）3. 五何模型（　　　　）

三、教学过程与方法

导：

教师活动：（小游戏）测反应时间，比比谁的反应快，展示"反应时间尺"，能测出大脑的反应时间，选出 3 ~ 4 名同学测反应时间，提出问题：反应时间尺的原理是什么？

学生活动：参与游戏

设计意图：通过这一小游戏，激发学生学习物理的兴趣，增加学生的感性认识，活跃课堂气氛。

第一板块

教学目标 1：理解自由落体运动的定义和条件。

导：

（课前布置预习：43 ~ 45 页"自由落体运动"，圈出预习中的疑惑之处，将疑惑写成问题，提交给小组长）

1. 根据课前布置预习，检查预习情况；

2. 寻问学生在预习中存在的问题。

设计意图：让学生在课前对所要学习的内容有个初步了解，以便更好地融入课堂学习，及时解决学生在预习中遇到的问题，让学习更轻松更高效，这也体现以学生为主体，以学生为中心的教学理念。

问：

预设问题：自由落体运动的条件是什么？自由落体运动的定义是什么？

思：

【活动一】思考：物体下落快慢不同与什么因素有关？

实验1：乒乓球和钢球在同一高度处同时静止释放；实验2：把一张纸裁成质量相等的两半，把其中一张纸揉成纸团，在同一高度处同时静止释放；实验3：纸片和质量小的纸团，在同一高度处同时静止释放。

【活动二】思考：如果没有空气阻力的影响，物体下落快慢是怎样的？

牛顿管实验：1. 管中充满空气；2. 抽出管中部分空气；3. 抽出管中所有空气（近似真空）。

【活动三】思考：物体做自由落体运动满足什么条件？从物体的受力和运动情况出发进行分析。

【活动四】思考：结合条件你能给自由落体运动下一个定义吗？

提示：1. 学生进行猜想，分组做活动一中的三个实验，观察并记录各个物体下落的快慢；2. 教师做活动二中的实验时，学生注意观察管中羽毛、金属片下落的快慢；3. 根据观察到的实验现象思考提出的问题。

讲：

活动一：物体下落的快慢与质量无关；物体下落的快慢与受到的空气阻力有关。活动二：空气阻力是影响物体下落快慢的主要因素，没有空气阻力，物体下落的快慢相同。活动三：只受重力；初速度为零。活动四：物体只在重力作用下从静止开始下落运动叫自由落体运动。

设计意图：利用学生原有的认知结构，创设实验1、2、3，这些实验简单，便于学生操作，实验现象明显，实验中观察的现象与学生脑中的前概念形成冲突，进一步开拓学生的思维，为牛顿管演示实验做好铺垫。牛顿管演示实验使学生认识到空气阻力对物体下落快慢的影响，认识到排除外界因素干扰是探究现象背后实质的原因。

第二板块

教学目标2：理解自由落体运动的性质，掌握自由落体运动的规律。

问：

自由落体运动的性质是什么？应该遵循什么样的规律？

思：

【活动一】思考：用纸带法如何研究匀变速直线运动？从记录物体运动和处理纸带的方法进行分析。

【活动二】思考：自由落体运动是匀变速直线运动吗？

实验：课本44页的演示实验

【活动三】思考：自由落体加速度的大小和方向是怎样的？注意课本上表格中的数据。

【活动四】思考：类比于匀变速直线运动的规律，自由落体运动满足的规律是怎样的？

提示：1. 回忆复习纸带法。2. 学生猜想，动手实验，小组讨论并完成纸带的处理。3. 阅读课本44页自由落体加速度的内容，思考活动三中的问题。4. 回忆匀变速直线运动的速度和位移公式，思考活动四中的问题。

讲：

活动一：利用打点计时器和纸带记录物体的运动；利用逐差法处理纸带。

活动二：自由落体运动是初速度为0的匀加速直线运动。活动三：$g = 9.8 m/s^2$；方向竖直向下，通过表格中的数据得到纬度越高，重力加速度就越大。活动四：

速度：$v = gt$ 位移：$h = \frac{1}{2}gt^2$ $v^2 = 2gh$

设计意图：利用前面学习过的实验方法去自主探究自由落体运动的规律，让学生学会用已有的方法解决实际问题，在此过程中既能激发学生学习物理的兴趣，又能不断培养学生的动手操作能力，实验归纳总结能力和逻辑思维能力。

练：

1. 小游戏当中反应时间尺的原理是什么？

2. 为了测出井口到水面的距离，让一小石块从井口自由下落，经过2.5s后听到石块击水的声音，估算井口到水面的距离，考虑到声音在空气中传播需要一定的时间，估算的结果偏大还是偏小？

平衡条件的应用[*]

鲁科版　高一上（必修1）

铜仁市第二中学　杨政富

一、教学设计思路分析

教材分析

"平衡条件的应用"是鲁科版必修1第5章第4节的内容。其主要内容是对共点力平衡状态的进一步理解和对平衡条件的应用。本章是在前几章知识的基础上提出的物体运动的一种特殊状态——平衡态。要解决好共点力下物体的平衡问题，受力分析是基础，也是关键。教材列举了两个例题，不仅要让学生加深对平衡条件的理解，更是要让他们学习和掌握解决共点力物体平衡问题的基本思路和方法（即力的合成法、正交分解法等）。因此，它对训练学生的思维能力有着十分重要的作用。

设计思路

以核心素养为指导思想，参照"学力发展课堂"课题"发展性学力"的培养要求，结合思维课堂的基本设计思路，设计课题。

学情分析

1. 学生已有的知识和能力。高一学生学习了"受力分析""牛顿第二定律"等基础知识，已经具有一些分析简单物理问题的能力。在此基础上我们处理平衡问题，利用平衡条件来解题应该问题不大。

2. 学生所欠缺的知识和能力。由于高一学生对受力分析理解不透彻，而且又是首次接触正交分解法的应用，所以还不能灵活地运用。

---

[*]　贵州省教育科学规划"学力发展"课题（2018B172）教学设计。

课时安排

一课时

二、教学设计方案

教学目标（学科核心素养目标）

1. 掌握三力平衡问题的解题思路和方法；

2. 掌握多个共点力下用平衡条件解题的思路与方法（正交分解法）。

教学策略

1. 信息技术手段的使用：制作 PPT 课件。

2. 教学重难点的解决办法：采用对教学重点和难点分小步子的教学策略，来提高课堂教学效率。

模式选择

1. 学思讲模型（ √ ）2. 费曼模型（　　）3. 五何模型（　　　）

三、教学过程与方法

导：

小游戏：双脚站在讲台上不动，再单脚站起来；把文具盒放在书上不滑下；轻轻推书缓慢移动。提出问题：共点力平衡状态有哪些？处于平衡态需要满足怎样的条件？

设计意图：让学生体会二力平衡、三力平衡和多力平衡，同时也通过学生的参与来调动学生学习的积极性和主动性，创设一个和谐的学习氛围。

第一板块

教学目标1：掌握三力平衡问题的解题思路和方法。

导：

（课前布置预习：平衡条件的应用，圈出预习中的疑惑之处，将疑惑写成问题，提交给小组长）

1. 根据课前布置预习，检查预习情况；

2. 寻问学生在预习中存在的问题。

设计意图：课前预习为当天上课做好知识上的准备，可以提高听讲的目的性和积极性，发展学生的自学能力，体现了以学生为中心的教学理念。

问：

如何处理三力平衡的问题，你有哪些思路和方法？

思：

例题：沿光滑的墙壁用网兜把一个足球挂在 A 点，足球的质量为 m，网兜的质量不计。足球与墙壁的接触点为 B，悬绳与墙壁的夹角为 α。求：悬绳对球的拉力和墙壁对球的支持力。

思考 1. 你准备选哪个物体作为研究对象？2. 分析你所选的研究对象处于什么状态？3. 分析你所选的研究对象的受力情况如何？4. 可以用哪些方法来求解？5. 能否概括一下用共点力平衡条件来解题的步骤？

讲：

1. 取足球和网兜这个整体作为研究对象。2. 处于平衡状态。3. 共受到三个力的作用：重力、墙壁的支持力和悬绳的拉力，这三个力一定是共点力。4. 合成法：任意两个力的合力与第三个力等大反向。分解法：根据作用效果把重力进行分解。5. 步骤：（1）选择研究对象；（2）受力分析并画出受力示意图；（3）根据平衡条件列方程；（4）求解，必要时需要进行讨论。

设计意图：通过分组讨论与思考培养学生的合作学习能力，通过分组竞争培养竞争的意识，同时可以活跃课堂氛围。通过学生的互评与教师的评价让学生找到自己的不足，激发探究的动机、学习的热情。除此之外，一题多解可以训练学生的思维能力、提高学生的物理素质、培养学生良好的思维品质，体现了合作学习的重要性，从而实现分层教学。

第二板块

教学目标 2：掌握多个共点力下用平衡条件解题的思路与方法（正交分解法）。

问：

如果一个物体受多个力处于平衡状态，我们应该选用什么方法来处理问题呢？

思：

物体 A 在沿斜面向上的外力 F 作用下，沿倾角的斜面匀速下滑。物体 A 受的重力为 G。求斜面对物体 A 的支持力和 A 与斜面间的动摩擦因数。

提示：1. 物体处于什么状态？2. 所选的研究对象的受力情况如何？并画出物体的受力分析图。3. 选取什么方法求解？又如何建立坐标系呢？比较二者建立坐标系的优越性。4. 能否概括一下用正交分解法解题的步骤？

讲：

1. 平衡状态。2. 受重力、支持力、摩擦力和外力。3. 正交分解法，沿斜面和垂直斜面建系或者沿水平方向与竖直方向建系。4. 步骤：（1）选择研究对象；（2）受力分析；（3）建立坐标系（要让尽可能多的力在轴上）；（4）根据平衡条件列方程；（5）求解，必要时需要进行讨论。

设计意图：根据学生的最近发展区设置问题，把复杂问题简单化，让学生通过已经学过和掌握的知识逐步解决问题，提升学生学习物理的兴趣和信心。

练：

1. 完成学案中的"巩固练习"。

2. 思考题：教材课本练习。

功*

人教版　高一下（必修2）
铜仁市第二中学　李章龙

一、教学设计思路分析

教材分析

功是高考常考概念，本节课是在学生已经学习能量的基础上进行教学的，主要是介绍功的概念，通过本节课的学习，为以后功能关系的学习打下了坚实的基础。因此，本节课在本章教学中起到承上启下的过渡作用。

设计思路

以核心素养为指导思想，参照"学力发展课堂"课题"发展性学力"的培养要求，结合思维课堂的基本设计思路，设计课题。

学情分析

1. 学生已有知识和能力。教学的对象是高一学生，学生在初中阶段已经学习了功和能的初步概念，对做功的两个必要因素已有所了解，会判断力做不做功，以及力与位移同向时功的计算。学生还知道力、位移的合成与分解的相关知识。

2. 学生所欠缺知识和能力。学生对力与位移有夹角的情况下如何计算功是陌生的，还有前几章的学习中，对"负"号我们已强调是表示方向，学生有一定的思维定势，所以在这里应特别强调功是标量。

课时安排

一课时

---

* 贵州省教育科学规划"学力发展"课题（2018B172）教学设计。

二、教学设计方案

教学目标（学科核心素养目标）

1. 理解和掌握功的定义，掌握力对物体做功的计算方法；

2. 理解正功、负功的概念，会计算多个力所做的总功。

教学策略

1. 信息技术手段的使用：制作 PPT 课件。

2. 教学重难点的解决办法：采用对教学重点和难点分小步子的教学策略，来提高课堂教学效率。

模式选择

1. 学思讲模型（ √ ）2. 费曼模型（　　）3. 五何模型（　　）

三、教学过程与方法

导：

初中我们学过做功的两个因素是什么？如果力的方向与物体的运动方向不一致呢？相反呢？力对物体做不做功？若做了功，又做了多少功？怎样计算这些功呢？

设计意图：新知识是在旧知识的基础上发展起来的，接受新知识，学生需要具备一定的知识基础，如果学生对学过的知识淡忘或者模糊不清，接受新知识就会发生困难，所以采用复习导入可以加深对原有知识的记忆，加强对旧知识的巩固，接受新知识就更加容易。

第一板块

教学目标1：理解和掌握功的定义，掌握力对物体做功的计算方法。

导：

（课前布置预习：57~59页"功"，圈出预习中的疑惑之处，将疑惑写成问题，提交给小组长）

1. 根据课前布置预习，检查预习情况；

2. 寻问学生在预习中存在的问题。

设计意图：使学生带着明确的学习任务目标，主动地进行学习，通过独立思考培养学生良好的学习习惯和学习方法，充分发挥学生在学习中的积极性和主动性。

问：

功的定义是什么？如何计算力对物体所做的功？

思：

【活动一】观看三张图片：货物在起重机的作用下重力势能增加了；列车在机车的牵引下动能增加了；握力器在手的压力下弹性势能增加了。思考：力对物体做功了吗？结合做功的两个因素给功下一个定义。

【活动二】物体在力 F 的作用下水平向前行驶的位移为 l，求力 F 对物体所做的功。思考：1. 如果力的方向与物体的运动方向一致，该怎样计算功呢？2. 如果力的方向与物体的运动方向垂直，应如何计算这个力的功？3. 如果力的方向与物体的运动方向成某一角度，应如何计算这个力的功？从分解力的角度结合前两问分析问题。4. 归纳总结如何计算力对物体所做的功。

讲：

【活动一】由于物体在力的作用下能量发生了变化，所以力一定对物体做了功；一个物体受到力的作用，并且在力的方向上发生了位移，物理学中就说这个力对物体做了功。【活动二】（1）$W = Fl$（2）$W = 0$（3）$W = Fl\cos\alpha$（4）功的计算公式：$W = Fl\cos\alpha$，其中 F ——作用在物体上的力（必须为恒力）；l ——物体（力的作用点）的位移（通常取地面为参考系）；α —— F、l 正方向之间的夹角（$0 \sim 180°$）。

设计意图：通过生活中能量转化实例让学生明白引入功这个物理量的重要意义，在计算功的大小时，采用从特殊到一般的方法和等效替代法，提升学生的归纳总结能力和逻辑思维能力，逐步提升学生的思维层次。

第二板块

教学目标 2：理解正功、负功的概念，会计算多个力所做的总功。

问：

功是标量，但有正负之分，那功的正负具有什么物理意义呢？如何计算多个力对物体做的总功呢？

思：

【活动一】课本第 59 页问题与练习第一题，计算力 F 所做的功。思考：功的正负具有什么样的物理意义？从对物体的运动起促进作用还是阻碍作用角度分析问题。

【活动二】思考：如何判断力做的是正功还是负功呢？当一个力对物体做负功时，我们还可以怎样说呢？

【活动三】一个质量 m＝2kg 的物体，受到与水平方向成37°角斜向上的力 F ＝10N 作用；在水平地面上移动距离 l＝2m，物体与地面间的摩擦力 f＝4N，求 1. 拉力 F、支持力 F_N、重力 G、摩擦力 f 分别对物体做的功是多少？2. 这些力做功的代数和为多少？3. 物体的合外力为多少？哪个方向？4. 合外力对物体做的功为多大？思考：如何计算合力做的总功？

讲：

【活动一】若为正功，表明该力为动力，促进物体的运动；若为负功，表明该力为阻力，阻碍物体的运动。【活动二】看力与位移的夹角 α，若 $\alpha = \dfrac{\pi}{2}$，不做功；若 $0 \le \alpha < \dfrac{\pi}{2}$，做正功；若 $\dfrac{\pi}{2} < \alpha \le \pi$，做负功，某力对物体做负功，还可以说成物体克服某力做功。【活动三】方法1：分别求出每个力所做的功，然后求出所有功的代数和。即 $W_总 = W_1 + W_2 + W_3 + \cdots + W_n$；方法2：先求出物体所受的合力，然后再求出合力的功，即 $W_总 = F_合 s\cos\alpha$。

设计意图：根据学生的最近发展区设置问题，把复杂问题简单化，让学生通过已经学过和掌握的知识逐步解决问题，提升学生学习物理的兴趣和信心。

练：

完成课本60页中的2、3、4题。

功率*

人教版　高一下（必修2）

铜仁市第二中学　覃绍雪

一、教学设计思路分析

教材分析

功率是反映力做功快慢的物理量。功率的概念广泛应用于人们的日常生活和科技之中。学生在初中已经学过功率的概念，引入这一概念并不困难。教科书在本节中首先通过两台起重机做功相同，时间不同，引出功率的概念和定义式，并通过对动力机械的分析，讨论了额定功率和实际功率，最后，根据对物体做功的公式和运动学公式导出功率与速度的关系。

设计思路

以核心素养为指导思想，参照"学力发展课堂"课题"发展性学力"的培养要求，结合思维课堂的基本设计思路，设计课题。

学情分析

学生已有知识和能力：

初中时学生已经对功率有初步的认识，前面一节刚学习了功的概念，为本节的教学奠定了良好的教学基础，在此基础上，为进一步推导功率与速度的关系做好铺垫。

课时安排

一课时

＊ 贵州省教育科学规划"学力发展"课题（2018B172）教学设计。

二、教学设计方案

教学目标（学科核心素养目标）

1. 理解和掌握功率的定义、物理含义；

2. 理解和掌握功率与速度的关系，比较计算功率的两种方法。

教学策略

1. 信息技术手段的使用：制作 PPT 课件。

2. 教学重难点的解决办法：采用对教学重点和难点分小步子的教学策略，来提高课堂教学效率。

模式选择

1. 学思讲模型（ √ ）2. 费曼模型（　　　）3. 五何模型（　　　）

三、教学过程与方法

导：

1. 复习提问：如何计算做了多少功？正负功的条件和意义是怎样的？

2. 展示图片：机器运送和人为搬运。提出问题：在做功快慢方面有何不同？举例说明。引入火神山医院修建快的重大意义。

设计意图：引发学生思考，让学生从身边生活寻找做功快慢的事例，并思考机械与人或畜力做功快慢的差异。列举生产、生活中发生的事例，使学生体会功率与生活、生产息息相关，无处不在，研究功率具有重要的现实意义，并引导学生注意观察身边的物理现象，体会到物理知识就在我们身边，感悟物理规律研究的价值，激起学生的求知欲。

第一板块

教学目标1：理解和掌握功率的定义、物理含义。

导：

（课前布置预习："功率"，圈出预习中的疑惑之处，将疑惑写成问题，提交给小组长）1. 根据课前布置预习，检查预习情况；

2. 寻问学生在预习中存在的问题。

设计意图：通过提高学生自身的学习能力，充分体现以学生发展为本的新的教学理念，同时为教师有针对性地施教提供鲜活的实例，可以提高课堂教学实效。

问：

功率的定义是什么？功率的物理含义是什么？

思：

【活动一】思考：如何衡量做功的快慢？

在表格中设置一些数据，比较四个力做功的快慢。数据的设置：1. 时间相同，比较功的大小；2. 功相同，比较时间的长短。

【活动二】思考：若时间不同，功的大小不同，如何比较做功的快慢呢？类比于比较运动快慢角度分析问题。

【活动三】思考：能否给功率下一个定义？数学表达式是怎样的？

【活动四】思考：功率的物理含义是怎样的？单位是什么？

提示：1. 学生进行猜想，提出相应的方案，观察表格中的数据，思考提出的问题；2. 回忆比较运动快慢的方法，类比"速度"得到"功率"的定义。

讲：

【活动一】相同时间，功越大做功越快；功相同，时间越短做功越快。【活动二】比较单位时间内做功的多少。【活动三】做功和完成这些功所用的时间的比值叫作功率，数学表达式：$P = \dfrac{W}{t}$。活动四：物理含义：做功的快慢，单位是瓦特，符号是 W。

设计意图：通过引导学生思考问题，鼓励学生提出解决问题的方案，既能不断培养学生的发散思维能力和批判思维能力，又能让学生在交流中不断地补充完善自己的认识。此过程采用了类比的教学方法，类比于"速度""加速度"的概念定义"功率"的概念，让学生体会比值法定义物理量，是建立物理概念常用的方法。

第二板块

教学目标2：理解和掌握功率与速度的关系，比较计算功率的两种方法。

问：

功率与速度之间满足怎样的关系？计算功率的两种方法有什么异同点？

思：

【活动一】思考：一部汽车载重时和空车时，在公路上以相同速度行驶，讨论这两种情况下汽车的输出功率是否相同？汽车上坡时为什么要换挡？

【活动二】思考：某汽车在平直公路上做匀速直线运动，已知其牵引力大小为 F，运行速度为 v，求此时牵引力 F 的功率？

【活动三】思考：功率与速度之间满足怎样的关系？结合功的表达式分析。

【活动四】思考：计算功率有哪些方法？它们之间有什么异同点？从平均功率和瞬时功率角度分析。

讲：

【活动一】载重汽车受到的摩擦力较大，则牵引力大，由于行驶速度相同，则在相同时间内载重汽车的牵引力做功较多，则载重汽车的功率较大；换挡的目的是为了减小速度，获得更大的牵引力。【活动二】$P = \dfrac{W}{t} = \dfrac{Fl}{t} = Fv$。【活动三】$P = Fv\cos\alpha$，当 $\alpha = 0$ 时，$P = Fv$。【活动四】平均功率：$P = \dfrac{W}{t}$ 或者 $P = \overline{Fv}$；瞬时功率：$P = Fv$。

设计意图：利用生活中常见的实例帮助学生建立功率与速度的感性认识，更好地启发和拓展学生的思维，通过严谨的推导得到功率与速度之间的关系，更好地培养学生良好的科学思维能力和思维习惯。

练：

质量为2kg的物体，在与水平方向成37°角的恒力 F 的作用下，在光滑水平面上从静止开始运动，F = 10N。求：（1）力 F 在 t = 3s 内的功率？（两种解法）；（2）求力 F 在 t = 3s 时的功率？

摩擦力[*]

人教版　高一上（必修1）

铜仁市第二中学　张飞艳

一、教学设计思路分析

教材分析

"摩擦力"位于《普通高中课程标准》（实验）教科书人教版物理必修1第三章第三节，是三种基本相互作用中学生最后所要学习的内容。相比于重力和弹力，摩擦力是高一阶段的重点同时又是难点。力学是整个高中物理的基础，学生只有把必修1中的力学好了，才能对高二、高三的学习"如鱼得水"。所以，本节内容在本书甚至整个高中阶段都起到承上启下的作用。

设计思路

以核心素养为指导思想，参照"学力发展课堂"课题"发展性学力"的培养要求，结合思维课堂的基本设计思路，设计课题。

学情分析

1. 学生已有知识和能力。授课的这个班级整体物理思维不错，善于思考和分析，并且有之前所学内容"重力"和"弹力"作为基础；本节课的学习虽然仍有难度，但是难度系数在够得着的范围内。

2. 学生形成本节课知识时可能存在非科学或前科学概念的干扰。根据生活经验，大部分学生可能会有这样错误的认识：（1）认为摩擦力只发生在运动的物体之间，静止的物体之间不存在摩擦力；（2）认为摩擦力一定是阻力；（3）认为压力越大，摩擦力也越大；（4）认为运动的物体受到的摩擦力是滑动摩擦力，静止的物体受到的摩擦力一定是静摩擦力。

---

* 贵州省教育科学规划"学力发展"课题（2018B172）教学设计。

3. 学生对所学内容的兴趣、情感、态度、愿望、需求、重视等状况。高一的学生热情好动，且积极主动，有一定的独立思考的能力，他们喜欢新鲜的东西，能够冲击他们认知错误的知识。一方面对本节课充满了好奇，另一方面，又觉得自己生活经验丰富，觉得自己对本节知识了如指掌。而实际上，当学完本节课，学生才会觉得，"原来是这样啊！"新知识对他们的大脑有一定的冲击，让他们觉得物理源于生活，但同时又高于生活，有助于培养学生物理学习的兴趣。

课时安排

一课时

二、教学设计方案

教学目标（学科核心素养目标）

1. 理解和掌握静摩擦力所遵循的规律；

2. 理解和掌握滑动摩擦力所遵循的规律。

教学策略

1. 信息技术手段的使用：制作 PPT 课件。

2. 教学重难点的解决办法：采用对教学重点和难点分小步子的教学策略，来提高课堂教学效率。

模式选择

1. 学思讲模型（ √ ）2. 费曼模型（　　　）3. 五何模型（　　　）

三、教学过程与方法

导：

教师活动：（小游戏）两位同学比赛用筷子夹弹珠，看谁在规定的时间里夹得多？提出问题：怎样夹才能夹得又快又多？初中如何定义摩擦力？摩擦力的分类有哪些？

学生活动：参与游戏，回忆初中学习的摩擦力知识。

设计意图：利用小游戏能活跃课堂气氛，激发学生学习物理的兴趣和好奇心，培养学生发现问题的能力。

第一板块

教学目标 1：理解和掌握静摩擦力所遵循的规律。

导：

（课前布置预习：57～61页"摩擦力"，圈出预习中的疑惑之处，将疑惑写成问题，提交给小组长）

1. 根据课前布置预习，检查预习情况；

2. 寻问学生在预习中存在的问题。

设计意图：学生通过预习可以了解所要学习内容的重点和难点，增强听课的针对性，有利于知识的掌握和提高，使学习效果事半功倍。

问：

静摩擦力遵循怎样的规律？

思：

【活动一】思考：你能举出哪些关于静摩擦力的生活实例？

【活动二】思考：静摩擦力产生的条件是什么？

实验1：手握紧水杯在空中静止不动。实验2：用手拧瓶盖。实验3：两本书交叉一页一页地对插，用力拉两本书。

【活动三】思考：静摩擦力的大小如何计算？

实验1：用弹簧测力计水平拉静止的木块，逐渐增大拉力，直到木块运动为止。实验2：在木块上增加砝码，重复上述实验。

【活动四】思考：静摩擦力的方向如何判断？

毛刷实验：1. 用力向左拉；2. 用力向右拉，拉的过程保证桌面与毛刷相对静止。

提示：1. 学生思考身边含有静摩擦力的例子；2. 学生进行猜想，分组做活动二中的三个实验，感受静摩擦力的存在；3. 学生动手做活动三中的两个实验，在表格中记录弹簧测力计的示数、木块的运动状态以及木块（含增加砝码）的重力；4. 老师在做毛刷实验时，学生观察刷毛弯曲的方向；5. 根据实验现象和记录的相关数据思考提出的问题。

讲：

【活动一】补充实例。【活动二】静摩擦力产生的条件：接触面粗糙；物体之间接触且相互挤压；有相对运动的趋势。【活动三】静摩擦力的大小随着拉力的增大而增大，根据力的平衡可知：$F = f_{静}$；静摩擦力不能无限增大，有最大值，且最大静摩擦力与物体受到的压力有关。【活动四】静摩擦力的方向与接触面相切，与相对运动趋势方向相反。

设计意图：从生活实例出发，让学生感受身边的静摩擦力，从实例中归纳总结静摩擦力产生的条件，然后从力的三要素分别讨论静摩擦力满足的规律，整个过程全部采用实验，在此过程中既能培养学生的动手操作能力、实验观察能力和归纳总结能力，又能增强学生的交流合作，并形成严谨的科学态度。

第二板块

教学目标2：理解和掌握滑动摩擦力所遵循的规律。

问：

滑动摩擦力遵循怎样的规律？

思：

【活动一】思考：你能举出哪些关于滑动摩擦力的生活实例？

【活动二】思考：滑动摩擦力产生的条件是什么？类比静摩擦力产生的条件。

【活动三】思考：滑动摩擦力的大小与什么因素有关？如何计算？

实验1：用弹簧测力计分别拉一个、两个、三个木块（叠放）在水平面上做匀速直线运动；实验2：分别在木板、毛巾、玻璃板上用弹簧测力计拉动木块做匀速直线运动。

【活动四】思考：滑动摩擦力的方向如何判断？

毛刷实验：用力拉动毛刷

提示：1. 学生思考身边含有滑动摩擦力的例子，通过生活实例归纳总结滑动摩擦力产生的条件；2. 学生猜想，动手做活动三中的两个实验，记录木块对桌面的压力大小和弹簧测力计的示数，以及在不同接触面上拉动时弹簧测力计的示数；3. 做毛刷实验时观察刷毛弯曲的方向；4. 根据实验现象和记录的相关数据思考提出的问题。

讲：

【活动一】补充实例。【活动二】滑动摩擦力产生的条件：接触面粗糙；物体之间接触且相互挤压；发生相对运动。【活动三】滑动摩擦力与正压力和接触面的粗糙程度有关，且与正压力成正比，满足 $F = \mu F_N$。【活动四】滑动摩擦力的方向与接触面相切，与相对运动方向相反。

设计意图：此部分采用类比的教学方法，在静摩擦力的基础上展开滑动摩擦力的教学，让学生更容易辨别两者的不同之处，加深对其的理解，除此之外，让学生具体问题具体分析，让学生意识到解决问题的规范性和过程的重要性，养成良好的学习习惯。

练:

1. 小游戏怎样才能夹得又快又多?

2. 重量为100N的木箱放在水平地面上,至少要用35N的水平推力,才能使它从原地开始运动。木箱从原地移动后,用30N的水平推力,就可以使木箱继续做匀速运动。思考:1. 木箱与地板间的最大静摩擦力为多少? 2. 木箱所受的滑动摩擦力为多少? 3. 木箱与地板间的动摩擦因数为多少? 4. 如果用20N的水平推力推木箱,木箱所受的摩擦力为多少?

化学"学力课堂"教学设计

酚 *

人教版　高二下（选修5）
铜仁市第二中学　何朝俊

一、教学设计思路分析

教材分析

本节内容选自人教版高中《化学（选修5）》有机化学基础第三章"烃的含氧衍生物"第一节"醇 酚"，新课程标准对本节的内容要求是，认识酚的组成和结构特点、性质、转化关系及其在生产、生活中的重要应用。认识加成反应、取代反应及氧化还原反应的特点和规律，了解有机反应类型和有机化合物组成结构特点的关系。结合生产、生活实际了解某些烃、烃的衍生物对环境和健康可能产生的影响，体会"绿色化学"思想在有机合成中的重要意义，关注有机化合物的安全使用。

本部分内容是学生在乙醇及其性质的基础上，通过实验学习酚的化学性质及检验，通过苯、乙醇、苯酚性质的比较说明有机分子中基团之间存在相互影响，本节内容是安排在乙醇后面的又一种烃的衍生物，学生通过比对乙醇、苯酚的结构与性质，可以实现教学内容的同质迁移，循序渐进地学习有机化合物中基团间存在相互影响的关系。苯酚的弱酸性及羟基与苯环相互影响对苯酚性质的影响是本节内容的重难点，所以在教学过程中，尽量能够用具体的实验等宏观辨识手段入手，引导学生向微观探析过渡，利用证据推理和模型认知进行微观探析，培养学生的科学探究能力与创新意识。

设计思路

以化学学科核心素养为指导思想，参照"学力发展课堂"课题"发展性学

---

* 贵州省教育科学规划"学力发展"课题（2018B172）教学设计。

力"的培养要求，结合思维课堂的基本设计思路，设计课题。

学情分析

1. 学生已有的知识。学生在学习本课之前已经具备乙醇的结构与性质，醇、甲苯的结构与性质，卤代烃的结构与性质等知识。

2. 学生已有的能力状况。初步具备官能团与有机物性质的相互推断能力，以及一定的实验探究能力。

3. 学生的心理分析。兴趣是求知的前提、学习的动机、成才的起点。在前面的学习中，学生对同样具有羟基的物质分为两类——醇和酚提出疑问，它们有何异同？并对此产生强烈的好奇心。

因此本节课的落脚点，重在激发学生的学习兴趣和学习热情。

课时安排

一课时

二、教学设计方案

教学目标（学科核心素养目标）

1. 宏观辨识和微观探析：能从苯环和羟基的相互影响理解苯酚的化学性质，形成"结构决定性质"的观点。

2. 科学探究与创新意识：从苯酚的性质出发，依据探究目的，探究实验方案，通过实验验证得出结论。

教学策略

1. 信息技术手段的使用：制作 PPT 课件。

2. 教学重难点的解决办法：采用对教学重点和难点分小步子的教学策略，来提高课堂教学效率。

模式选择

1. 学思讲模型（ √ ）2. 费曼模型（ ） 3. 五何模型（ ）

三、教学过程与方法

导：

在 19 世纪初，医院的设备很差，那时缺少麻醉药和消毒剂，许多病人死于手术后的伤口感染。在英国的爱丁堡有一家医院，一名叫李斯特的外科医生，发现在化工厂附近的排污沟里，水竟然很清澈，浮在上面的草根很少腐烂。原来是因为从化工厂流出的石炭酸（苯酚）混杂在沟水里，石炭酸是化工厂提炼煤焦油时排出的"废弃物"。李斯特用石炭酸对手术器械、纱布等一系列用品进行了消毒,病人手术后伤口化脓、感染的现象立即减少了,由此爱丁堡医院手术伤口感染率一度成为全世界外科医院中最低的,李斯特也成了全世界著名的外科医生。这节课我们就来学习"石炭酸",也就是另一种烃的含氧衍生物——酚。

第一板块

教学目标 1:初步了解苯酚的物理性质,渗透学科核心素养中的宏观辨识和微观探析。

导:

(布置课前预习内容:1. 预习苯酚的物理性质;2. 预习苯酚的结构;3. 预习苯酚的化学性质。圈出预习中的疑惑之处,将疑惑写成问题,提交给小组长)

1. 根据课前布置预习,检查预习情况;

2. 询问学生在预习中存在的问题。

设计意图:提前预习,学生能够初步了解本节课的重难点,在课堂上学生间的交流能够解决部分问题,以学生为中心的教学贯穿始终。

学:

预习书本第 52 页酚一节第 2 段,归纳和总结苯酚物理性质。

问:

每组分发苯酚样品,让学生能够在宏观上认识苯酚的物理性质,提高学生的学习兴趣。引导学生间讨论实验室如何保存苯酚?

思:

利用苯酚的物理性质,根据结构决定其性质,提出实验室保存苯酚的方法。

讲:

【物理性质】纯净的苯酚是无色晶体,但放置时间较长的苯酚往往是粉红色的,这是由于部分苯酚被空气中的氧气氧化所致,苯酚具有特殊的气味,熔点是 $43℃$。苯酚易溶于乙醇等有机溶剂。室温下,在水中的溶解度是 9.3 克,当温度高于 $65℃$ 时能与水混溶。

设计意图:认识苯酚的物理性质,先让学生预习书本,归纳出苯酚的物理性质,再通过实物,让学生对苯酚有更深层次的理解,在此过程中,根据苯酚物化性质的特殊性,让学生提出保存的方法。以学生为主体的教学进一步得到提升。

第二板块

教学目标2：掌握苯酚的结构，感悟结构决定性质的关系，渗透学科核心素养中的证据推理和模型认知。

学

预习书本第56页酚一节第1段，理解苯酚的结构。

问：

你能写出苯酚的结构吗？1. 写出苯酚的分子式。2. 写出苯酚的结构式。3. 写出苯酚的结构简式。4. 写出苯酚的官能团。

思：

化学学科中结构决定性质，性质反映结构的这一化学观念始终贯穿始终，根据其结构推测，苯酚化学性质是哪个结构？

讲：

【苯酚的结构】

分子式：C_6H_6O

结构简式：

官能团：$-OH$（羟基），官能团是决定有机物化学特性的原子或原子团。

设计意图：认识苯酚的结构，学生先预习课本相关知识点，找出问题的答案，学生自主学习的方式体现了以学生为中心的教学理念。通过认识苯酚的结构，让学生形成结构决定性质这一化学理念，为下一步的学习打好基础。

第三板块

教学目标3：掌握苯酚的化学性质。教学目标4：感受化学在生活中的应用。渗透学科核心素养的实验探究和创新意识。

学：

1. 预习书本，学习苯酚的化学性质。2. 演示实验：（1）苯酚溶液与氢氧化钠溶液的反应；（2）苯酚和氯化铁的反应；（3）苯酚溶液与盐酸溶液的反应；（4）苯酚钠溶液与二氧化碳的反应。

问：

苯酚的化学性质有哪些？1. 苯酚具有一定的酸性，能否与碱发生化学反应？

2. 澄清的苯酚钠溶液中加入盐酸或者通入二氧化碳有何变化？涉及哪些方程式？
3. 向苯酚溶液中加入氯化铁溶液，溶液有何变化？

思：

查阅文献资料，生活中苯酚的应用以及怎样检验苯酚？

讲：

【苯酚的化学性质】

1. 苯酚的酸性

（1）与 NaOH 反应

（2）苯酚钠与盐酸的反应

（3）苯酚钠与二氧化碳的反应

2. 显色反应：与 $FeCl_3$ 反应显紫色

3. 氧化反应：易被氧化成粉红色

【苯酚的应用】重要的化工原料，酚醛塑料、合成纤维医药、燃料、农药的原料。

设计意图：学生先预习课本，对苯酚的化学性质有一定的了解，化学是一门以实验为基础的自然科学，通过教师的演示实验，更加加深了学生对苯酚化学性质的理解。学生通过查阅资料，组内外讨论交流等多种形式解决了苯酚的化学性质以及在生活中实际应用等问题。学生的自主学习，教师的循序渐进的引导对于本节课知识的掌握起到了重要作用。

练：（分层作业）

课后习题第 1、2、3、4 题。

氨*

人教版　高一（必修1）

铜仁市第二中学　杨文平

一、教学设计思路分析

教材分析

本节内容选自人教版第四章第四节"氨 硝酸 硫酸"第一课时——氨，氨是一种极其重要的化工原料，也是高中阶段学习到的唯一的碱性气体，具有承上启下的作用。一方面，从教材知识体系看，前三章主要介绍非金属硅、氯、硫元素及其化合物的知识，着重介绍单质、氧化物的性质及用途，而氨作为非金属的氢化物丰富了元素化合物的知识体系。通过对这些元素化合物知识的学习，帮助学生在巩固离子反应、氧化还原反应等基础知识的同时，能够运用对比、类比的学习方法，体会研究元素化合物知识的一般思维。另一方面通过对氨的特殊性质的认识，让学生在已有的学科观念的基础上，对物质的元素观、转化观、分类观，以及化学的价值观等形成辩证的认识，也为以后元素性质的递变规律、元素周期表的形成积累了感性认识的材料。

教材有意地引导学生从氨气在自然界中的存在及其发现历史入手，同时辅以富有趣味性的实验，教材还安排了氨在化工上的广泛应用和氮在自然界中的循环，内容贴近学生生活，能极大激发学生的好奇心，从而调动学生的积极性。

设计思路

以核心素养为指导思想，参照"学力发展课堂"课题"发展性学力"的培养要求，结合思维课堂的基本设计思路，设计课题。

---

* 贵州省教育科学规划"学力发展"课题（2018B172）教学设计。

学情分析

学生在初中的学习中对氨、氮肥等知识已经有了一些零散的了解,而在本课学习之前又较为系统地学习了典型金属及非金属硅、氯的重要化合物知识,初步了解了学习元素化合物的一般方法,这些知识为本课氨与水、氨与酸的性质探究奠定了一定的理论基础。而在能力方面,高一学生已经具备一定的观察和分析能力,但在对比学习、实验设计和操作方面缺乏训练,可能会在如何灵活运用所学知识,解决实际问题时产生困难。

课时安排

一课时

二、教学设计方案

教学目标(学科核心素养目标)

1. 科学精神与社会责任:了解和认识氨气、铵盐在日常生活、生产的应用实例以及对生态环境的影响,化学与人类生活的密切关系,感受化学学科对社会的重大贡献,激发学生的学习兴趣,强化化学学科价值观。

2. 宏观辨识与微观探析:通过对实验现象的观察分析,了解氨气的重要物理、化学性质及检验方法,了解氨水的组成,对已有的元素观、转化观、分类观等学科思想形成辩证的认识。

3. 实验探究与创新意识:设计喷泉实验,通过对实验的观察以及原理分析,加强观察能力、思维能力和应用化学实验发现学习新知识的能力。

教学策略

1. 信息技术手段的使用:制作 PPT 课件。

2. 教学重难点的解决办法:采用对教学重点和难点分小步子的教学策略,来提高课堂教学效率。

模式选择

1. 学思讲模型(√)2. 费曼模型( )3. 五何模型( )

三、教学过程与方法

导:

2020 年 8 月 11 日,习总书记对粮食安全和节约粮食作出重要指示,我国是农业大国,虽然近几年粮食均增产,但是我国人口已超过 14 亿,人均耕地面积 1.2 亩,是世界人均值的 1/4,全国 40% 的城市人口消耗的粮食依靠进口,相当长的一段时间内我国粮食的供需仍将在紧张中度过。而合成氨无疑为粮食安全起到"保驾护航"的作用。

第一板块

教学目标1：初步了解氨气的物理性质。

导：

（课前布置预习：1. 预习氨的物理性质；2. 预习氨的化学性质；3. 预习氨气的实验室制法；4. 预习氨的用途。圈出预习中的疑惑之处，将疑惑写成问题，提交给小组长）

1. 根据课前布置预习，检查预习情况；

2. 寻问学生在预习中存在的问题。

设计意图：让学生提前预习要学的新内容。

学：

指导学生预习书本第97页第1、2、3、4段，归纳出氨气的物理性质。

问：

准备本环节的主问题，制备氨气以保障每组拥有一瓶样品，方便学生感受氨气的物理性质。

【演示实验】氨气的喷泉实验。

【分组讨论】提问：1. 喷泉是如何产生的？2. 如何将氨气转化为液态物质？

讲：

【氨气的物理性质】

性状：无色气体

气味：刺激性气味

溶解性：极易溶于水；常温下，1体积水大约溶解700体积氨气

设计意图：学在讲之前，讲在学之后，先让学生预习书本，自己归纳出氨气的物理性质，体现以学生为中心的教学理念；同时通过喷泉实验的设计与原理探讨，既培养学生学习化学的兴趣，又培养了学生的观察能力和分析问题的能力，形成科学的实验观。

第二板块

教学目标2：掌握氨气的化学性质及其检验方法。

导：

化合物的性质决定其类别和核心元素所处的价态，请结合复分解反应和氧

化还原反应原理分析氨气有哪些化学性质?

学:

自主预习书本第98页第1、2、3段,阅读并讨论"思考与交流"中相关问题,感悟氨气的化学性质。

问:

植物的生长需要化合态的氮元素,但氨气作为气体物质既不方便储存,又不利于施肥,如何解决这一矛盾?

思:

1. 如何将氨气转化为液态氮肥?

2. 如何将氨气转化为固态氮肥?

3. 写出氨气转化为氨水和铵盐的化学方程式。

4. 根据氧化还原反应原理预测氨气是否具有氧化性或者还原性?能与哪些物质反应?试写出所发生的化学方程式。

【分组讨论】1. 从氨气类别出发,预测氨气能发生哪些化学反应? 2. 从氨气中氮元素的价态出发,预测氨气能与哪些物质反应? 3. 如何检验氨气?

讲:

【解析氨气的组成、类别与性质】

氨气（NH_3）$\begin{cases} \text{类别:碱性物质——能与水和酸性物质反应} \\ \text{价态:氮处在最低价——能与强氧化性物质（}O_2\text{、}Cl_2\text{、}CuO\text{）反应} \end{cases}$

1. 氨气的性质

（1）与水的反应:

$$NH_3 + H_2O \rightleftharpoons NH_3 \cdot H_2O（一水合氨）$$

其中的 $NH_3 \cdot H_2O$ 很不稳定,受热易分解为 NH_3 和 H_2O

（2）与酸的反应

$$NH_3 + HCl = NH_4Cl（白烟）$$

氨与挥发性酸反应放出白烟

（3）氨与氧气反应: $4NH_3 + 5O_2 \xrightarrow[\Delta]{催化剂} 4NO + 6H_2O$

设计意图:先让学生预习书本,初步学习氨气的化学性质,充分体现以学生为中心的教学理念。引导学生体验科学探究的过程:问题—假设—方案—验证—分析—评价—结论。理解氨碱性气体的独特性,完善以往的分类观、元素观,形成辩证的思维。

第三板块

教学目标3：掌握铵盐的化学性质，了解氨气的实验室制法。

教学目标4：了解氨气、铵盐的用途，感受化学在生活中的应用。

导：

铵态氮肥在农业发展中起着非常重要的作用，使用的时候当注意什么问题？氨气的实验室制法与工业制法又有什么不同呢？

学：

1. 预习书本98~99页；2. 分析实验室制取氨气的原理和注意事项；3. 观察教师做的演示实验。

问：

铵盐的化学性质主要表现在不稳定性，能用氯化铵（NH_4Cl）加热分解制备吗？实验室该如何制备氨气？

思：

性质决定保存方法和用途，氨气、铵盐在生活中有哪些用途？氨气的实验室制法有多种，试分析不同方法的原理和优缺点是什么？

讲：

【铵盐的化学性质】

（1）热不稳定性：

$$(NH_4)_2CO_3 \xrightarrow{\Delta} 2NH_3\uparrow + CO_2\uparrow + H_2O \qquad NH_4Cl \xrightarrow{\Delta} NH_3\uparrow + HCl\uparrow$$

（2）遇碱性物质有氨气放出：$NH_4^+ + OH^- \xrightarrow{\Delta} NH_3\uparrow + H_2O$

【氨气的制备】

（1）工业制法：$N_2 + 3H_2 \xrightleftharpoons[\text{高温高压}]{\text{催化剂}} 2NH_3$

（2）实验室制法：$2NH_4Cl + Ca(OH)_2 \xrightarrow{\Delta} CaCl_2 + 2NH_3\uparrow + 2H_2O$

设计意图：学习液氨和铵盐的化学性质和应用，先让学生预习书本，再通过演示实验，加深学生对其化学性质的理解，落实"宏观辨识与微观探析"这一核心素养。通过以问题的形式，组内合作交流解决生活的问题，体现以学生为中心的教学理念；引导学生从微粒观的视角，形成物质结构决定性质，性质决定用途的思想；通过氨气的实验室制法、工业制法的比较，培养学生的应用观；通过总结，让学生明确科学探究程序，学会运用分类观、转化观使知识条理化。

练：（课堂练习）

例题1. 下列关于氨性质的叙述中正确的是（   ）

A. 氨气可用排水法收集

B. 氨水呈碱性

C. 氨气和酸相遇都能产生白烟

D. 在反应 $NH_3 + H^+ = NH_4^+$ 中，氨失去电子被氧化

例题2. 某同学在实验室中发现了一瓶有刺激性气味的气体，根据气体的判断可能是氨气，但不知是否确实是氨气，下列提供的方法中，你认为能帮他检验是否为氨气的方法是（   ）

A. 将湿润的红色石蕊试纸放在瓶口

B. 将干燥的红色石蕊试纸放在瓶口

C. 用蘸有浓盐酸的玻璃棒靠近瓶口

D. 将湿润的蓝色石蕊试纸放在瓶口

（课后练习）

课本103页 第2、4题

设计意图：巩固所学内容，切实理解氨气和铵盐的性质与用途，学会类比迁移，掌握一种物质的性质。此外，将性质与用途联系起来，培养学生学以致用的意识和能力。

乙醛[*]

人教版 高二（选修5）
铜仁市第二中学 文盲

一、教学设计思路分析

教材分析

本节内容选自人教版高中《化学（选修5）》有机化学基础第三章"烃的含氧衍生物"第二节"醛"。在必修2里面我们已经学习了乙酸和乙醇两种烃的含氧衍生物，在原有的基础上学习醛的性质和用途。乙醛是现行高中化学教材"烃的衍生物"内容，向学生介绍的另一类典型的重要的有机化合物。由于醛基的活泼性，醛可以发生多种化学反应，在有机合成中起着重要的作用。学好这一课，可以让学生掌握在烃的衍生物的学习中，抓住官能团的结构和性质这一中心，确认结构决定性质这一普遍性规律，既巩固了烷、烯、炔、芳香烃的性质，又为后面的羧酸、酯和糖类的学习打下坚实的基础，使学生学会以点带面的学习方法，提高了学生思维能力，提高了学生的学习素质。

设计思路

1. 给出教学目标（分三个方面）。从具体课题与课题的目标入手，给学生思考方向。

2. 组内理解分析得出对概念的初级认知。通过对资料的归纳整理与组内人员的头脑风暴，互相发现、启发、分析，通过互相交流得出组内对概念的初级认知。

3. 组间分享得出更深层次认知。组间通过分享各组得出的概念认知，对概念认知进行深层次的完善，对错误的认知进行佐证与分析，增强学生的学习兴

---

* 贵州省教育科学规划"学力发展"课题（2018B172）教学设计。

趣，体检化学在生活中的应用。

4. 多层次题目展示（组间讨论所得结果）。教师进行多层次题目展示，学生通过返回讨论式学习方式，归纳总结出正确答案。

学情分析

考虑学生的基础情况，可引导学生在复习乙醇的基础上引入乙醛内容。通过对乙醛分子结构的分析，运用分组实验、讨论归纳等方式对乙醛的化学性质进行探究和学习。并适时设疑，设置好教学梯度，使学生逐步了解乙醛的化学性质。

课时安排

一课时

二、教学设计方案

教学目标

1. 初步了解乙醛的物理性质；

2. 掌握乙醛的结构，感悟结构决定性质的关系；

3. 通过乙醛的化学性质学习，感悟化学在生活的应用。

教学策略

1. 信息技术手段的使用：制作 PPT 课件。

2. 教学重难点的解决办法：采用对教学重点和难点分小步子的教学策略，来提高课堂教学效率。

模式选择

1. 学思讲模型（ √ ）2. 费曼模型（   ）3. 五何模型（   ）

三、教学过程与方法

导：

1. 在日常生活中我们都会有这样的疑问，为什么有的人喝酒"千杯不醉"，而有的人喝一点酒就面红耳赤，情绪激动甚至酩酊大醉？那么同学们想知道这到底是为什么吗，这与我们今天所学习的物质——乙醛有关。

2. 人的酒量大小与酒精在人体内的代谢产物和过程有很大关系。乙醇进入人体内，首先在乙醇脱氢酶的作用下氧化为乙醛，接着生成的乙醛又在酶的作用下被氧化为乙酸，最后转化为 CO_2 和 H_2O。如果人体内这两种酶的含量都很大的话，酒精的代谢速度就很快。但如果人体内这两种酶的含量不够大，特别是缺少将乙醛氧化成乙酸的酶，饮酒后就会引起体内乙醛积累，导致血管扩张而脸红，同时作用于人的神经系统，因此人就会醉。

第一板块

教学目标1：初步了解乙醛的物理性质。

导：

（课前布置预习：1. 预习乙醛的物理性质；2. 预习乙醛的结构；3. 预习乙醛的化学性质。圈出预习中的疑惑之处，将疑惑写成问题，提交给小组长）1. 根据课前布置预习，检查预习情况；2. 寻问学生在预习中存在的问题。

设计意图：提前预习，才能发现预习问题，提高上课的效率。

学：

预习书本第56页第1、2段，归纳乙醛的物理性质

问：

观察各自桌上的乙醛试样，感受其颜色、状态，并嗅其气味等，思考乙醛有哪些物理性质？

思：

【分组讨论】实验室如何保存乙醛？利用乙醛的物理性质，组内讨论出保存乙醛的注意事项。

讲：

【物理性质】无色、具有刺激性气味的液体，密度比水小，沸点是$20.8℃$，易挥发，易燃烧，能跟水、乙醇等互溶。

设计意图：学习乙醛的物理性质，先让学生预习书本，自己归纳出乙醛的物理性质，再通过实物，让学生加深感受乙醛的物理性质，体现以学生为中心的教学理念，让学生自己动起来的思想，最后通过引导学生对问题进行思考，从而体现出来化学在生活中的应用。

第二板块

教学目标2：掌握乙醛的结构，感悟结构决定性质的关系。

学：

自主预习书本第56页第2段，感悟乙醛的结构。

问：

你能写出乙醛的结构吗？

思：

提示：1 写出乙醛的分子式；2. 写出乙醛的结构式；3. 写出乙醛的结构简式；4. 写出乙醛的官能团。

【思考】1. 结构决定性质，决定乙醛化学性质的是哪个结构？2. 官能团的结构。

讲：

【乙醛的结构】

分子式：C_2H_4O 结构式：

结构简式：CH_3CHO

官能团：—CHO 或—$\overset{\displaystyle O}{\overset{\|}{C}}$—H（醛基）官能团是决定有机物化学特性的原子团或原子。

设计意图：学习乙醛的结构，要先让学生预习书本，自己找出乙醛的相关结构，再通过问题，让学生自己归纳出乙醛结构，体现以学生为中心的教学理念，让学生自己动起来的思想，最后通过引导学生对问题进行思考，从而引出下一部分乙醛化学性质的学习。

第三板块

教学目标 3：掌握乙醛的化学性质。

教学目标 4：感受化学在生活的应用。

学：

1. 预习书本 57 到 58 页，感悟乙醛的化学性质。2. 演示实验：乙醛和银氨溶液的反应；乙醛和新制的氢氧化铜的反应。

问：

乙醛的化学性质是什么？

思：

（提示）1. 乙醛分别和银氨溶液、新制的氢氧化铜反应，说明乙醛具有什么性？2. 写出乙醛分别和银氨溶液、新制的氢氧化铜反应的化学方程式？3. 乙醛能否燃烧，若能，则写出其燃烧的化学方程式？4. 乙醛能否燃烧和氢气发生加成反应，若能，则写出其化学方程式？

（思考）乙醛在生活中的应用在哪些方面？1. 乙醛能被弱氧化剂氧化，能否被高锰酸钾氧化呢？2. 用什么特征反应来检验有机物中醛基的结构？3. 依据乙醇在人体的消化过程，你认为乙醛还能被氧气氧化成哪种物质？

讲：

【乙醛的化学性质】

1. 加成反应：$CH_3-\overset{\overset{\displaystyle O}{\|}}{C}-H+H_2\xrightarrow[\Delta]{催化剂}CH_3CH_2OH$

2. 氧化反应：

（1）燃烧：$2CH_3CHO+O_2\xrightarrow{点燃}4CO_2+4H_2O$

（2）催化氧化：$2CH_3CHO+O_2\xrightarrow[\Delta]{催化剂}2CH_3COOH$

（3）银镜反应：$CH_3CHO+2Ag（NH_3）_2OH\xrightarrow{\Delta}CH_3COONH_4+3NH_3+2Ag\downarrow+H_2O$

（4）与新制的 $Cu（OH）_2$：$2Cu（OH）_2+CH_3CHO+NaOH\xrightarrow{\Delta}Cu_2O\downarrow+3H_2O+CH_3COONa$

说明乙醛中的醛基强且具有还原性，能和弱氧化剂反应。而其中与银氨溶液以及新制的氢氧化铜反应的现象具有很强的特征性，是用来定性或定量检查醛基结构的方法。

设计意图：学习乙醛的化学性质和应用，要先让学生预习书本，自己感受乙醛的化学性质，再通过演示实验，加深学生对乙醛化学性质的理解，通过以问题的形式，组内合作交流解决生活的问题。体现以学生为中心的教学理念，让学生自己动起来的思想，让学生感悟化学在生活中的魅力。

练：（分层作业）
课后习题第1、2、3、4、5题。

有机化合物的结构特点[*]

人教版　高二（选修5）

铜仁市第二中学　匡婷

一、教学设计思路分析

教材分析

本节内容选自人教版高中《化学（选修5）》有机化学基础第一章"认识有机化合物"第二节"有机化合物的结构特点"。在必修2模块中，学生已具备了有机化学的初步知识，初步了解了有机化合物的同分异构现象，认识到有机化合物种类的多样性与其结构特点有关，在上一节"有机化合物的分类"的学习中，已经认识到按碳骨架对有机物进行分类的方法，本节从碳原子的成键特点认识同分异构现象——碳链异构、位置异构、官能团异构，为下一步学习"系统命名法"做准备。所谓"结构决定性质"，所以本节的学习是学生学习后续章节"有机物性质"的基础。

设计思路

以核心素养为指导思想，参照"学力发展课堂"课题"发展性学力"的培养要求，结合思维课堂的基本设计思路，设计课题。

给出教学目标；组内理解分析得出对概念的初级认知；组间分享得出更深层次认知；多层次题目展示（组间讨论所得结果）；归纳得出错误认知原因；提升题目展示；完善概念认知。

学情分析

学生在必修2模块中，已经对有机化学有了初步的认识，初步了解了有机化合物的同分异构现象，认识到有机化合物种类的多样性与其结构特点有关；

＊　贵州省教育科学规划"学力发展"课题（2018B172）教学设计。

学生也已学习了共价键的相关知识。这已经为本节课的学习打下了良好的基础。在此基础上，本节课要重点引导学生从碳原子的成键特点来认识同分异构现象——碳链异构、位置异构、官能团异构，并能正确书写有机物的同分异构体。

课时安排

一课时

二、教学设计方案

教学目标

1. 掌握有机物的成键特点，理解有机物种类繁多的原因；

2. 掌握同分异构现象有机物同分异构体的书写；

3. 用球棍制作分子模型，找出有机物的同分异构。强化同分异构体的书写应考虑几种异构形式——碳链异构、位置异构、官能团异构，强化同分异构体的书写练习；

4. 通过同分异构体的书写练习，培养思维的有序性、逻辑性、严谨性。

教学策略

1. 信息技术手段的使用：制作 PPT 课件。

2. 教学重难点的解决办法：采用对教学重点和难点分小步子的教学策略，来提高课堂教学效率。

模式选择

1. 学思讲模型（ √ ）2. 费曼模型（   ）3. 五何模型（   ）

三、教学过程与方法

导：有机物种类繁多，有很多有机物的分子组成相同，但性质却有很大差异，为什么？结构决定性质，结构不同，性质不同。这就是我们今天要学习的内容——有机化合物的结构特点。

第一板块

教学目标1：初步了解有机物的成键特点。

导：

1. 检查课前预习内容：预习有机物的成键特点；预习有机物的同分异构现象。

2. 寻问学生在预习中存在的问题。

设计意图：让学生提前预习要学的新内容。

学：

预习书本第 7 页第 1、2、3 段，归纳有机物的成键特点。

碳原子最外层有 4 个电子，不易失去或获得电子而形成阳离子或阴离子。每个碳原子不仅能与氢原子或其他原子形成 4 个共价键，而且碳原子之间也能以共价键相结合。

问：

依据每组所给各种球棍模型以及比例模型分组，指导学生搭建甲烷、乙烯、苯等有机物的球棍模型并进行交流与讨论。感受有机物的成键有何特点？

思：

【分组讨论】碳原子最外层电子数是多少？怎样才能达到 8 电子稳定结构？碳原子的成键方式有哪些？碳原子的价键总数是多少？什么叫不饱和碳原子？

讲：

有机物中碳原子的成键特征：1. 碳原子含有 4 个价电子，易跟多种原子形成共价键达到 8 电子稳定结构；2. 易形成单键、双键、叁键、碳链、碳环等多种复杂结构单元；3. 碳原子价键总数为 4。

不饱和碳原子：指连接双键、叁键或在苯环上的碳原子（所连原子的数目少于 4）。

设计意图：学习有机物的成键特点，先让学生预习书本，自己归纳整理，再通过球棍模型，让学生加深感受有机物的成键特点，体现以学生为中心的教学理念，以及让学生自己动起来的思想。

第二板块

教学目标 2：掌握有机物的同分异构现象。

学：

自主预习书本 9~10 页，感悟有机物的同分异构现象。

问：

你能写出丁烷与 C_2H_6O 的同分异构体吗？

思：

提示：1. 写出丁烷的分子式；2. 写出同分异构体；3. 写出 C_2H_6O 的同分异构体。

【分组讨论】1. 为什么会出现同分异构体？同分异构体如何书写？2. 同分异构体的种类有哪些？

讲:

展示:丁烷与 C_2H_6O 同分异构体的书写。

丁烷:$CH_3CH_2CH_2CH_3$、$(CH_3)_2CHCH_3$

C_2H_6O:CH_3CH_2OH、CH_3OCH_3

归纳同分异构体的种类:碳链异构、位置异构、官能团异构。

碳链异构:化合物分子中的碳原子骨架连接方式不同,构成不同的碳链或碳环,一般用于形容碳氢化合物。

位置异构:组成相同而分子中的取代基或官能团在碳架上的位置不同。

官能团异构:分子式相同,但构成分子的官能团不同。

例题1:写出己烷的同分异构体。

例题2:书写 $C_3H_6O_2$ 的同分异构体。

设计意图:学习有机物的同分异构现象,先让学生预习书本,自己找出相关知识,再通过设计问题,让学生自己归纳整理,体现以学生为中心的教学理念,让学生自己动起来的思想,最后通过引导学生对问题进行思考,从而引出主要内容。

练:(分层作业)

课后习题第1、2、3、4、5题。

有机化合物的命名*

人教版　高二下（选修5）

铜仁市第二中学　陈徐

一、教学设计思路分析

教材分析

有机化合物结构复杂，种类繁多，普遍存在同分异构现象。为了使每一种有机化合物有对应一个名称，所以必须按照一定的原则和方法，对每一种有机化合物进行命名。这是高中化学中唯一较系统地学习有机物的命名方法，通过命名来区别不同物质，更重要的是利用命名来反映物质内部结构的特殊性和分子组成中的数量关系。同时，还可以从有机物名称了解物质结构，从而可以初步推断物质的大致性质。这一节的内容可以说是学生今后学习有机物知识的必要环节。因此在学习系统命名法时，首先要使学生了解掌握命名法的重要性。

设计思路

以核心素养为指导思想，参照"学力发展课堂"课题"发展性学力"的培养要求，结合思维课堂的基本设计思路，设计课题。

学情分析

1. 知识技能方面：学生已经学习了有机物的分类、碳原子的结构特征以及同分异构体的判断与书写，知道了有机物同分异构现象的原因。

2. 学习方法方面：对同分异构现象的拼插，使学生对重复同分异构体的辨别有了一定的经验，掌握了一定的归纳方法。

因此烷烃的系统命名比较容易掌握，在充分掌握这个知识的基础上给出最简单的烯烃让学生自己命名，再逐渐增加碳原子的个数，学生会根据已有的知

---

* 贵州省教育科学规划"学力发展"课题（2018B172）教学设计。

识尝试命名，于是可以小结出烯烃的系统命名法；此时完全可以让学生自己讨论得出炔烃的系统命名的方法。

课时安排

一课时

二、教学设计方案

教学目标

1. 在掌握烷烃的系统命名法的基础上，初步了解烯烃、炔烃的命名；

2. 通过在教学中创设情景、创造问题讨论、交流、分组合作的方式，充分发挥学生的主体作用，引导学生比较、归纳、动手练习，提炼出简单的烃类化合物的系统命名方法。

教学策略

1. 信息技术手段的使用：制作 PPT 课件。

2. 教学重难点的解决办法：采用对教学重点和难点分小步子的教学策略，来提高课堂教学效率。

模式选择

1. 学思讲模型（ √ ）2. 费曼模型（ ）3. 五何模型（ ）

三、教学过程与方法

导：

中国有 13 亿人口，如果大家名字都相同，那会怎样呢？

有机化合物结构复杂，种类有两千多万种，又普遍存在同分异构现象，因此，用一定的方法对这些有机物进行命名，使每一种有机化合物对应一个名称是很必要的，这节课我们就来学习有机物的命名方法，重点掌握有机物的系统命名法。

第一板块

导：

1. 检查课前预习内容：烷烃命名的相关理解。

2. 寻问学生在预习中存在的问题。

设计意图：提前预习，才能发现预习问题，提高上课的效率。

学：

1. 学生自学"烃基""烷基"的概念，思考、讨论"基"与"根"有何区别，并作回答。

补充说明：烃基一般呈电中性，属于烃的一部分，不能独立存在，而"根"往往带有电荷，可以在溶液中独立存在；"基"与"根"在电子式的写法上的区别。

2. 在烷烃通式的基础上由学生自己推导一价烷基的通式并写出 $-C_3H_7$ 和 $-C_4H_9$ 的异构种类。

问：

下列戊烷的同分异构体分别叫什么？

1. $CH_3 - CH_2 - CH_2 - CH_2 - CH_3$

2. $H_3C - \underset{CH_3}{\overset{CH_3}{\underset{|}{\overset{|}{C}}}} - CH_3$

3. $H_3C - \underset{CH_3}{\overset{|}{CH}} - CH_2 - CH_3$

学生活动：学生分组讨论并派代表回答名称。

（1）正戊烷　　（2）异戊烷　　（3）新戊烷

思：

习惯命名法在实际应用中有很大的局限性，因此，中国化学会根据国际纯粹与应用化学联合会（IUPAC）规定，结合汉字特点，制定了中文系统命名法。

那么，根据系统命名法，庚烷的同分异构的名称是什么？请大家阅读教材第13页和第14页研究系统命名法的步骤和原则，并给这些有机物命名。

讲：

【系统命名法】

1. 系统命名法步骤：

（1）选主链，称某烷；

（2）编位次，定支链；

（3）取代基，写在前；标位次，短线连；

（4）不同基，简到繁；相同基，合并算。

（PPT 屏显）

2. 系统命名原则：

（1）最长原则：选最长碳链为主链；

(2) 最多原则：遇等长碳链时，支链最多为主链；

(3) 最近原则：离支链最近一端编号；

(4) 最简原则：两取代基距离主链两端等距离时，从简单取代基开始编号；

(5) 最小原则：支链编号之和最小。

设计意图：总结规律，加深学生对系统命名法的理解，提高学生解决问题的能力。

第二板块

教学目标2. 掌握烯烃、炔烃的系统命名法。

学：

根据系统命名法，这些烯烃和炔烃的名称是什么呢？

1. $CH_2 = CH - CH_2 - CH_3$

2. $CH_3 - CH = CH - CH_2 - CH_3$

（生）学生自主讨论并尝试命名。

（1）1 - 丁烯

（2）2 - 戊烯

问：

请同学们分组讨论烯烃、炔烃的命名规则是什么？

思：

教师活动：结合教材第15页例题和练习，比较烯烃（或炔烃）命名与烷烃命名的异同。

讲：

1. 烯烃和炔烃的命名步骤：

（1）选主链，含双键（官能团）；

（2）编号位，近双键（官能团）；

（3）写名称，标双键（官能团）。

2. 对烯烃、炔烃命名方法进行总结（对比烷烃）

（1）相似点：长、多、近、简、小的命名原则；

（2）不同点：主链必须含双键（官能团）。

设计意图：引导学生构建知识网络并对所学内容学以致用。

练：（分层作业）

课后习题第1、2、3、4题。

生物"学力课堂"教学设计

细胞核——系统的控制中心[*]

人教版　高一上（必修1）

铜仁市第二中学　张桥许

一、教学设计思路分析

教材分析

本节教材在细胞膜和各种细胞器结构和功能等内容之后，学生通过学习后，对细胞的亚显微结构和功能的认识将更加全面，也为以后的学习作铺垫。如染色质和染色体的关系是学习细胞有丝分裂时染色体变化的基础，细胞核的结构和功能是以后学习遗传的基础，也使学生对"结构和功能相统一"的生命观念有基本认识。另外，其中的伞藻实验也让学生体验了生物学研究的一般方法和过程。

设计思路

以生物学科核心素养为指导思想，参照"学力发展课堂"课题"发展性学力"的培养要求，结合思维课堂的基本设计思路，设计本课题。

学情分析

经过初中阶段的学习，学生对细胞的整体结构如细胞膜、细胞质、细胞核有了初步认识，这部分内容可以看成是初中教材的补充和深入。通过前面几节内容的学习，学生对细胞膜，细胞质及各种细胞器的结构和功能有了基本认识，这节课学习了细胞核后，让学生进一步认识到，细胞是一个统一的整体。加深"结构和功能相统一"的观念。

课时安排

一课时

---

[*]　贵州省教育科学规划"学力发展"课题（2018B172）教学设计。

二、教学设计方案

教学目标

1. 领悟"结构和功能相统一"的生命观念；

2. 其中的伞藻实验也让学生体验了生物学研究的一般方法和过程；

3. 学习细胞核功能的实验探究，培养学生理解科学探究的思维方式。

教学策略

1. 信息技术手段的使用：课件、图片、动画视频。

2. 重难点突破方法：采用对教学重点和难点分小步子的教学策略，来提高课堂教学效率。

模式选择

1. 学思讲模型（ √ ） 2. 费曼模型（   ） 3. 五何模型（   ）

三、教学过程与方法

导：

前几年，《喜羊羊与灰太狼》这部动画片比较流行。假如，喜羊羊的家族里又来了三个新成员，分别是黑羊羊、白羊羊和灰羊羊，黑羊羊、白羊羊非常受他们的欢迎，而灰羊羊常常被冷落。灰羊羊想改变后代的命运，可正常情况下，灰羊羊只能生灰色的羊。灰羊羊的梦想是生一只漂亮的小白羊，怎样才能帮她实现梦想呢？

设计意图：寻找新旧知识的结合点，激发学生的探究欲望和学习生命科学的兴趣。

第一板块

教学目标1：归纳总结出细胞核的功能，培养科学探究能力。

导：

（课前布置预习：预习52~54页"细胞核——系统的控制中心"，尝试归纳出细胞核的功能和结构。圈出预习中的疑惑之处，将疑惑写成问题，提交给小组长）1. 根据课前预习，检查预习情况；2. 寻问学生在预习中存在的问题。

设计意图：检查学生的预习情况，及时了解预习中存在的问题，补充后续学习需要的基础知识，体现以学生为主体，以学生为中心的教学理念。

问：

细胞核有哪些功能？科学家是通过怎样的方式发现的？

思：

【活动一】思考：实验1说明细胞核具有怎样的功能？

实验1：黑白美西螈核移植实验。

【活动二】思考：蝾螈横缢实验说明细胞核具有什么功能？

实验2：蝾螈横缢实验。

【活动三】思考：变形虫切割实验说明细胞核具有什么功能？

实验3：变形虫切割实验。

【活动四】思考：伞藻嫁接实验告诉我们细胞核具有什么功能？如果只有伞藻嫁接实验，设计是否严谨？怎样改进实验？

实验4：伞藻嫁接实验及核移植实验。

讲：

活动一：展示实验动画，美西螈核移植实验说明美西螈的体色主要由细胞核控制。

活动二：展示实验动画，蝾螈横缢实验说明细胞的分裂与细胞核有关。

活动三：展示实验动画，变形虫切割实验说明细胞核控制着变形虫的代谢过程。

活动四：展示实验动画，伞藻嫁接实验说明生物形态结构的建成主要与细胞核有关。本实验的不严谨之处在于假根部分除含有细胞核外，仍含有少量细胞质，不能完全排除细胞质的影响。改进措施：设计伞藻的核移植实验。

细胞核的功能：以上实验说明，细胞核控制着细胞的代谢和遗传，是系统的控制中心。

设计意图：通过活动培养学生的自主学习能力和总结归纳能力；同时，通过对实验的学习探究，培养学生的科学探究能力；另外，细胞核的功能不是凭空想出的，而是通过实验过程推理出的，可以帮助学生培养严谨的科学态度和科学的思维方法。

第二板块

教学目标2：学习并掌握细胞核的结构，体验结构与功能相适应的生命观念。

问：

细胞核既然控制着细胞的代谢和遗传，细胞核的结构又是怎么样的呢？为何细胞核能有这样的功能？

思：

活动：展示细胞核的结构图。启发学生思考：细胞核的主要结构分别是什么？各组成部分各有什么功能？

讲：

细胞核主要由核膜、核仁、染色质组成，核膜上有核孔，核孔具有选择通过性，小分子通过核膜进出细胞核，大分子通过核孔进出细胞核，DNA 分子一般不能通过。核仁与 rRNA 的合成及核糖体的形成有关，代谢旺盛的细胞核仁的体积较大，数目较多。染色质主要由 DNA 和蛋白质组成，DNA 是遗传信息的载体，是细胞生命活动的蓝图。染色质和染色体是同种物质在不同时期的不同形态。最后对细胞核功能的完整总结：细胞核是遗传信息库，是细胞代谢和遗传的控制中心。

设计意图：通过上述各环节，培养学生的自主学习能力和归纳总结能力，学生的"讲"可以锻炼学生的表达能力，同时也可以加深所学知识在学生大脑中的印象，教师的"讲"可以帮助学生纠正理解上的误差，转变学生的思维方式。同时，引导学生树立结构和功能相适应的生命观念。

练：（分层作业）

（一）课堂检查

1. 下列关于细胞核的说法，不正确的是（　　　）

A. 细胞核是遗传物质储存的场所

B. 细胞核控制细胞的代谢和遗传

C. 细胞核位于细胞的正中央，故它是细胞的控制中心

D. DNA 主要存在于细胞核内

2. 染色体的主要化学成分是（　　）

A. DNA 和 RNA　　　　　　　　　B. DNA 和蛋白质

C. RNA 和蛋白质　　　　　　　　D. 蛋白质和脂质

3. 细胞核内行使遗传功能的是（　　）

A. 核膜　　　　　B. 核孔　　　　　C. 染色质　　　　D. 核仁

4. 下列几种细胞结构中，能通过某些大分子物质的是（　　　）

A. 细胞膜　　　　B. 线粒体膜　　　C. 叶绿体膜　　　D. 核孔

5. 科学家将雌黑鼠乳腺细胞核移入白鼠去核的卵细胞内，待发育成早期胚胎后移植入褐鼠的子宫，该褐鼠产下小鼠的体色和性别是（　　　）

A. 黑雌　　　　　　B. 褐雌　　　　C. 白雄　　　D. 黑雄

（二）课后巩固练习

1. 细胞能正常地完成各项生命活动的前提条件是（　　　）

A. 细胞膜保持完整　　　　　　B. 线粒体供能

C. 核内遗传物质　　　　　　　D. 细胞保持完整

2. 下列关于细胞核的叙述，正确的是（　　　）

A. 核膜的主要化学成分是磷脂和蛋白质

B. 不同细胞内，核仁的大小和数量都是一定的

C. 核仁是遗传物质储存的场所，易被碱性染料染成深色

D. 只有等到细胞停止分裂后，才能观察到染色体

3. 模型是人们为了某种特定目的而对认识对象所做的一种简化的概括性的描述。某同学绘制了线粒体的显微结构模式图，他所建构的是（　　　）

A. 物理模型　　　　B. 概念模型　　　C. 数学模型　　　D. 实物模型

4. 下图为典型的细胞核及其周围部分的结构示意图。请据图回答问题。

（1）只有在_____细胞中，使用_____显微镜才可以看到此图所示的结构。

（2）结构④是_____。

（3）③_____的主要成分是蛋白质和_____。蛋白质类物质通过[　　]进入细胞核。

（4）图中可见①_____和⑤_____相连通，使细胞质和核内物质的联系更为紧密。

蛋白质和核酸*

人教版　高三一轮复习

铜仁市第二中学　杨正区

一、教学设计思路分析

教材分析

"蛋白质和核酸"是高中生物一轮复习第三讲内容，本讲内容对蛋白质和核酸的基本结构和功能进行阐述，是学习高中生物的基础，与必修2"遗传的分子基础"部分密切相关。

设计思路

以核心素养为指导思想，参照"学力发展课堂"课题"发展性学力"的培养要求，结合思维课堂的基本思路，设计课题。

学情分析

学生进入高三，对整个高三的学习充满希望。在一轮复习的起始阶段，学生保持着热情的态度，但对一轮复习的方法没有形成稳定的模式。多数学生对学习生物有浓厚兴趣，但农村学生居多，语言表达是一个弱点，对概念的讲解复述较难。学生已上完高中生物所有课程，对知识点已基本掌握，但对核心概念的理解不够透彻，对部分知识点遗忘。

课时安排

一课时

---

* 贵州省教育科学规划"学力发展"课题（2018B172）教学设计。

二、教学设计方案

教学目标

1. 学生对"结构和功能相统一""结构多样性决定功能多样性"的生命观念有进一步认识；

2. 学生通过多肽结构分析的学习，去推导、归纳相关计算公式的能力；

3. 通过观察 DNA 和 RNA 在细胞中的分布实验，让学生掌握实验探究的基本方法。

教学策略

1. 信息技术手段的使用：制作 PPT 课件。

2. 教学重难点的解决办法：采用对教学重点和难点分小步子的教学策略，来提高课堂教学效率。

模式选择

1. 学思讲模型（ √ ）2. 费曼模型（   ）3. 五何模型（   ）

三、教学过程与方法

导：

展示图片（胡歌父子），引导学生分析胡歌父子长得相似的直接原因和根本原因。

概述：自然界中几乎所有的生物，无论简单还是复杂，都存在属于自己独特的蛋白质和核酸，核酸（遗传物质）通过控制蛋白质来控制性状。要弄清楚其中的规律，要先从蛋白质和核酸的基本结构及功能说起。

设计意图：通过现象看本质，培养学生去发现问题、分析问题、解决问题的能力。

第一板块

教学目标：

1. 学生对"结构和功能相统一""结构多样性决定功能多样性"的生命观念有进一步认识。

2. 学生通过多肽结构分析的学习，去推导、归纳相关计算公式的能力。

导：

（课前布置预习：预习"蛋白质和核酸"，学习相关知识和核心概念。圈出预习中的疑惑之处，将疑惑写成问题，提交给小组长）1. 根据课前布置预习，检查预习情况；2. 寻问学生在预习中存在的问题。

设计意图：检查学生的预习情况，及时解决学生在预习中遇到的问题，以便补充后续学习需要的基础知识，体现以学生为主体，以学生为中心的教学理念。

问：

（一）针对核心概念"氨基酸结构"提出问题

1. 氨基酸结构有何特点？

2. 组成氨基酸的元素有哪些？元素分布是否有规律？

3. 必需氨基酸的含义是什么？组成人体的必需氨基酸有几种？

（二）针对核心概念"氨基酸脱水缩合"提出问题

播放课件：脱水缩合（二肽形成）过程，引导学生思考以下3点。

1. 脱水缩合过程，水中的元素来自哪些基团？

2. 何为二肽？

3. 肽键如何书写？

播放课件：三肽的形成过程。引导学生思考问题以下3点。

4. 形成蛋白质的过程，脱水数与氨基酸数、肽链条数、肽键数有什么关系？

5. 什么是游离的氨基和羧基？每条肽链至少有几个游离的氨基和羧基？

6. 蛋白质的分子量怎么计算？

（三）针对核心概念"蛋白质结构多样性的原因"提出问题

展示蛋白质合成过程流程图，引导学生思考：

1. 多肽与蛋白质有何关系？

2. 决定蛋白质结构多样性的原因有哪些？

（四）针对核心概念"蛋白质的功能"提出问题

引导学生回忆所学知识，思考：

1. 我们学过的蛋白质有哪些种类？分别有什么功能？

2. 蛋白质水解、盐析、变性有何区别？

（五）针对核心概念"核酸的结构与功能"提出问题

展示两类核苷酸图片，引导学生思考：

1. 脱氧核糖核苷酸和核糖核苷酸的差异是什么？

2. 组成 DNA 和 RNA 的碱基、核苷酸分别有几种？

展示 DNA 和 RNA 结构图，引导学生思考：

3. 决定核酸多样性的原因有哪些？与决定蛋白质结构多样性的原因有何

区别?

4. 结合所学知识,引导学生思考:核酸有什么作用?

思:

根据自主学习情况,沿着教师提出的问题方向思考。小组讨论,总结答案,并将答案关键部分书写在草稿纸上。

讲:

采取分组上台按问题顺序讲(可小组抽签,亦可指派小组或个人)

设计意图:1. 按学习任务分解的"小步子"学习,每一步任务都很具体,有效地解决在最初学习过程中的"虚假学习"问题。2. 学生在教学活动中,便于老师观察学生的学习状态并调整教学行为。3. 学需疑也:(1)培养学生提问的能力;(2)以问题链组织课堂,课堂结构清晰。4. 训练学生的高中生物核心素养:概括思维能力。5. 突破难点交由学生完成,一步步得出自己对问题的理解。6. 锻炼学生的思维能力和表达能力。

第二板块

教学目标3:通过观察 DNA 和 RNA 在细胞中的分布实验,让学生掌握实验探究的基本方法。

问:

通过实验,观察 DNA 和 RNA 在细胞中的分布,提出问题:

1. 实验原理是什么?

2. 甲基绿和吡罗红为何必须混合使用?

3. 实验步骤有哪些?其中盐酸有什么作用?

思:

通过甲基绿和吡罗红的作用原理,引导学生思考试剂的用法。在草稿纸上归纳实验原理、试剂的使用方法、盐酸的作用、实验步骤。

讲:

展示实验步骤:制片→水解→冲洗→染色→观察→现象→结论,强调操作步骤的顺序。

设计意图:以实验为基础,培养学生的自主探究能力,让学生学会通过试剂作用原理去分析、归纳试剂的使用方法和步骤。

练:(分层作业)

(一)课堂检查

1. 与 DNA 相比,RNA 特有的化学物质组成是胸腺嘧啶(T)和脱氧核糖。

(　　)

2. 大肠杆菌体内既有 DNA，又有 RNA，但以 DNA 作为遗传物质。(　　)

3. 具有氨基和羧基的化合物，都是构成蛋白质的氨基酸。(　　)

4. 由 51 个氨基酸形成某蛋白质的过程中共脱水 48 个，则形成的肽键数目、该蛋白质含多肽链的条数、该蛋白质分子中最少含氨基数目各是 (　　)

A. 48、3、51　　　　B. 50、3、3　　　　C. 48、3、48　　　　D. 48、3、3

5. 下列生理作用不能体现蛋白质功能的是 (　　)

A. 抗体具有免疫作用

B. 血红蛋白具有运输载体的功能

C. 性激素促进生殖细胞的生成

D. 唾液淀粉酶具有催化作用

（二）课后巩固练习

1. 人体细胞中组成核酸的五碳糖、碱基和核苷酸种类依次是（　　）

A.2　4　4　　　　　B.4　4　4　　　　　C.2　5　8　　　　　D.2　8　8

2. 血红蛋白分子中含有 4 条多肽链，共由 574 个氨基酸构成，则血红蛋白分子中含有的肽键和至少含有的游离氨基和羧基数分别是（　　）

A. 574、574、574　　　　　　　　B. 570、570、570

C. 574、4、4　　　　　　　　　　D. 570、4、4

3. 在生物体内，作为生命活动的体现者、遗传信息的携带者、膜结构的主要成分的化合物，依次分别为（　　）

A. 糖类、脂类、核酸　　　　　　　B. 蛋白质、磷脂、核酸

C. 蛋白质、糖类、核酸　　　　　　D. 蛋白质、核酸、磷脂

4. 下图是某物质结构示意图，请根据图回答下面的问题。

（1）该物质名称为＿＿＿＿＿＿＿＿＿＿＿＿＿＿＿＿＿＿。

（2）该化合物共有＿＿＿＿＿＿＿＿＿种氨基酸缩合而成，氨基酸缩合后形成的化学键是指图中的＿＿＿＿＿＿＿＿＿＿。

（3）该物质水解时需要＿＿＿＿＿＿＿个水分子，此过程除了需要水分子外，还需要＿＿＿＿＿＿＿＿＿的参与。

生物膜的流动镶嵌模型[*]
人教版 高一上（必修1）
铜仁市第二中学 姚维

一、教学设计思路分析

教材分析

"生物膜的流动镶嵌模型"是新课标人教版高中生物必修1第四章第二节内容。在此之前的第一章和第二章介绍了构成生物体的化学元素和各种化合物，将生命的物质基础呈现给了学生。第三章开始，学生开始接触生命的结构基础——细胞，从细胞水平了解生物体，为后面新陈代谢等内容奠定基础。本节内容是系统理解细胞结构与功能的第一步，起着承上启下的作用。要学好本节内容，必须让学生建立起"结构与功能相适应"这一最基本的生命观念，并初步学会运用这一观点进行科学推理。

设计思路

以生物学科核心素养为指导思想，参照"学力发展课堂"课题"发展性学力"的培养要求，结合思维课堂的基本设计思路，设计本课题。

学情分析

学生已经了解了细胞、知道了组成细胞的分子、掌握了细胞的基本结构，尤其是细胞膜作为最基本生命系统的边界等相关知识，为本节知识的学习奠定了基础。高中学生具备了一定的观察能力和认知能力，分析思维的目的性、连续性和逻辑性也已初步建立，但还很不完善，对事物的探索好奇，又往往具有盲目性，缺乏目的性，并对探索科学的过程与方法及结论的形成缺乏理性的思考。

---

[*] 贵州省教育科学规划"学力发展"课题（2018B172）教学设计。

课时安排

一课时

二、教学设计方案

教学目标

1. 理解生物膜的结构特点和功能特点，对生物体的"结构与功能相统一"的生命观念有进一步认识；

2. 通过生物膜"流动镶嵌模型"的构建过程体会科学的思维方式，同时也能体验科学探究的过程。

教学策略

1. 信息技术手段的使用：多媒体课件、生物模结构模型。

2. 重难点突破方法：采用对教学重点和难点分小步子的教学策略，来提高课堂教学效率。

模式选择

1. 学思讲模型（ √ ）2. 费曼模型（   ）3. 五何模型（   ）

三、教学过程与方法

导：

多媒体展示变形虫和红细胞这两种特殊的细胞，教师设问：变形虫和红细胞的这些特点与什么细胞结构有关系？经学生分析后，教师引导出这与细胞膜的结构有关。教师继续设问：细胞膜的结构到底是怎么样的呢？引入课题。

从变形虫和红细胞的例子引入课题，体现了"注重与现实生活相联系"的新课程理念，同时也让学生初步建立"结构与功能相适应"这一基本观点。

设计意图：寻找新旧知识的结合点，激发学生的探究欲望和学习生命科学的兴趣。

第一板块

教学目标 1：学习生物膜结构的探索历程，掌握各探索实验的逻辑联系，尝试构建出生物膜的结构模型。

导：

（课前布置预习：预习 65~68 页"生物膜的流动镶嵌模型"，学习相关知识和核心概念；掌握生物膜的探索过程；尝试画出生物膜的流动镶嵌模型的简图。

圈出预习中的疑惑之处，将疑惑写成问题，提交给小组长）1. 根据课前布置预习，检查预习情况；2. 寻问学生在预习中存在的问题。

设计意图：检查学生的预习情况，及时解决学生预习中存在的问题，补充后续学习需要的基础知识，体现以学生为主体，以学生为中心的教学理念。

问：

组成生物膜的蛋白自分子和磷脂分子是怎样排列的？科学家是通过怎样的方式构建出生物膜流动镶嵌模型的？探究过程中的各实验是否存在一定的联系？在建立生物膜模型的过程中，实验技术的进步起到怎样的作用？结构与功能相适应的观点是如何得到体现的？

思：

【活动一】思考：欧文顿实验的结论是什么？他得出此结论的依据是什么？

实验1：欧文顿的"物质跨膜"演示实验。

【活动二】思考：荷兰科学家的脂质在"空气—水界面"的分布实验结论是什么？怎样推导出该结论？

实验2：脂质在"空气—水界面"的分布实验。

【活动三】思考：罗伯特森的"三明治模型"具体的内容是什么，画出模型图？他提出"三明治模型"的依据是什么，该模型是否正确？人鼠细胞融合实验和变形虫的变形运动是怎样的？

实验3：人鼠细胞融合实验和变形虫的变形运动实验。

【活动四】思考：怎样改进罗伯特森的"三明治模型"，使其能够解释变形虫的运动过程和人鼠细胞融合过程的现象。

讲：

活动一：展示欧文顿物质跨膜实验动画。结论是生物膜中含有脂质。依据是相似相容的化学原理。欧文顿的结论不是很严谨。

活动二：展示脂质在"空气—水界面"的分布实验示意图和磷脂分子的化学结构图，结论是细胞膜中的脂质分子呈连续的两层排列，并且尾部相对，头部朝外。依据：单层磷脂分子的面积是细胞膜表面积的两倍；细胞生存的内外环境都含有大量的水，而磷脂分子头部为亲水端，尾部为疏水端。

活动三：展示人鼠细胞融合实验过程动画和变形虫变形运动过程动画，说明细胞膜不是静止不动而是可以运动的，从而推翻了罗伯特森的"三明治模型"。

设计意图：通过组织活动，培养学生的自主学习能力和总结归纳能力以及图文转换的能力；同时，通过对实验的学习探究过程，培养学生的科学探究能力；另外，细胞膜的结构模型不是凭空想出的，而是通过实验过程逐步推理得出的，可以帮助学生培养严谨的科学态度和科学的思维方法，同时深刻理解"结构与功能"相适应的生命观念。

第二板块

教学目标2：学习并掌握生物膜的流动镶嵌模型的内容，画出结构模型简图。体验结构与功能相适应的生命观念。

问：

教师活动：生物膜的组成成分主要有哪些？他们怎么排列？各有什么作用？

思：

①根据前面学生自主学习的情况尝试回答相关问题，思考生物膜的功能与结构之间的关系，并尝试画出生物膜的结构简图；②自行归纳组成生物膜的各成分的作用与功能。

讲：

展示生物膜的流动镶嵌模型结构示意图，引导学生总结归纳出主城生物膜的主要成分和流动镶嵌模型的基本内容：磷脂双分子层构成生物膜的基本骨架；蛋白质分子有的嵌入磷脂双分子层，有的贯穿于磷脂双分子层，有的镶在磷脂双分子层的表面；组成生物膜的磷脂分子和蛋白质分子大多是可以运动的。另外，在细胞膜的外表面还有糖链和蛋白质组成的糖蛋白，称为糖被。糖被与细胞识别有密切关系，消化道和呼吸道上的糖蛋白具有保护和润滑的作用；除此之外，细胞膜上还有糖类和脂质组成的糖脂，也是糖被的组成成分。

设计意图：通过上述各环节，培养学生的自主学习能力和归纳总结能力，学生的"讲"可以锻炼学生的表达能力，同时也可以加深所学知识在学生大脑中的印象，教师的"讲"可以帮助学生纠正理解上的误差，转变学生的思维方式。同时，引导学生树立结构和功能相适应的生命观念。

练：（分层作业）

（一）课堂检查

1. 生物膜的流动镶嵌模型认为生物膜是（　　　）

①以磷脂双分子层为基本骨架　②蛋白质—脂质—蛋白质的三层结构　③静止的　④流动的

A. ①③　　　　　　B. ②④　　　　　　C. ①④　　　　　　D. ②③

2. 细胞膜的结构特点是，具有一定的流动性，下列中能反映该特点的是

（　　）

①高尔基体形成的囊泡与细胞膜融合　　②变形虫能伸出伪足

③吞噬细胞吞噬病菌　　　④分泌蛋白的运输过程

⑤核糖体中合成的蛋白质进入到细胞核内

A. ①②④　　　　　B. ②③④　　　　　C. ①②③④　　　　D. ①②③④⑤

3. 大气中的氧气与血红蛋白结合，至少需要穿过的磷脂分子层数是（　　）

A. 4 层　　　　　B. 6 层　　　　　C . 8 层　　　　　D. 10 层

4. 细胞膜上与细胞的识别、信息传递等有密切关系的化学物质是 （　　）

A. 糖蛋白　　　　B. 磷脂　　　　　C. 脂肪　　　　　D. 核酸

5. 细胞膜具有流动性是指 （　　）

A. 整个细胞膜具有流动性

B. 细胞膜上的磷脂是静止的，蛋白质具有流动性

C. 细胞膜上的蛋白质是静止的，磷脂具有流动性

D. 细胞膜上的磷脂和绝大多数蛋白质都具有流动性

（二）课后巩固练习

1. 将酶、抗体、核酸等生物大分子或小分子药物用磷脂制成的微球体包裹后，更容易运输到患病部位的细胞中，这是因为（　　）

A. 生物膜具有选择透过性，能够允许对细胞有益的物质进入

B. 磷脂双分子层是生物膜的基本支架，且具有一定的流动性

C. 微球体能将生物大分子药物水解成小分子药物

D. 生物膜具有半透性，优先让生物大分子物质通过

2. 下列关于细胞膜的结构及特点的叙述，错误的是 （　　）

A. 磷脂双分子层组成基本支架

B. 组成膜的物质运动使其具有一定的流动性

C. 球形蛋白质分子覆盖在磷脂双分子层表面或镶嵌、贯穿于其中

D. 结构特点是具有选择透过性

3. 细胞膜与其完成各种生理功能极为重要的结构特点是 （　　）

A. 磷脂排列成双分子层

B. 两侧膜物质分子排列不对称

C. 球蛋白分子覆盖或镶嵌于磷脂双分子层

D. 膜物质分子的运动使其具有流动性

4. 下图表示细胞膜的亚显微结构模式图，请据图回答下列问题。

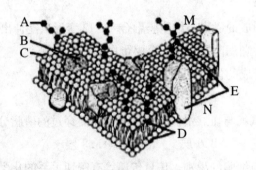

（1）图中［B］_____的基本组成单位是_____。构成细胞膜基本支架的结构是［　］_____。

（2）与细胞膜的识别功能有关的结构是［　］_____。

（3）吞噬细胞吞噬细菌的过程体现了细胞膜具有_____性。这是因为_____。

（4）不同细胞细胞膜的生理功能不同，主要取决于细胞膜上的哪种结构？_____（填写标号）。

细胞器——系统内的分工合作[*]

人教版　高一上（必修1）
铜仁市第二中学　温清

一、教学设计思路分析

教材分析

本节课为高中必修1"分子与细胞"（人教版）第3章第2节"细胞器——系统内的分工合作"中的内容。第2节包括"细胞器之间的分工""细胞器之间的协调配合"两大部分。本节是学生认识细胞整体结构的重要组成部分，在本章中占有重要地位。本节课是第一课时，主要内容是认识各种细胞器，知道细胞器的名称，并能说出其结构和功能，也使学生对"结构和功能相统一"的生命观念有进一步认识。本节内容为后面学习植物细胞吸水和失水、细胞呼吸、光合作用、有丝分裂等内容打下基础，在整本教材中也有着重要的意义。

设计思路

以生物学科核心素养为指导思想，参照"学力发展课堂"课题"发展性学力"的培养要求，结合思维课堂的基本设计思路，设计本课题。

学情分析

学生在第一章学习了高倍镜的使用、有关细胞膜的知识以后，再进行本节内容的学习时，已有了良好的基础；经过一段时间的训练，学生对于探究、合作交流自学也有了一定的能力，但能力有限，需要加强。本节教学中，应强调学生自学、探究与合作交流的能力。

课时安排

一课时

---

* 贵州省教育科学规划"学力发展"课题（2018B172）教学设计。

二、教学设计方案

教学目标（学科核心素养目标）

1. 用类比法认识细胞内各细胞器及其分工，学会分析和理解问题，发展自身的综合能力；

2. 阅读相关资料，尝试回答问题，从而领悟结构与功能相适应的生命观念。

教学策略

1. 信息技术手段的使用：多媒体课件、线粒体亚显微结构模式图、细胞内部结构动画。

2. 重难点突破方法：采用对教学重点和难点分小步子的教学策略，来提高课堂教学效率。

模式选择

1. 学思讲模型（ √ ） 2. 费曼模型（   ） 3. 五何模型（   ）

三、教学过程与方法

导：

同学们！知道我国的神舟系列飞船的研制涉及全国多少个科研单位吗？我们贵州有科研单位参与吗？细胞是最基本的生命系统，细胞就像一个繁忙的工厂，在细胞质中存在着许多忙碌不停的车间，这些车间都有一定的结构，我们就把细胞中这些具有一定结构和功能的车间统称为细胞器，那么具体的细胞器包括哪些？

设计意图：寻找新旧知识的结合点，激发学生的探究欲望。

第一板块

教学目标1：掌握分离各细胞器的方法，对细胞器形成初步了解。

导：

（课前布置预习：预习44~51页"细胞器——系统内的分工合作"。学习相关知识和核心概念：细胞器的分工、细胞器的合作，找出重点内容，掌握各种细胞器的形态及功能；尝试画出几种重要细胞器的简图。圈出预习中的疑惑之处，将疑惑写成问题，提交给小组长）1. 根据课前布置预习，检查预习情况；2. 寻问学生在预习中存在的问题。

设计意图：检查学生的预习情况，及时解决学生在预习中遇到的问题，以便补充后续学习需要的基础知识，体现以学生为主体、以学生为中心的教学理念。

问：

向学生提出问题：在动物细胞和植物细胞中常见的细胞器有哪些？动植物细胞的区别在哪里？细胞器这么小，一个细胞中又有多种细胞器，那么，怎样对某一种细胞器进行分析研究呢？如何把这些细胞器分离？大家联系之前细胞膜的制备，思考一下，细胞器分离可以用分离细胞膜的方法吗？

思：

【活动一】思考：如何分离细胞中的各种细胞器？

实验1："差速离心法"演示实验。

【活动二】思考：各种细胞器的形态不同，那它们的结构和功能又有何特点呢？

教师活动：展示几种重要细胞器的结构简图。

【活动三】细胞质中除了这些细胞器之外，有没有其他物质？是不是空的？

实验2：讲解"用高倍显微镜观察叶绿体和线粒体"实验，通过叶绿体的流动引出胞质溶胶的存在。

讲：

活动一：通过"差速离心法"可得到细胞质中质量不同的细胞器分离纯化。

活动二：在教室内巡查，注意收集各小组讲述的情况，针对学生讲不明白的内容进行重点讲解。展示学生画的细胞结构示意图，引导学生总结归纳出细胞器的结构特征及主要功能。细胞中的细胞器主要有：线粒体、内质网、中心体、叶绿体、高尔基体、核糖体、溶酶体、液泡。线粒体是细胞进行有氧呼吸的主要场所，又称"动力车间"，细胞生命活动所需的能量，大约95%来自线粒体。双层膜，形状为椭球形，有少量DNA和RNA，能相对独立遗传，存在于所有真核生物细胞中（蛔虫等厌氧菌除外）。叶绿体是绿色植物能进行光合作用的细胞中含有的细胞器，是植物细胞的"养料制造车间"和"能量转换站"，双层膜，形状为扁平椭球形或球形。内质网是由膜连接而成的网状结构，是细胞内蛋白质的合成和加工，以及脂质合成的"车间"。高尔基体是对来自内质网的蛋白质加工、分类和包装的"车间"及"发送站"。溶酶体分解衰老、损伤的细胞器，吞噬并杀死入侵的病毒或细菌。液泡是调节细胞内的环境，是植物细胞保持坚挺的细胞器，含有色素（花青素）。核糖体是蛋白质合成的场所，它是由RNA和蛋白质构成的。中心体是细胞中一种重要的无膜结构的细胞器，存在于动物及低等植物细胞中，每个中心体主要含有两个中心粒，它是细胞分裂时内部活动的中心。

活动三：展示（叶绿体）胞质环流的动画，说明细胞内存在胞质溶胶，并且其不是静止不动而是可以运动的。

设计意图：按学习任务分解的"小步子"学习，每一步任务都很具体，有效地解决了在学习过程中的"虚假学习"问题；学生在教学活动中，便于老师观察学生的学习状态并调整教学行为；学需疑也，培养学生提问的能力；以问题链组织课堂，课堂结构清晰。

第二板块

教学目标2：掌握各细胞器之间如何进行协调配合，体验结构与功能相适应的生命观念。

问：

教师活动：以"分泌蛋白的合成和运输"为例，学习各细胞器之间如何进行协调配合？

学生活动：提出预习过程中不能理解掌握的疑问。

思：

教师活动：展示同位素标记实验，讲解分泌蛋白的合成和分泌的动态示意图。

活动一：启发学生思考，参与分泌蛋白的合成与分泌的细胞器有哪些？它们分别发挥什么功能？形态如何与功能相适应？

学生活动：根据前面自主学习情况尝试回答相关问题；自行归纳相应细胞器的作用与功能。

讲：

教师：讲解分泌蛋白的合成和运输过程。先通过细胞内的核糖体形成氨基酸肽链，然后在糙面内质网内，肽链盘曲折叠构成蛋白质，接着糙面内质网膜会形成一些小泡，里面包裹着蛋白质，小泡运输蛋白质到高尔基体，蛋白质进入高尔基体后，进行进一步的加工，然后形成一些小泡，包裹着蛋白质，运输到细胞膜处，小泡与细胞膜接触，蛋白质就分泌到细胞外了。

学生：小组内已经掌握的成员向未掌握的成员讲解细胞器——系统内的分工合作的内容要点，并协助画出相应的结构简图，将文字转化成图形，促进记忆，以及讲述各组成成分的作用与功能。

设计意图：通过上述各环节，培养学生的自主学习能力和归纳总结能力，学生的"讲"可以锻炼学生的表达能力，同时也可以加深所学知识学生在大脑中的印象，教师的"讲"可以帮助学生纠正理解上的误差，转变学生的思维方式。同时，引导学生树立结构和功能相适应的生命观念。

练：（分层作业）

（一）课堂检查

1. 植物细胞中含有 DNA 的结构是（　　）

A. 细胞膜和细胞壁　　　　　　　　B. 液泡和核糖体

C. 线粒体和细胞核　　　　　　　　D. 核糖体和叶绿体

2. 在动物细胞中，具有双层膜的结构是（　　）

A. 线粒体　　　　B. 叶绿体　　　　C. 核糖体　　　　D. 溶酶体

3. 能增大细胞内膜面积的结构是（　　）

A. 内质网　　　　B. 叶绿体　　　C. 线粒体　　　　D. 细胞膜

4. 活细胞进行新陈代谢的主要场所是（　　）

A. 细胞膜　　　　B. 细胞核　　　C. 细胞器　　　　D. 细胞质基质

5. 植物细胞具有一定的强度，这是由于存在着（　　）

A. 细胞膜　　　　B. 叶绿体　　　C. 液泡　　　　　D. 细胞壁

（二）课后巩固练习

1. 下列细胞中，同时含有线粒体和中心体的是（　　）

①心肌细胞　②细菌细胞　③叶肉细胞　④根尖分生区细胞　⑤根毛细胞　⑥团藻细胞

A. ①④　　　　　B. ③⑤　　　　　C. ②　　　　　　D. ①⑥

2. 下列物质中在核糖体上合成的是（　　）

①性激素　②K⁺的载体　③抗体　④淀粉　⑤纤维素　⑥脂肪酶　⑦氨基酸　⑧胰岛素

A. ①②③⑧　　　B. ②③⑦⑧　　　C. ②④⑤⑦　　　D. ②③⑥⑧

3. 下列生物中无叶绿体，但有细胞壁的生物是（　　）

A. 噬菌体　　　　B. 大肠杆菌　　　C. 衣藻　　　　　D. 草履虫

4. 如图所示为高等动、植物细胞亚显微结构图，请根据图完成下面问题（方括号内填标号，横线上填中文）。

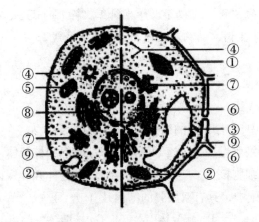

(1) 和高等动物比较，高等植物细胞特有的结构是 [　] ＿＿＿＿＿＿＿＿、[　] ＿＿＿＿＿＿＿＿和液泡。这三个结构在光学显微镜下能否看到? ＿＿＿＿＿＿＿＿。

(2) 在植物细胞有丝分裂末期，将一个细胞分裂为两个子细胞的过程中与细胞壁形成有关的细胞器是 [　] ＿＿＿＿＿＿＿＿。

(3) 细胞内和物质出入有关的结构是 [　] ＿＿＿＿＿＿＿＿，其结构特点是＿＿＿＿＿＿＿＿。

DNA 是主要的遗传物质[*]

人教版 高一下（必修2）
铜仁市第二中学 潘瑰丽

一、教学设计思路分析

教材分析

"DNA 是主要的遗传物质"一节是新课标教材人教版必修2第3章第1节的内容，是在前面学习了有关细胞学基础（有丝分裂、减数分裂和受精作用）、阐明了染色体在前后代遗传中所起的联系作用、分析了染色体的主要成分是 DNA 和蛋白质的基础上来学习的。在相当长的时间里，人们一直把蛋白质作为遗传物质，那么，遗传物质是 DNA 还是蛋白质呢？教材在此埋下伏笔，然后通过两个经典实验证明了 DNA 是遗传物质，最后列举少数生物只有 RNA 而没有 DNA 的事实，得出"DNA 是主要的遗传物质"这一结论。

本节内容在结构体系上体现了人们对科学理论的认识过程和方法，是进行探究式教学的极佳素材。在教学中，通过发挥学生的主体作用，优化课堂结构，妙用科学史实例，把知识的传授过程优化成一个科学的探究过程，让学生在探究中学习科学研究的方法，从而渗透科学教育的方法。

设计思路

以生物学科核心素养为指导思想，参照"学力发展课堂"课题"发展性学力"的培养要求，结合思维课堂的基本设计思路，设计课题。

学情分析

本课是在前面学习了有关细胞学基础（有丝分裂、减数分裂和受精作用）、阐明了染色体在前后代遗传中所起的联系作用、分析了染色体的主要成分是

---

[*] 贵州省教育科学规划"学力发展"课题（2018B172）教学设计。

DNA 和蛋白质的基础上来学习的，有了一定的基础。预计学习中可能存在一些问题，如噬菌体侵染细菌实验的放射性显示情况影响学生对实验的理解。在教学中，通过发挥学生的主体作用，优化课堂结构，妙用科学史实例，把知识的传授过程优化成一个科学的探究过程，让学生在探究中学习科学研究的方法，从而激发学生的学习兴趣。

课时安排

一课时

二、教学设计方案

教学目标（学科核心素养目标）

1. 学会分析肺炎双球菌转化实验，重温科学探究过程；

2. 运用"同位素标记法"分析噬菌体侵染细菌实验，感悟科学探究过程。

教学策略

1. 信息技术手段的使用：多媒体课件、肺炎双球菌体内转化视频、噬菌体侵染细菌视频。

2. 教学重难点的解决办法：采用对教学重点和难点分小步子的教学策略，来提高课堂教学效率。

模式选择

1. 学思讲模型（ √ ）2. 费曼模型（   ）3. 五何模型（   ）

三、教学过程与方法

导：

口述 PPT 演示：19 世纪中期，孟德尔通过豌豆实验证明了生物的性状是由遗传因子控制的。20 世纪初期，摩尔根通过果蝇实验证明了基因位于染色体上，20 世纪中叶，科学家发现染色体主要由 DNA 和蛋白质组成。设置问题："蛋白质和 DNA，谁是遗传物质？"探究新知。

设计意图：寻找新旧知识的结合点，激发学生的探究欲望。

第一板块

教学目标 1：学会分析肺炎双球菌转化实验。

导：

（课前布置预习：学习 42—46 页 "DNA 是主要的遗传物质"，阅读重点内容,圈出疑惑之处,将疑惑写成问题,提交给小组长)1. 根据课前布置预习,检查预习情况;2. 寻问学生在预习中存在的问题。

设计意图:检查学生的预习情况,及时解决学生在预习中遇到的问题,以便补充后续学习需要的基础知识,体现以学生为主体,以学生为中心的教学理念。

问:

格里菲斯的实验材料是什么?具有什么特点?他的实验过程是怎样的?得出什么结论?艾弗里的实验思路是什么?得出什么结论?

思:

实验1:格里菲斯的实验

【活动一】思考:前两组实验的作用是什么?

【活动二】思考:第3组实验与哪一组形成对照?说明什么问题?

【活动三】思考:第4组实验与哪一组实验结果相同?说明什么?

【活动四】思考:第4组结果出现的原因是什么?

设疑:这种转化因子究竟是什么物质呢?

实验2:艾弗里的实验

【活动五】思考:如果让你来设计实验进一步探究转化因子是什么物质,你将如何设计实验?又将如何检查实验结果?

【活动六】思考:对最后一组深入分析,最后一组与哪一组形成对照?单一变量是什么?得出什么结论?

讲:

活动一:起对照作用,证明活的S型细菌有毒,活的R型细菌无毒。

活动二:第3组与第2组形成对照,说明加热杀死的S型细菌无毒。

活动三:第4组与第2组实验结果相同,说明第4组出现了活的S型细菌导致小鼠死亡。

活动四:第4组结果出现的原因是已经被加热杀死的S型细菌中,含有某种物质——转化因子,促使R型细菌转化为S型细菌。

活动五:要确定转化因子是什么,就得设法将S型细菌的各种成分分开,分别与R型细菌混合培养,观察培养皿中菌落的生长情况。

活动六:最后一组与加入DNA组形成对照,单一变量是DNA的完整性,说明DNA才是转化因子。得出结论:DNA是遗传物质。

设计意图:按学习任务分解的"小步子"学习,每一步任务都很具体,有效地解决了在学习过程中的"虚假学习"问题。以问题链组织课堂,课堂结构清晰。

第二板块

教学目标2：学会分析噬菌体侵染细菌实验和"同位素标记法"。

问：

教师活动：赫尔希和蔡斯最关键的实验思路是什么？采用了哪些技术手段来实现了他的实验设计？

思：

实验3：噬菌体侵染细菌的实验。

【活动一】思考：为什么选择噬菌体作为实验材料？

【活动二】思考：用 ^{35}S、^{32}P 标记物质的理论基础是什么？能否用 ^{14}C 和 ^{18}O 进行标记？如何标记？

【活动三】思考：保温、搅拌、离心的作用是什么？

【活动四】思考：离心之后细菌的位置在哪里？子代噬菌体的位置在哪里？

【活动五】思考：沉淀、上清液和子代放射性测试结果怎样？得出什么结论？

学生活动：1. 学生根据自主预习的学习情况，整理上述问题的答案；2. 对于难度较大的问题组内交流讨论，形成文字。

讲：

活动一：化学成分只有两种，在自然的生理过程中把 DNA 和蛋白质彻底分开。

活动二：^{35}S 和 ^{32}P 分别标记蛋白质和 DNA 特有元素，能把两种物质完全分开。由于 DNA 和蛋白质都含有 C 和 O，所以不能用 ^{14}C 和 ^{18}O 进行标记。先分别用含 ^{35}S、^{32}P 的培养基培养大肠杆菌，再用标记后的大肠杆菌培养噬菌体。

活动三：保温让噬菌体吸附在细菌表面，注入遗传物质，搅拌离心使噬菌体外壳与细菌分离。

活动四：离心后细菌的位置在沉淀，子代噬菌体的位置在细菌中，随细菌沉淀在底部。

活动五：标记蛋白质的一组，放射性主要在上清液，说明蛋白质外壳主要在上清液，子代中没有检查到放射性，说明子代不含亲代的蛋白质。标记 DNA 的一组，放射性主要在沉淀物，说明 DNA 主要在沉淀物中，子代中检查到放射性，说明子代含有亲代的 DNA。综合两组，得出结论：在亲子代之间具有连续性的物质是 DNA，DNA 才是遗传物质。

设计意图：通过上述各个环节，培养学生的自主学习能力和归纳总结能力，学生的"讲"可以锻炼学生的表达能力，同时也可以加深所学知识在学生大脑中的印象，教师的"讲"可以帮助学生纠正理解上的误差，转变学生的思维方式。

练：（分层作业）

（一）课堂检查

教师提供给学生烟草花叶病毒的相关知识，请学生设计实验方案证明 RNA 也是遗传物质（参照前面的实验）。

（二）课后巩固练习

1. 某研究人员模拟肺炎双球菌转化实验，进行了以下 4 个实验：

①S 型菌的 DNA + DNA 酶→加入 R 型菌→注入小鼠

②R 型菌的 DNA + DNA 酶→加入 S 型菌→注入小鼠

③R 型菌 + DNA 酶→高温加热后冷却→加入 S 型菌的 DNA→注入小鼠

④S 型菌 + DNA 酶→高温加热后冷却→加入 R 型菌的 DNA→注入小鼠

以上 4 个实验中小鼠存活的情况依次是（　　　）

A. 存活、存活、存活、死亡　　　　B. 存活、死亡、存活、死亡

C. 死亡、死亡、存活、存活　　　　D. 存活、死亡、存活、存活

2. 为研究噬菌体侵染细菌的详细过程，你认为同位素标记的方案应为（　　　）

A. 用 ^{14}C 或 ^3H 培养噬菌体，再去侵染细菌

B. 用 ^{18}O 或 ^{32}P 培养噬菌体，再去侵染细菌

C. 将一组噬菌体用 ^{32}P 和 ^{35}S 标记

D. 一组用 ^{32}P 标记 DNA，另一组用 ^{35}S 标记蛋白质外壳

3. 关于"噬菌体侵染细菌的实验"的叙述，正确的是（　　　）

A. 分别用含有放射性同位素 ^{35}S 和同位素 ^{32}P 的培养基培养噬菌体

B. 分别用 ^{35}S 和 ^{32}P 标记的噬菌体侵染未被标记的大肠杆菌，进行长时间的保温培养

C. 用 ^{35}S 标记噬菌体的侵染实验中，沉淀物存在少量放射性可能是搅拌不充分所致

D. ^{32}P、^{35}S 标记的噬菌体侵染实验分别说明 DNA 是遗传物质、蛋白质不是遗传物质

4. 某科学家做"噬菌体侵染细菌实验"时，用放射性同位素标记噬菌体和细菌的有关结构或物质（如下表所示）。产生的 100 个子代噬菌体与亲代噬菌体

的形状、大小完全一样。

	噬菌体	细菌
DNA 或核苷酸	^{32}P 标记	^{31}P 标记
蛋白质或氨基酸	^{34}S 标记	^{35}S 标记

（1）子代噬菌体的 DNA 应含有表中的_____和_____元素，各占_____个和_____个。

（2）子代噬菌体中，只含^{32}P 的有_____；只含^{31}P 的有_____个；同时含有^{32}P、^{31}P 的有_____个。

（3）子代噬菌体的蛋白质分子都没有_____元素，由此说明_____；子代噬菌体蛋白质都含有_____元素，这是因为_____。

（4）因为此实验能证明遗传物质四个理论特点中的两个：①_____ ；②_____ 。所以实验能得出结论_____。

思想政治"学力课堂"教学设计

培育和践行社会主义核心价值观*

人教版 高二上（必修3）

铜仁市第二中学 代鹏森

一、教学设计思路分析

教材分析

本课是人教版思想政治必修3《文化生活》2018年版第十课《培养担当民族复兴大任的时代新人》第一框题。本框题内容在教材中属于收尾部分，也是升华部分，寻求《文化生活》落脚点的问题，其目的在于解决培养什么样的人，为谁培养人的问题。这也是思想政治课的一个重要任务。因此，上好这一课至关重要，它将直接影响学生正确价值观的形成，对于高中学生今后的人生道路和人生选择都具有重要的指引作用。

设计思路

以核心素养中"政治认同"作为指导思想和最终目标，参照"学力发展课堂"课题"发展性学力"的培养要求，结合思维课堂的基本设计思路，设计课题。

学情分析

处在高二年级的学生，通过对文化生活的学习，已经对发展中国特色社会主义文化强国有了深刻认识，社会主义核心价值观学生身边随处可见，耳熟能详的内容，教学的关键在于让学生提升对社会主义核心价值观的理性认识，培养家国情怀，让学生树立将个人前途和国家命运紧密相连的意识。

课时安排

一课时

---

* 贵州省教育科学规划"学力发展"课题（2018B172）教学设计。

二、教学设计方案

教学目标

政治认同：通过本课的学习，需要让学生从内心认可社会主义核心价值观，同时通过对学生具体行为的指导，尤其是通过课堂探究活动，让学生更加直观地认识到应该如何在现实生活中践行社会主义核心价值观，让他们理解从小事做起，从校园生活开始践行社会主义核心价值观。让学生从践行"仁实勇毅"的校训到践行社会主义核心价值观，从做好一名铜中学生到做好时代新人。让学生在潜移默化中将践行社会主义核心价值观从价值认同上升为政治认同，进一步坚定"四个自信"。

教学策略

通过创设具体的真实情境，使学生在合作探究与独立思考中获得体验，从而引发思考，最终习得知识，升华情感认同。

模式选择

1. 学思讲模型（ √ ）2. 费曼模型（   ）3. 五何模型（   ）

三、教学过程与方法

导：

通过展示万山仁山公园景观照片，表现出铜仁精神：厚德铸铜·仁义致远。由教师讲述从"国立三中"到"铜仁一中"的演进过程，学生在聆听发展史的过程中感悟老一辈中国人拼搏进取的精神。

设计意图：让学生直观感受文化、精神、核心价值观对于一个国家、一个民族的重要意义。作为时代青年，应当具有家国情怀。

学：

展示当前网络及身边存在的造假、辱没英雄、贩毒吸毒等各类恶性事件，以及习近平总书记关于核心价值观意义的评价。

问：

1. 如果没有核心价值观，或者沿用封建时代的核心价值观，结果会怎么样？

2. 请问核心价值观的制定标准是什么？

3. 请问如何判断现有的核心价值观是有意义和价值的？

思：

学生小组逐题讨论，准备发言。

讲：

问题1.（1）核心价值观是一个民族、一个国家最持久、最深层的力量，承载着一个民族、一个国家的精神追求，体现着一个社会评判是非曲直的价值标准。如果没有核心价值观，国家、民族将会丧失力量的来源，将会成为无本之木，无源之水。

（2）核心价值观是生命力、凝聚力、号召力，是一个国家文化软实力的决定因素。如果没有核心价值观的引领，或是沿用封建时代的核心价值观，我国综合国力的提升将会受限，中华民族的民族凝聚力和向心力也将不复存在。

问题2：社会核心价值观内容的制定应当权衡国家的发展方向、政权的组织形式、现有的法律制度规范、社会的公序良俗、先进文化的前进方向等多方面的相互关系。

问题3：核心价值观是时代的产物，需要与时俱进，在社会实践中不断检验和发展。

练：（课堂练习）

请从以下有关社会主义核心价值观的内容中，任选一题，分小组讨论。

1. 一个民族、一个国家的核心价值观具有鲜明的特色。

2. 社会主义核心价值观同我国人民正在进行的奋斗相结合，同我国的历史文化相契合，同我国需要解决的时代问题相适应。

3. 社会主义核心价值观承载着我们每个人的美好愿望。

4. 社会主义核心价值观根植于中华文化的沃土，又具有当代中国特色。

5. 社会主义核心价值观吸收了世界文明中的有益成果。

学生活动：

1. 学生在小范围内展开小组讨论，并对讨论要点进行整理和记录。

2. 由小组代表独立回答，与全班分享小组观点：

小组1：社会主义核心价值观根植于中华文化的沃土，要不断深入挖掘中华优秀传统文化中蕴含的思想观念、人文精神、道德规范，结合时代要求对社会主义核心价值观进行继承与创新，让中华文化展现出永久魅力和时代风采。

小组2：社会主义核心价值观同我国人民正在进行的奋斗相结合，要强化教育引导、实践养成、制度保障，发挥社会主义核心价值观对国民教育、精神文明创建、精神文化产品创作生产传播的引领作用，把社会主义核心价值观融入社会发展的各个方面，转化为人们的情感认同和行为习惯。

教师活动：展示答案，相继补充。

展示铜仁一中"仁实勇毅·善行天下"的宣传照片，强调社会主义核心价值观不是空而无物的概念，而是需要每个铜中学子身体力行去实践的未来，要使社会主义核心价值观的影响像空气一样无所不在、无时不有。

1. 从铜中校训"仁实勇毅"中解读出社会主义核心价值观。

2. 展示社会主义核心价值观与古今中外的关系，凸显核心价值观的重要性。

设计意图：让学生在审视当今社会乱象与"国立三中"老前辈们的家国情怀的对比中，直观感受如今家国情怀的缺失，核心价值观的缺失，凸显核心价值观的必要性。通过小组探究活动进一步深化学生对社会主义核心价值观的理解，逐步引导学生在感性认知基础上理性、深层次地认识和把握社会主义核心价值观。强化社会主义核心价值观意义的理解，发挥其承上启下，过渡知识点的作用。充分发挥学生的主体地位，以小见大，让学生从身边出发，同时强化学生解决问题的能力，兼顾培养学生的考试答题能力。

练：（巩固练习）

1. 展示五四运动图片和铜仁一中校徽、校训。展示老师写的标语作为寄语送给学生。学生写一句口号或一条标语，并展示。

2. 选择题训练：为进一步深化社会主义核心价值观的宣传普及，生动活泼地传播主流价值，展示新时代、新气象、新作为，中宣部宣教局、网络新闻信息传播局七部门联合组织开展第三届社会主义核心价值观主题微电影征集展示活动。开展该活动是基于（　　　）

①人们的物质活动离不开精神活动；②文化对人的影响来自各种形式的文化活动；③社会主义核心价值观是当代中国精神的集中表现；④文化对人的影响，具有深远持久、亘古永恒的特点。

1.①③　　　　　B.①④　　　　　C.②③　　　　　D.②④

3. 一个有希望的民族不能没有英雄，一个有前途的国家不能没有先锋。中华民族是崇尚英雄、成就英雄、英雄辈出的民族。中华人民共和国成立以来，在革命、建设、改革各个历史时期，各条战线各个领域涌现出一批批英雄模范人物。

习主席在国家勋章和国家荣誉称号颁授仪式上的讲话中指出：他们是各领域的翘楚，他们忠诚祖国、奉献人民，是千千万万为党和人民事业作出贡献的杰出人士的代表。我们以最高规格褒奖英雄模范，就是要弘扬他们身上展现的忠诚、执着、朴实的鲜明品格。70 年峥嵘岁月，他们坚守爱国心、心怀报国志，将个人梦想与国家命运紧密相连；70 年华彩年轮，他们守初心、担使命，以卓越功勋和崇高精神感召亿万国人，汇成助推国家发展进步的雄浑力量。

　　各级党委和政府要推动全社会敬仰英雄、学习英雄，用实际行动为实现"两个一百年"奋斗目标、实现中华民族伟大复兴的中国梦贡献力量。

　　今天，以国家之名来褒奖英雄模范，就是要彰显和弘扬英雄精神。结合材料并运用我们的民族精神的知识，谈谈大力彰显和弘扬英雄精神的时代价值。

构建《文化生活》思维导图*

人教版　高二上（必修 3）

铜仁市第二中学　崔洁

一、教学设计思路分析

教材分析

《文化生活》是人教版思想政治《普通高中课程标准》（实验）教科书必修 3 与《经济生活》钻研繁复的经济学原理和市场规律相较而言，《文化生活》更加贴近学生的日常生活，与《政治生活》围绕国家政权展开学术讨论的严肃相比，《文化生化》的学科知识更富有趣味性。在公民的社会生活中，培育文化素养与修行政治素养、经济涵养同等重要，文化既是一个民族得以延续传承的必要条件，又是一个国家综合国力和科技水平的具体展现，要建设社会主义现代化强国势必要先建设社会主义文化强国。

设计思路

以思想政治学科核心素养为指向，参照"学力发展课堂"课题"发展性学力"的培养要求，结合高三学生的学习需要撰写教学计划。

学情分析

高三 9 班的学生在《文化生活》的课程学习中存在着以下问题：

1. 在主观题作答的过程中，不能将学科知识和材料信息结合在一起分析；

2. 难以区分描述性语言与判断性表达，故而使得学生难以提取题目的关键信息。

课时安排

一课时

---

* 贵州省教育科学规划"学力发展"课题（2018B172）教学设计。

二、教学设计方案

教学目标

1. 政治认同：通过了解生活中的文化现象获得参与文化活动的基本知识和能力，提高文化素养，理解文化传承与创新的关系，培养文化自觉与自信；

2. 理性精神：能够清晰地理清传统文化与现代文化、本民族文化与外来民族文化之间的关系；

3. 公共参与：通过系统的理论化学习，增强学生的活动实践能力，明确发展中国特色社会主义文化的目标和道路，投身于社会主义精神文明建设。

教学策略

绘制思维导图，整理学生思维；用 PPT 增加内容直观性、形象性；建构以学生为主导的探究性课堂。

模式选择

1. 学思讲模型（ √ ）2. 费曼模型（　　 ）3. 五何模型（　　 ）

三、教学过程与方法

导：

（预习检查）1. 请各位同学根据自己对《文化生活》知识体系的理解，凭借记忆自绘思维导图。

2. 通过希沃视频平台展示各个小组所绘制的思维导图，教师对其小组合作的成果进行即时的点评，并反馈相应的修改意见。

设计意图：通过具体的教学任务检查学生对基础知识的掌握情况，明确不同层次学生的学习方向和目标，以便分层教学，因材施教。

学：

能否有效筛选出各个单元的核心关键词是做好思维导图的理论基础，同学们请在确定《文化生活》核心关键词以后，用清晰的逻辑线将各个核心关键词串联成一条线。

问：

通过小组探究，是否能将核心关键词抓取出来？核心关键词之间的逻辑是否清楚通畅？

思：

1.《文化生活》的核心关键词要用什么方式分类排列？2.《文化生活》的

核心关键词只需要宏观的概括，还是需要细致地分类到具体的知识点呢？

3.《文化生活》的逻辑线应该如何标注呢？

讲：

可以找到核心关键词，能够尝试去连接各个关键词。

1. 根据同学们对课本知识的掌握，既可以以单元内容为依据，也可以从《文化生活》的相关主题出发，还可以通过《文化生活》的层次来分类。2. 尽可能地具体到各个具体的重要知识点。3. 理顺各个知识点之间的内在联系后，通过曲线连接，并将联系标注在下方即可。

设计意图：1. 通过具体的学习任务明确学生的学习方向和目标；2. 带动学生自主研讨，培养学生的团队协作能力和自主探究能力；3. 通过学生自行检验和小组探究的形式查漏补缺，有利于加深学生对知识的理解；4. 在相互讨论中再次复习书本知识，夯实基础，攻克学生思维局限中的知识盲点，拓展思维。

练：

对还未在课堂上完善、理解思维导图的学生：整理思路，重绘思维导图，记诵思维导图。

1. 已经整理好思维导图，但未能完全理解内在逻辑的学生：通过简单的主观题训练，以材料的整合方式带动学生对知识的理解。

主观题：走进北京市西胡林村、天津市六街村等传统村落，我们能够欣赏风格独特的民居建筑、丰富多样的村镇空间格局，品味具有浓郁地方特色的俚语方言、家风家训、乡约乡规、民情风俗，感受人与自然和谐共生的文化韵味。传统村落承载着绚丽多彩的农耕文化，寄托着一代又一代中华儿女的情感记忆和绵远乡愁，是我国乡村历史、文化、自然遗产的"活化石"。

随着工业化、城镇化的快速发展，传统村落衰落、消失的现象时有发生。例如，不少传统村落因缺少产业支撑，医疗、文化、教育等公共服务不能满足现代生活需要，导致人口流失严重，甚至出现"空心化"；古民居、古建筑得不到及时修缮和维护，自然毁损严重；传统工匠越来越少，传统建筑工艺、传统艺术日渐失传；在旅游开发过程中，无视传统村落的自然、历史、文化等个性化特征而盲目拆旧建新、拆真建假，对传统建筑、历史风貌造成破坏性影响，导致"千村一面"。

保护、传承和利用好传统村落，是实施乡村振兴战略和增强中华文化自信的内在要求。2012 年以来，我国大部分传统村落已被列为保护对象。

（注：传统村落是指拥有物质形态和非物质形态的文化遗产，具有较高的历

史、文化、科学、艺术、社会、经济价值的村落。)

有人说:"随着经济社会不断发展,传统村落必然走向消亡。"运用文化生活知识对此观点加以评析。(10分)

2. 已经整理好思维导图,并能够理顺知识内在联系的学生:通过高考真题和模拟真题训练解题思路和组织答案的语言表达能力。

高考真题:A县在脱贫攻坚过程中,坚持"富口袋"与"富脑袋"同频共振;注重下乡"送文化",让贫困群众有书看、有报读、有电视电影看;组织文艺工作者深入脱贫攻坚一线蹲点采风,创作演出了一批说身边人、讲A县事的小品小剧,提升了贫困群众的脱贫积极性;依托村级文化服务中心,开设道德讲堂、科技讲堂、法制讲堂等,打造传授新知识、培育新农民的学习平台;组建百人脱贫攻坚政策宣讲团,走村入户宣传宣讲,帮助贫困群众找准思想上的"穷根",提振自力更生、艰苦奋斗的精气神。

运用文化生活知识并结合材料二,说明A县文化扶贫在脱贫攻坚工作中的作用。(10分)

模拟真题:敦煌是历史上东西方文化交汇的重要枢纽,不同文化在这里汇聚和交融,塑造了独具魅力的敦煌文化,以石窟壁画、敦煌遗书为代表的敦煌文化也因此成为中华文明开放体系的重要组成部分。敦煌遗书多为佛经和汉文文献,也有道教、基督教、摩尼教等非佛教典籍和藏文、粟特文、于阗文、回鹘文、突厥文、梵文等非汉文文献。

中华人民共和国成立以来,敦煌研究院建立起一整套文化遗产保护技术规范,制定了《敦煌莫高窟保护总体规划》。该院通过综合防治风沙体系,加强对文物本体及其赋存环境的科学保护,研究清楚了病害机理,使莫高窟文物本体病害和损毁得到遏制。开拓性地为文物建立数字档案,利用数字技术让莫高窟"容颜永驻"。在所有开放的洞窟中安装传感器,对窟内温度、相对湿度、二氧化碳含量进行实时监测,一旦数值超标,就立即关闭洞窟,继而开放其他洞窟来满足游客参观需求。探索面向公众的更加完善的开放服务,充分拓展开放空间,建立了莫高窟旅游开放新模式。利用"互联网+"成功上线"数字敦煌"资源库英文版,传播敦煌文化,讲好"中国故事",使之成为世界文明对话的亮点。

2020年1月,中央宣传部授予敦煌研究院文物保护利用群体"时代楷模"称号,表扬他们用"坚守大漠、甘于奉献、勇于担当、开拓进取"的莫高精神为我们书写了一幅不朽的篇章。

敦煌文化展现了中华民族的文化胸怀和文化自信。结合材料并运用文化生活知识对此观点加以说明。(10分)

人民代表大会制度：我国的根本政治制度[*]

人教版　高一下（必修2）

铜仁市第二中学　刘婷

一、教学设计思路分析

教材分析

本课为人教版高中思想政治必修2《政治生活》第三单元全书第六课第二框。"人民代表大会制度：我国的根本政治制度"是第六课的落脚点，是对上一框"人民代表大会：国家的权力机关"的承接与深化。本框包括三目：走进我国的国家机关、我国政权的组织形式、人民代表大会制度的优势。学习和了解我国的政权组织形式——人民代表大会制度，有助于学生更深一步地认识我国社会主义政治制度的优越性，拥护中国共产党的领导，更好地建设社会主义和谐社会。

设计思路

以核心素养为指导思想，参照"学力发展课堂"课题"发展性学力"的培养要求，结合思维课堂的基本设计思路，把握高一学生特点设计课题。

学情分析

作为高一的学生普遍年龄达到16周岁左右，具备了一定的思维分析以及综合能力，经过高中大半年的学习，学生的心理状况逐渐发展成熟，对新鲜未知事物保持着一定的好奇与敏感。在教学中抓住这一特点，可有效地为教学服务，激发课堂活力，提高教学的有效性。但本学期的政治生活相对来说较为沉闷枯燥，所以在教学过程中要注重把教材内容与生活实际联系起来，激发学生的学习热情，让学生在轻松愉悦的氛围中学习知识。

---

[*] 贵州省教育科学规划"学力发展"课题（2018B172）教学设计。

课时安排

一课时

二、教学设计方案

教学目标

1. 学习我国的人民代表大会制度是适合人民民主专政国体的政权组织形式，是中国共产党根据马克思主义原理创造性地运用于中国社会实际所建立的根本政治制度；

2. 政治认同：让学生认识我国社会主义政治制度的优越性，拥护中国共产党的领导，理解我国社会主义民主政治的特点和优势，使学生逐步确立正确的政治方向。

教学策略

1. 信息技术手段的使用：制作 PPT 课件。

2. 引导学生自主探究整合知识。

模式选择

1. 学思讲模型（ √ ）2. 费曼模型（　　　）3. 五何模型（　　　）

三、教学过程与方法

导：

播放 2020 年两会视频，在大会期间，为什么国务院总理、最高人民法院院长、最高人民检察院检察长要向全国人大作工作报告？

设计意图：通过时政热点新闻引出新课，引发学生思考什么是政体。

第一板块

教学目标 1：学习我国的人民代表大会制度是适合人民民主专政国体的政权组织形式，是中国共产党根据马克思主义原理创造性地运用于中国社会实际所建立的根本政治制度。

学：

1. 通过多媒体引导学生回答各国元首的称谓，并引出教学内容：政体、我国的政体。通过观看两段影像片段：英国国会开会和我国人大会议剪影，自主翻阅书本了解：（1）我国国家机构的组成；（2）我国国家机关的职责与权力；（3）当今世界其他国家政权的组织形式及其运行的原则。

2. 学生借助导学案完成知识填空，了解本节基础知识。通过多媒体展示阅读材料——2020 年全国人民代表大会和贵州省人民代表大会图片和材料，2019年 3 月 15 日，第十三届全国人民代表大会第二次会议在人民大会堂举行闭幕会，来自全国各地的近 3000 名代表，代表人民行使神圣权力。会议表决通过《中华人民共和国外商投资法》的决议；表决通过关于 2018 年国民经济和社会发展计划执行情况与 2019 年国民经济和社会发展计划的决议草案；表决通过关于 2018 年中央国民经济和社会发展计划执行情况和 2019 年国民经济和地方预算执行情况，以及 2019 年中央和地方预算的决议草案；表决通过关于全国人民代表大会常务委员会工作报告的决议草案；表决通过关于最高人民检察院工作报告的决议草案；表决通过关于最高人民法院工作报告的决议草案；表决通过关于政府工作报告的决议草案。

问：

1. 我国为什么选择人民代表大会制度？人民代表大会制度的优越性体现在哪里？人民代表大会制度是如何确立的？

2. 请问什么是民主集中制原则？请问民主集中制在材料中如何体现的？还可以表现在哪些方面？

设计意图：播放相关视频，引起学生对国家构成的兴趣，从而引导学生用发散思维思考问题，同时调动学生思考的积极性，培养学生小组合作学习的能力，加深学生对知识学习的理解。

讲：

1. 我国实行人民代表大会制度，是因为这种政治制度最符合中国国情，并能够使国家权力最终掌握在人民手中。

人民代表大会制度是最能体现我们党执政理念的民主政治制度，几十年的实践证明，人民代表大会制度能够把坚持党的领导和坚持人民当家作主有机地结合起来，把尊重社会发展规律和尊重人民群众的主体地位有机地结合起来，把为崇高理想而奋斗和为最广大人民谋利益有机地结合起来。人民代表大会制度是最能保证人民当家作主的民主政治制度。人民代表大会制度是最符合中国国情的民主政治制度，人民代表大会制度与中国的文化传统、生产力发展水平、国内外政治环境相适应，符合中国的基本国情。人民代表大会制度是最重效率、最有效率的民主政治制度。人民代表大会制度是与时俱进、充满生机和活力的民主政治制度。

我国实行人民代表大会制度有其深刻的历史背景。由中国革命的艰巨性和中国社会的复杂性所决定，中国革命胜利后建立的政权，既不可能是资产阶级的专政，也不可能是无产阶级一个阶级的专政，而只能是实行各革命阶级的联合专政，也就是现在说的"人民民主专政"。与这种政权性质相适应的政权组织形式，既不能采用旧民主主义的议会制，也不能照搬俄国十月革命后的苏维埃制，而只能吸收革命统一战线内各革命阶级、各方面代表人物共同参加人民代表会议，最后形成人民代表大会制度。只有这样的制度，才具有最广泛的社会基础，才能充分反映各方面的意志和要求，才会极大地焕发各族人民的民主意识和革命热情，也才能最有力量去完成革命和建设的各项任务。

2. 民主集中制指的是民主基础上的集中和集中指导下的民主相结合的制度，是党的根本组织制度和领导制度，也是马克思主义认识论和群众路线在党的生活和组织建设中的运用。

民主集中制表现在：

（1）从人民代表大会与人民的关系看，一方面，各级人民代表受选民和原选举单位的监督，选民或原选举单位有权罢免自己选举出的代表。另一方面，各级人民代表大会代表人民统一行使国家权力。

（2）从人民代表大会与其他国家机关的关系看，一方面，其他国家机关都由人民代表大会产生，对它负责，受它监督；另一方面，在人民代表大会统一行使国家权力的前提下，其他国家机关依照法定分工依法行使各自的职权。

（3）从中央和地方的关系看，一方面，地方必须服从中央；另一方面，在保证中央统一领导的同时，充分发挥地方的主动性和积极性。

设计意图：让学生通过阅读提高对时政材料相关信息的提炼能力；在小组的对垒中碰撞出思维的火花，让学生敢想敢说，并形成有根有据的思维。

第二板块

教学目标2：让学生认识我国社会主义政治制度的优越性，拥护中国共产党的领导，理解我国社会主义民主政治的特点和优势，使学生逐步确立正确的政治方向。

问：

（通过多媒体展示阅读材料）2019年第十三届全国人民代表大会第二次会议和全国政协第十三届第二次会议的召开，拉开了新的一年中国"政治季节"的序幕。习近平总书记讲，开好今年的"两会"，就是增加和扩大我们政治制度优势和特点的关节点，不断完善人大制度，提高"两会"召开的质量，是每一个中国公民树立制度自信都特别期盼的。为什么说需不断完善人民代表大会制度而不能实行西方的议会制？

思：

学生通过小组合作探究的方式展开充分讨论，并对小组讨论过程记录、整理形成小组发言。各小组分别推选一名代表发言。

讲：

1. 作为学生可以做好当前能做的事，爱国家跟着党走。

2. 人民代表大会与其他国家机关不是互相监督关系，是监督和被监督的关系。

设计意图：了解人民代表大会制度之后，让学生认识到我国政治制度的优越性，对我国的制度发自内心的信任和依靠。同时激发更多学生学习的积极性，锻炼学生的表达能力和勇气。

练：

1. "政府干的，都应是人民盼的。"第十三届全国人民代表大会第二次会议审议通过的《政府工作报告》，干货满满，诚意十足，多处回应民生关切。由此可见（　A　）

①人民代表大会制度是人民当家作主的重要途径　②人民代表大会代表人民统一行使国家权力　③人大代表具体行使管理国家事务的权力　④人民代表大会代表人民具体行使管理社会的权力

A.①②　　　　　B.②③　　　　　C.①④　　　　　D.③④

2. 中央提出"要把权力关进制度的笼子里"，这个"笼子"是什么？我国的根本政治制度是人民代表大会制度，这是根本的"笼子"。人民代表大会制度是个好制度，要好好坚持和运用这个制度。这是因为（　B　）

①人民代表大会制度是以人民当家作主为宗旨的　②人民代表大会制度决定了我国人民民主专政的国家性质　③人民代表大会处于我国最高国家权力机关的地位　④以人大为基石，能发挥监督约束公共权力的作用

A.①②　　　　　B.①④　　　　　C.②③　　　　　D.③④

中国特色社会主义政党制度[*]

人教版 高二上（必修3）

铜仁市第二中学 李璐瑶

一、教学设计思路分析

教材分析

本框是第六课我国的根本政治制度，即人民代表大会制度之后的内容，它对我国的基本政治制度——中国共产党领导的多党合作和政治协商制度进行了初步介绍，这对于深化学生认识中国共产党的执政地位以及它与各民主党派的关系，还有对下一框中国人民政治协商会议的认识起着重要的作用。

设计思路

以核心素养为指导思想，参照"学力发展课堂"课题"发展性学力"的培养要求，结合思维课堂的基本设计思路，根据高一学生特点设计课题。

学情分析

由于学生接触时事政治、时事新闻的机会太少，缺乏对党和各民主党派、人民政协的认识，需要认真学习这部分内容，提高政治素养，关注政治生活，以便未来更好地参与政治生活。

课时安排

一课时

二、教学设计方案

教学目标

1. 政治认同：通过对框题的学习，理解我国政党制度的重要意义，进一步

---

[*] 贵州省教育科学规划"学力发展"课题（2018B172）教学设计。

增强学生对我国政党制度的认同。

2. 科学精神、公众参与：通过对我国政党制度的学习，让学生了解我国政党制度的特点和优越性，增强制度自信培养学生到自觉维护这一制度的责任感和使命感，使其能够旗帜鲜明地抵制和反对歪曲、破坏这一制度的言论和行为。

教学策略

角色扮演，设置情境，提高兴趣；运用 PPT 演示，提高形象性；建构以学生为主导的探究性课堂。

模式选择

1. 学思讲模型（ √ ）2. 费曼模型（   ）3. 五何模型（   ）

三、教学过程与方法

导：

新冠疫情暴发后，中国在以习近平同志为核心的党中央的领导下，领导下严密部署，全面动员，打响了一场全国疫情防控阻击战。这集中力量办大事的集中统一领导得益于我国的政党制度。

让学生完成课前预习，课前 3 分钟抽查学生对基本知识点的掌握情况，完成知识点梳理，写出自己理解的本框思维导图。

设计意图：构建以学生为主导的课堂教学模式，让学生学会自主思考和概括知识，同时通过时事政治引入新课，加强学生对我国的制度自信。

第一板块

教学目标 1：政治认同——通过对框题的学习，让学生理解我国政党制度的重要意义，进一步增强对我国政党制度的认同。

学：

1. 提问学生"你知道有哪些人参加政治协商会议吗"？

2. 把全班同学分为八个小组，分角色扮演政协委员来提案。介绍我国八大民主党派（分别是：民革、民盟、民建、民进、农工党、中国致公党、九三学社、台盟）

问：

【角色扮演】假如你是参加 2020 年政治协商会议的其中的某一民主党派，你能为中国特色社会主义现代化事业的发展提出什么建议？（思考 3 分钟）

思：

1. 让学生观看图片，思考政协委员的构成。图片展示我国文艺界的政协委员，由此思考参与政治协商会议（爱国统一战线组织）的界别。2. 展示出部分政协委员的提案，让学生思考如何写提案。

提示：1. 思考政治协商会议的界别；2. 根据老师展示出部分政协委员的提案，思考并小组讨论如何写提案；3. 以小组为单位，设想你是一个民主党派，写一份具有建设性的提案，并简单说明理由。

讲：

1. 对界别问题的理解；

2. 展示小组写的一份提案。

教师对各小组关于界别的理解和提案内容进行点评。

设计意图：通过问题的设置和情景探究，引导学生进行自主合作探究式学习，有利于提高学生的学习兴趣，调动学生思考的积极性，培养学生小组合作学习的能力，加深学生对知识学习的理解。

第二板块

教学目标：科学精神、公众参与——通过对我国政党制度的学习，了解我国政党制度的特点和优越性，增强制度自信，培养学生自觉维护这一制度的责任感和使命感，使其能够旗帜鲜明地抵制和反对歪曲、破坏这一制度的言论和行为。理性精神——能够清晰地理清传统文化与现代文化、本民族文化与外来民族文化之间的关系。

学：

如果把多党合作比做一个乐团。

1. 介绍说明我国政党制度。名称：中国共产党领导的多党合作和政治协商制度。地位：中国特色社会主义政党制度，我国的一项基本政治制度。

2. 把中国共产党和各民主党派之间的关系比作交响乐团的指挥和乐手。自己拟提出 4 个问题，让学生自己在书本中找到答案。

问：

1. 通过小组探究，是否能将中国共产党和各民主党派的关系中的核心关键词抓取出来？2. 中国共产党和各民主党派之间的关系是怎样的，中国共产党是执政党，各民主党派是参政党，多党合作的根本活动准则是遵守宪法和法律。对吗？3. 多党合作的首要前提和根本保证是坚持中国共产党的领导，那么是全面领导吗？4. 多党合作的基本方针是长期共存、互相监督、肝胆相照、荣辱与共，之前我们学了人大和各个国家机关是监督与被监督，这里中国共产党与各民主党派是互相监督，是为了让中共更好地执政，对吗？

思：

学生小组逐题讨论，准备发言。

讲：

1. 可以找到核心关键词，可能还不够完整。

2. 还不够全面，他们也是共同致力于社会主义事业的亲密友党。

3. 不是的，在政治上是领导与被领导，但是在组织上是独立的，各民主党派可以自发组织自己的合法活动以及人才培养。

4. 没错，中国共产党始终坚持全心全意为人民服务，要做到这一点，除了党要严于律己、不断整肃外，党非常需要听到各种不同的意见和批评，民主党派是反映人民群众意见，发挥监督作用非常重要的一条渠道。

总结： 这节课我们主要学习了我国的政党制度，它是具有中国特色的社会主义政党制度，其特色表现在以下五个方面：关系上——共产党是执政党、民主党派是参政党，两者是通力合作的亲密友党关系；首要前提和根本保证上——要坚持中国共产党的领导；基本方针是"长期共存、互相监督、肝胆相照、荣辱与共"十六字方针；根本活动准则是宪法和法律；重要机构——中国人民政治协商会议，简称人民政协。我国特色的政党制度是适合我国国情，具有其自身优越性的一项基本政治制度。

练：（课堂训练）

教师活动： 要求学生根据教师点评整理本课思维导图，教师在教室内各小组间巡察、答疑。

学生活动： 1. 学生打开书本，根据老师的要求梳理核心关键词，对思维导图进行整理；2. 学生开展小组探究活动，对彼此的思维导图提出建议。

设计意图： 1. 通过时事政治引入新课，加强学生对我国的制度自信；2. 让学生学会自主思考和概括知识；3. 从学生身边接触的部分明星政协委员引入，提高学生的兴趣，拓展到整个政协委员的构成；4. 通过问题的设置和情景探究，引导学生进行自主合作探究式学习，有利于提高学生的学习兴趣，调动学生思考的积极性，培养学生小组合作学习的能力，加深学生对知识学习的理解；5. 巩固练习，画思维导图，有利于学生形成整体思维，建构知识体系，提高学习效率。

练：（分层练习）

1. 从2013年4月19日开始，为深入了解地方组织和基层组织学习宣传贯彻中共十八大精神情况，全面了解广大党员的思想状况，农工党中央在全党开展思想建设大调研，借以提高党员素质，更好地服务社会。这表明农工党（ B ）

①组织上接受共产党的领导

②政治上接受共产党的领导

③是我国社会主义建设事业的领导核心

④是为社会主义事业服务的政治力量

1. ①③   B. ②④   C. ①②   D. ③④

2. 民革桂林市委会是以社会法制、祖国统一工作为重点的参政党基层组织。过去的五年，民革桂林市委会紧紧围绕社会关心的热点问题开展调研，积极参政议政，努力为桂林经济社会发展建言献策。这表明民革（ A ）

①作为参政党，参与国家方针、政策的制定

②是中国共产党的友党，共同致力于社会主义事业

③在政治上、组织上接受中国共产党的领导

④作为统一战线组织，履行政治协商、参政议政职能

A. ①②   B. ①④   C. ②③   D. ③④

3. 2016 年 10 月 24 日中共十八届六中全会召开，各地民主党派成员认真学习中共十八届六中全会精神，纷纷表示要把思想统一到十八届六中全会精神上来，把力量凝聚到从严治党重大问题目标任务上来。这主要体现出（ B ）

①人民政协是社会主义协商民主的重要渠道

②坚持党的领导是多党合作的首要前提

③中国共产党对各民主党派实行组织领导

④中国共产党和各民主党派通力合作

A. ①③   B. ②④   C. ①②   D. ③④

历史"学力课堂"教学设计

新文化运动与马克思主义的传播[*]

人民版 高二上（必修三）

铜仁市第二中学 桂楚君

一、教学设计思路分析

教材分析

新文化运动在近代中国思想解放潮流中处于重要地位。基于新课标的指导，此课设计重在提升学生的历史核心素养。我将此课的课魂立在"一个民族走向现代的寻路之旅"上，按"路在何方—寻路之旅—希望之路"三个板块进行设计。通过不断地剖析国人内心世界的改造来真切体会民国知识分子的家国情怀。在培养学生史料实证方面，利用大量的史料、图片等让学生学会辩证地看待中西文化，切实感受国破家亡时代的迷茫、困惑与艰辛探索。

历史的"活"不仅仅停留在过去，更多的是给予今人的启示，我想这一课带给我们的是关乎自己的思想、民族的文化，这样国家才能强大，才有希望。

设计思路

以核心素养为指导思想，参照"学力发展课堂"课题"发展性学力"的培养要求，结合思维课堂的基本设计思路，设计课题。

学情分析

本课的授课对象是高二学生，他们思想活跃，理性思维能力有较大提高，但对历史现象的认识还没有上升到一定的高度。所以，要在教学中创设情景、并进行启发式讨论，通过情思教学，提升学生的思维水平。

课时安排

一课时

---

* 贵州省教育科学规划"学力发展"课题（2018B172）教学设计。

二、教学设计方案

教学目标（学科核心素养目标）

1. 成果性教学目标：掌握新文化运动的背景和内容，培养学生独立思考问题的能力并学会用辩证的方法评价历史事件。

2. 过程性教学目标：分析新文化运动的背景，通过对材料的分析和解读得出结论，做到论从史出，以培养学生阅读、理解、分析材料的史料实证能力。

3. 创造性教学目标：在马克思主义中国化的问题上，培养学生历史知识的迁移和整合能力；通过学习新文化运动与马克思主义的传播，启发思考今天的文化冲突现象，引导学生树立文化自信，培养学生的家国情怀。

教学策略

1. 多媒体教学，制作 PPT 课件；

2. 教学中采用学思讲模型总体规划教学过程。

模式选择

1. 学思讲模型（ ✓ ）2. 费曼模型（　　　）3. 五何模型（　　　）

三、教学过程与方法

导：

展示：人民版必修三第 66 页孙中山题字"世界潮流浩浩荡荡，顺之者昌逆之者亡"和"辛亥革命后，革命军为百姓剪辫子"的图片资料。

第一板块

教学内容：分析新文化运动背景的问题时，引导学生对材料进行分析和解读，并得出结论，做到论从史出，以培养学生阅读、理解、分析材料的史料实证能力。

学：

（多媒体展示）路在何方：新文化运动的历史突围

材料一：毛泽东《新民主主义论》："一定的文化是一定社会的政治和经济的反映，又给予伟大影响和作用于一定社会的政治和经济；而经济是基础，政治是经济的集中体现。"

新文化运动背景：第一政治，第二经济，第三思想——国人素质低下，麻木不仁，愚昧迷信，对革命漠然无知。旧道德旧思想仍束缚着人们。

材料二：（略）阅读材料，分析 20 世纪初的政治危机，社会经济和社会思想。

问：

教师活动： 综合上述材料，请学生总结新文化运动的背景，分析新文化运动爆发的根本原因是什么？

思：

思考： 核心素养——唯物史观角度，经济基础决定上层建筑，从唯物史观的角度分析问题。（政治、经济、文化）

提示： 感受 20 世纪初世界潮流与国人思想现状的反差产生的文化冲突。

讲：

根据毛泽东《新民主主义论》学习唯物史观，并以此来分析讲解新文化运动的背景。

1. 政治：帝国主义加紧侵略中国；袁世凯称帝心切，破坏共和。

2. 经济：一战期间，民族资本主义进一步发展（根本原因）。

3. 思想：第一，国人素质低下，麻木不仁，愚昧迷信，对革命漠然无知，旧道德旧思想仍束缚着人们；第二，西方启蒙思想传入，袁世凯尊孔复古逆流造成的文化冲突。

设计意图： 1. 回顾上一阶段辛亥革命"学制度"，却仍然无法挽救中国，引出此课设计思路：中西文化冲突下的寻路之旅——新文化运动与马克思主义的传播；2. 突出历史学科素养——唯物史观的培养；3. 直观感受 20 世纪初的中国社会，培养学生分析问题，整合知识的能力。

第二板块

教学目标： 通过对新文化运动内容的提问进行引导，培养学生独立思考问题的能力和学会用辩证的方法评价历史事件。

导：

（多媒体展示）寻路之旅：民主科学摇大旗

问：

1. 看视频材料《建党伟业》片段：北京大学——胡适、辜鸿铭新旧文化之冲突。辜鸿铭所维护的中国传统文化中，哪些是值得我们继续发扬？哪些是需要摒弃的？并通过阅读课本填写表格。看展示材料（略），材料显示新文化运动主张废文言文，你对此有何看法？

内容	代表作	作者
提倡民主与科学，反对专制和愚昧、迷信 提倡新道德，反对旧道德 提倡新文学，反对旧文学	《敬告青年》	陈独秀
	《狂人日记》 《孔乙己》	鲁迅
	《文学改良刍议》 《文学革命论》	胡适 陈独秀

2. 展示材料三（略）：思考，李大钊与胡适在争什么？产生了怎样的影响？

3. 展示材料四：新文化运动前期主要内容。

思考：新文化运动后期的宣传思想什么？

思：

引导学生从视频里找到有关新文化运动的信息，比如：新文化运动的中心，宣传的主要内容，人物的着装等。

讲：

1. 继续发扬：琴棋书画，《诗经》《汉乐府》《孙子兵法》；先秦诗歌、汉赋、唐诗、宋词、元曲、明清小说、四大名著，中医、中药，中华武术，汉服，戏曲……自强不息、厚德载物、忧国忧民、以德化人等思想；仁、义、礼、智、信、忠、孝、悌、节、恕、勇、让；还有诸子百家的学术思想等。

摒弃：男尊女卑；愚忠、愚孝、人格依附；存天理灭人欲等。

看法：这种对传统文化的绝对否定是错误的，文言文有它的历史价值和文字魅力；白话文也有更加通俗的作用，两者的存在并不冲突。

2. （引导学生回答讲解，及时讲评，并适时补充）"问题与主义之争"，实际上宣传了马克思主义。

3. 马克思主义。

设计意图：1. 培养理解问题、分析问题的能力；2. 让学生分清楚什么是新道德，什么是旧道德；3. 引导学生看到新文化运动的局限性——对中国传统文化的否定；4. 让学生总结新文化内容、代表人物、代表作；5. 培养学生阅读材料，分析问题的能力；过渡到下一内容：马克思主义的传播。

第三板块

教学目标：在马克思主义中国化的问题上，培养学生历史知识的迁移和整合能力。了解新文化运动后期对马克思主义的宣传。

学：

（多媒体展示）希望之路：马克思主义新道路

问：

1. 提问：新文化运动后期，马克思主义迅速传播的方式有哪些？

2. 材料五：（略）马克思主义的传播给中国指引了一条希望之路，我们该如何评价新文化运动？

3. 新文化运动在面对中西方文化发生冲突时是怎样选择的？

思：

学生阅读教材总结新文化运动后期，马克思主义迅速传播的方式。

讲：

1. 1919 年"问题"与"主义"之争，发表了大量介绍和研究马克思主义的文章，出现研究马克思主义的社团，建立中国共产党早期组织，创办工人补习学校，出版面向工人的刊物。

2. 希望之路：革命转型，思想解放，民众觉醒，文化转型。

3. 全盘否定和肯定中西方文化。

设计意图：1. 培养学生的阅读理解和归纳能力；2. 培养学生分析问题的能力。

第四板块

教学目标：通过学习新文化运动与马克思主义的传播，启发学生思考今天的文化冲突现象，引导学生树立文化自信，培养学生的家国情怀。引导学生分析新文化运动的影响。

问：

结合所学知识阅读教材：

1. 引导学生结合所学知识思考应该如何评价新文化运动？

2. 结合新文化运动，我们应该以什么样的思维面对当今激烈的文化冲突？

讲：

1. 从积极和消极两个方面进行评价。2. 文化自觉、文化自信；理性、批判、开放性思维；继承和发扬自己的文化传统；整合与创新传统文化；文化自由在新的维度上得到新的生命和意义 。

　　设计意图：1. 不仅认识新文化运动的时代价值，还要深思这场运动给今天文化的发展所带来的启示；2. 深化历史核心素养——唯物史观教育和家国情怀的培养。

　　练（分层作业设计）：

（课堂作业）完成配套资料中即时演练中的部分试题。

辛亥革命*

人民版 高一上(必修1)

铜仁市第二中学 代敏敏

一、教学设计思路分析

教材分析

《辛亥革命》是普通高中课程标准实验教科书人民版历史(必修第一册)专题三"近代中国的民主革命"第二节的内容。辛亥革命是近代中国第一次完全意义上的反帝反封建的资产阶级民主革命,是中国社会近代化进程中的里程碑,对以后革命的胜利产生了深远的影响。在专题三中,本课是对前几节内容的延续和后一节内容的铺垫,起着承上启下的作用。同时紧密联系必修第二册和必修第三册的相关内容,在中国近代史的知识体系中有着重要的地位。

因为本节课史实较多,对辛亥革命的结果有不同的史学争鸣,与历史课所具有的生动、形象、具体的特点有所差别。因此,在教学中要做到有针对性地解决这一问题。

设计思路

以核心素养为指导思想,参照"学力发展课堂"课题"发展性学力"的培养要求,结合思维课堂的基本设计思路,设计课题。

学情分析

1. 学生的学习特征——能力基础。本课的授课对象是高一学生,他们思维活跃,课堂参与度相对较高。

2. 学生对之前相关知识的掌握程度——知识基础。学生在初中阶段已经学习过辛亥革命的相关知识,对这一历史事件有了进一步的了解。但由于初中历

---

* 贵州省教育科学规划"学力发展"课题(2018B172)教学设计。

史教学的深度不及高中，学生对知识的掌握缺乏系统性。

3. 学生学习本节课知识时可能存在非科学或前科学概念的干扰。预计学习中可能存在一些问题，如学生可以通过网络、电视、报纸等媒体接触很多关于辛亥革命的知识，而这些知识或观点往往是从某一方面对辛亥革命进行解读，影响学生对辛亥革命全面、客观的理解和评价。

4. 学生对所学内容的兴趣、情感、态度、愿望、需求、重视等状况。经过课前与学生的随机交流得知，高一的学生对辛亥革命已有一定程度的了解，学生通过在初中阶段的学习，了解了关于孙中山、袁世凯等相关历史人物的信息。但是，学生对辛亥革命的概念、爆发的原因、过程及评价等方面，了解不足。

课时安排

一课时

二、教学设计方案

教学目标（学科核心素养目标）

1. 成果性教学目标：通过对辛亥革命前国内外形势的学习，掌握辛亥革命爆发的原因；通过引导学生尝试对课本所给形势图的解读，了解辛亥革命的过程并掌握中华民国建立的相关知识；通过对《临时约法》部分条款内容的研究与解读理解《临时约法》的性质并进行评价；通过对辛亥革命的系统学习全面认识辛亥革命的历史意义。

2. 过程性教学目标：结合对辛亥革命存在差异的评价，引导学生探究出现差异性评价的原因，培养学生的阅读理解、辩证分析问题的能力，增强学生的史料实证意识；通过本课学习让学生体会到近代中国革命党人的牺牲精神，增强学生历史责任感和使命感，培养学生的家国情怀。

3. 创造性教学目标：关于辛亥革命是否成功的问题给予一个开放性的提问，让学生从自己的理解出发，培养学生论从史出的核心素养能力。

教学策略

1. 信息技术手段的使用：制作 PPT 课件。

2. 教学重难点的解决办法：采用对教学重点和难点分小步子的教学策略，来提高课堂教学效率。

模式选择

1. 学思讲模型（ √ ）2. 费曼模型（   ）3. 五何模型（   ）

三、教学过程与方法

导：

1. 播放电影《辛亥革命》中，先烈舍下小我、成就大我的片段。

2. 先烈们为什么义无反顾的"抛下"家人、忘却自我，选择从容赴死？

3. 在辛亥革命前，先进的中国人为实现独立自主曾经做过哪些努力？

4. 要求学生思考问题，自由发表看法。

设计意图：一是意在激发学生的学习兴趣；二通过影片了解辛亥革命的不易；三是体现核心素养的"家国情怀"。

第一板块

教学内容：检查学生预习情况。教学目标：通过对辛亥革命前国内外形势的学习，理解辛亥革命爆发的原因、武昌起义与辛亥革命的关系；通过引导学生尝试对课本所给形势图的解读，了解辛亥革命的过程并掌握中华民国建立的相关知识；通过对《中华民国临时约法》部分条款内容的研究与解读理解《中华民国临时约法》的性质并进行评价。

导：

1. 检查课前预习任务：通读本课内容，引导学生在课前从辛亥革命爆发的原因、过程及结果等方面初步思考并大致了解本课的核心内容。

（提示）中国人曾经做过的努力：太平天国运动、洋务运动、维新变法、清末新政。结果：都以失败告终。

2. 寻问学生在预习中存在的问题。

设计意图：了解学生课前学习情况，体现以学生为中心的教学理念。

（1）武昌起义与中华民国的建立

学：

引导学生通读课文内容。依次展示《时局图》和《辛丑条约》文本；《兴中会旧址》《同盟会成立》《黄花岗起义》三幅图片；《中华民国临时约法》部分条款，引导学生阅读材料。结合课本上的知识点和图片，引导学生学习相关史实。（根据学生学习进度适时调整展示内容）

问：

1. 根据课本知识及所给材料，分析武昌起义爆发的原因、过程及辛亥革命与武昌起义的关系是什么？2. 根据课本知识归纳中华民国建立的相关知识，根据所给材料结合课本相关知识分析《中华民国临时约法》体现的民主思想及原则，并谈谈你的认识。

材料一

第二条：中华民国之主权属于国民全体。

第六条：人民之身体非依法律，不得逮捕、拘禁、审问、处罚；人民有言论、著作、刊行及集会结社之自由；人民有居住迁徙之自由。

第七条：人民有请愿于议会之权。

第八条：人民有陈诉于行政官署之权。

第十二条：人民有选举及被选举之权。

——摘自《中华民国临时约法》

材料二

在政府的组织形式上实行"三权分立"的原则。规定全国的立法权属于临时参议院，参议院有权议决一切法律……选举产生临时大总统、副总统，弹劾大总统和国务员。

临时大总统代表临时政府总揽政务……统率全国海陆军，任免文武官员等，但行使职权时，须有国务员副署。受参议院弹劾时，由最高法院组成特别法庭审判；法官有独立审判的权利，它否定了集大权于一身的封建君主专制制度。

——邱远猷、张希坡著《中华民国开国法制史——辛亥革命法律制度研究》

学生活动：根据所学知识，由小组或者个人提出相关疑问或看法。

思：

1. 关于武昌起义爆发的原因、过程，请各组同学从它的政治、组织、形势等方面结合课本形势图分析；2. 关于中华民国建立的相关知识，同学们可以从时间、人物、纪年法、都城、国旗、性质等方面进行思考。另外，判断一个政府的性质，主要看这个政府人员的组成和政府采取的措施。

讲：

1. 武昌起义爆发的原因、过程及辛亥革命与武昌起义的关系

（1）原因

政治上：

①《辛丑条约》签订，清政府反动卖国的本质逐渐暴露无遗。

②清政府"新政"和"预备立宪"，为资产阶级民主革命准备了一些条件。

组织上：

①1894年，中国第一个资产阶级革命团体——兴中会成立。

②1905年，中国近代第一个资产阶级革命政党——同盟会在日本东京成立。

③湖北革命团体共进会和文学社的宣传动员工作。

形势上：

①1911 年 4 月，黄花岗等一系列起义，加速了革命进程的发展。

②1911 年 5 月保路运动兴起。

（2）过程

1911 年 10 月 10 日，湖北新军中的革命党人发动起义，攻占武昌，成立湖北军政府，推举新军将领黎元洪为都督，改国号为中华民国。武昌起义后，各省纷纷响应，清政府统治土崩瓦解。

（3）辛亥革命与武昌起义的关系

1911 年是农历的辛亥年，而由这一年爆发的武昌起义引起的一系列全国性的革命被称为辛亥革命，（所以武昌起义只是辛亥革命的首义）。

2. 中华民国建立的相关知识，《中华民国临时约法》体现的民主思想及原则

（1）中华民国建立的相关知识

概况：1912 年 1 月 1 日孙中山在南京宣誓就职，宣告中华民国成立，定都南京。

国旗：五色旗。

纪年：改用公历，以中华民国纪年。1912 年为中华民国元年。

性质：南京临时政府是一个以资产阶级革命派为主体的政府。

（2）《中华民国临时约法》的颁布

A. 原则：

①中华民国主权属于国民全体——主权在民，根本上否定了君主专制。

②关于国民自由权利的规定——体现资产阶级民主自由原则。

③确立了三权分立的政治体制——防止独裁专制，确立民主共和政体。

——参议院行使立法权有选举临时大总统和弹劾大总统的权利。

——临时大总统和国务委员行使行政权，实行责任内阁制。

——法院独立行使司法权。

B. 认识：

进步性：是中国第一部资产阶级宪法（性质）。它从法律上宣告了君主专制制度灭亡和民主共和政体确立，成为近代中国民主化进程的一座丰碑。

局限性：《中华民国临时约法》也有自己的局限。它没有具体规定人民的权利以及实现人民权利的保障，没有规定反帝反封建的民主纲领，没有解决农民的土地问题。

设计意图：通过本环节的学习，使学生对辛亥革命有一个完整的认识，体

会辛亥革命对中国社会产生的巨大影响。同时通过学生的合作交流学习，让学习从零碎的知识中归纳出重要的信息，提高学生的历史概括能力，培养他们的合作精神和团队意识。

第二板块

教学目标：通过对辛亥革命的系统学习，让学生全面认识辛亥革命的历史意义；引导学生分析出现差异性评价的原因；培养学生的阅读理解、辩证分析问题的能力，增强学生的史料实证意识；增强学生历史责任感和使命感，培养学生的家国情怀。

1. 辛亥革命的历史功绩

导：

正当革命形势蓬勃发展之时，在华拥有巨大利益的帝国主义列强，以中立作为幌子，积极物色新的代理人来取代清王朝，他们看中具有军事实力的野心家袁世凯，一致要求清政府重新起用袁世凯。在帝国主义的支持下，袁世凯复出，加紧了篡夺革命果实的活动。

结果：代表封建势力的袁世凯篡夺了革命果实，随后建立了北洋军阀的统治。

有人认为辛亥革命因没有完成反帝反封建的历史任务而失败，有人则认为辛亥革命是中国"从君主到民主"社会转型的成功开始。辛亥革命成功了还是失败了？我们如何正确地评价辛亥革命？

学：

教师活动：引导学生阅读"史学争鸣"。并展示材料：

材料一：辛亥革命是一个伟大的胜利，它摧毁了两千多年的君主专制制度，在广大人民中传播了民主共和国思想的种子，促进了中国人民革命斗争的新发展。

——何香凝

材料二：1911年在中国建立起美国共和政体的仿制品，真是荒唐可笑……是一个大失败，因为它在中国的历史、传统、政治经历、制度、天性、信仰观念或习惯中毫无根据地……是附加在中国之上的。它随着时间的推移很快就被除去。它不代表政治思想，只是政治思想的一幅漫画……这种共和政体悲惨地结束了，即悲惨地失败了。

——哥伦比亚大学教授 Nathaniel Petter

问：

你认为辛亥革命是失败了还是成功了，为什么呢？

思：

从辛亥革命的性质、功绩、教训以及局限性等方面进行评价。

讲：

（提示）积极：辛亥革命推翻了清朝统治，结束了在中国长达两千多年的封建君主专制政体；建立资产阶级共和国，使民主共和的观念逐渐深入人心，为中国社会的进步打开了闸门；成为中国社会近代化的里程碑。

消极：辛亥革命果实落入以袁世凯为首的反动势力手中；反帝反封建的革命任务没有完成；中国社会性质仍然是半殖民地半封建社会。

【课堂小结】

辛亥革命给中国民主革命留下了宝贵的革命成果，它推翻了清政府的统治，建立了中华民国，颁布了《中华民国临时约法》，提出了先进的革命理论及政治制度。此外，孙中山先生及革命党人也给我们留下了宝贵的精神财富，所以今天，我们在这里追忆孙中山先生的丰功伟绩，既是为了缅怀伟人，更是为了学习伟人的优秀品质，以更好的激励后人。

设计意图：培养学生的高中历史核心素养——唯物史观、史料实证能力。

练（分层作业设计）

1.（课堂作业）完成配套资料中 A 部分试题

2.（课后作业）试着绘制本课思维导图。首先请尝试独立完成，如果觉得困难鼓励小组内部讨论完成。（要求：组内成员的思维导图不得雷同）

明末清初的思想活跃局面[*]

人民版　高二上（必修3）

铜仁市第二中学　吴淑贞

一、教学设计思路分析

教材分析

本节是人民版高中历史必修3第一单元第4课的内容。本单元以儒学的发展历程为主线。我国的封建专制制度从战国时期建立后，一直在不断地完善和发展，到明清之际，已经处于衰落阶段。统治者为加强专制统治，采取种种手段，强化对人民的监督和思想控制，儒家思想也发展到了极端迂腐的程度。但是封建经济在明朝中后期出现了资本主义生产关系的萌芽。本课所讲就是明清之际面临着的这种社会变化，在思想领域出现的反传统的"离经叛道"的进步思想，他们的思想冲击了封建君主专制制度，促进了社会启蒙，体现了时代的要求，为儒学的发展注入了新的生机。这些思想，上承宋明理学下启近代民主思想，同时又由于它与西方的近代思想几乎处于同一时期，故其思想与西方近代的思想也有着一定的联系。所以本课内容在整个教材体系中起到了承上启下的作用，它在中国思想文化史上有着非同寻常的意义。本课原始材料较多，在教学中要多指导学生阅读教材和资料，弄清历史概念和有关引文的含义，然后引导学生归纳、总结出所要探究问题的答案要点。同时采用分析、理解、探究、交流的综合教学法，达到思、学、悟的有机结合。从而很好地掌握本课的教学重点：李贽、黄宗羲、顾炎武、王夫之的进步思想主张。进一步理解教学难点：探究明清思想家进步思想主张形成的原因与进步思想的历史作用。

设计思路

以核心素养为指导思想，参照"学力发展课堂"课题"发展性学力"的培

---

[*] 贵州省教育科学规划"学力发展"课题（2018B172）教学设计。

养要求，结合思维课堂的基本设计思路，设计课题。

学情分析

本课教学的对象是高二文科学生，经过高一历史的学习，学生的认知能力、思维能力得到进一步发展。但他们的知识储备还不够充分，没有形成系统深刻的认识，而且学生的个体差异明显，因此在教学过程中注意对概念的分析和对个别学生差异指导。师生一起观看历史人物图片、阅读历史资料、探讨历史问题、交流思考成果，通过"观察（探索）—思维（研究）—迁移（运用）"的学习，培养学生历史意识、增强历史洞察力和历史使命感，实现高中历史教学的核心素养。

课时安排

一课时

二、教学设计方案

教学目标（学科核心素养目标）

1. 成果性教学目标：理解李贽、黄宗羲、顾炎武、王夫之、唐甄等思想家的主要思想。以时空观为线索，把握明清时期儒学思想的发展脉络。

2. 过程性教学目标：通过对当时社会之变的分析，引出李贽、黄宗羲、顾炎武、王夫之等思想家提出的新思想主张（儒学之变），以及他们的思想对近代资产阶级民主运动的影响，培养学生认识一定时期的思想文化是当时政治、经济的反映这一知识点。

3. 创造性教学目标：通过学习明清之际"经世致用""天下兴亡，匹夫有责"的思想，联系学生感兴趣的人物，培养学生立足现实、实事求是、学以致用的思想观念，激发同学们的社会责任感，培养学生的家国情怀。

教学策略

1. 严格按照学思讲教学模式设计教学过程；

2. 教学重难点的解决办法：采用启发式提问，引导学生思考。

模式选择

1. 学思讲模型（　√　）2. 费曼模型（　　　）3. 五何模型（　　　）

三、教学过程与方法

导：

1. 以美国作家房龙《宽容》序言的一段文字作为导入，让学生感悟"每一种新的进步都必然表现为对一种神圣事物的亵渎，表现为对陈旧的，日渐衰亡的，但习惯所崇奉的秩序的叛逆……"2. 提出问题：（1）是什么原因推动明末清初活跃思想的出现？（2）明末清初的思想家在批评地继承传统儒学的基础上，提出了哪些新观点？对当时的封建专制制度产生哪些影响？结果如何？3. 引导学生从时代背景、阶级局限、历史人物的个人追求等方面进行思考。

设计意图：一是意在激发学生对儒家思想文化有深入学习；二是体现核心素养的"家国情怀"。

第一板块

教学目标：掌握明末清初思想产生的原因。

导

（课前布置预习，通读本课内容，引导学生在课前从明末清初的思想活跃局面产生的原因、思想家主张及影响等方面初步思考并大致了解本课核心内容。圈出预习中的疑惑之处，将疑惑写成问题，提交给小组长）1. 根据课前布置预习，检查预习情况；2. 寻问学生在预习中存在的问题。

设计意图：让学生在课前对所要学习的内容有个初步了解，体现以学生为中心的教学理念。

学：

（阅读课文内容及 PPT 相关材料）1. 请学生归纳明末清初思想产生的时代背景。2. 展示相关内容材料，结合课本上的知识点，引导学生学习相关史实，从多角度归纳明末清初思想产生的背景。

材料一：明代丝织业发达的江南地区，如苏州等地，出现了一些以生产，商品为目的的富裕机户，购买织机，雇佣机工进行生产。还出现了一些具有一定规模的自由劳动力市场。

——人民版必修二

材料二：明朝内阁和清朝军机处的设置是中国专制时代晚期政治形式的新变化。君主专制制度的加强使中国社会的发展受到严重阻碍。

——人民版必修一

材料三：利玛窦——意大利的天主教耶稣会传教士。

问：

明末清初思想产生的原因？

思：

1. 请各组同学从政治、经济、文化等角度进行思考明末清初思想产生的原因；2. 请同学们结合 PPT 材料多角度归纳。

讲：

产生原因。政治：君主专制强化，封建制度趋于衰落。经济：商品经济发展，资本主义萌芽产生，重农抑商政策阻碍商品经济的发展。阶级：工商业者阶层日益壮大。思想：八股取士，限制了思想的自由。外部：西学东渐（西方科技）冲击中国文化思想。

设计意图：按学习任务分解的"小步子"学习，每一步任务都很具体，有效地解决在学习过程中"虚假学习"的问题。

第二板块

教学目标：归纳李贽、黄宗羲、顾炎武、王夫之、唐甄的思想主张；归纳他们思想的主要特点；引导学生认识"社会存在决定社会意识"。（唯物史观）

学：

1. 引导学生阅读课本第一、二、三、四、五子目相关内容。2. 归纳五位思想家的思想主张。3. 归纳他们思想的主要特点。

问：

请同学们归纳李贽、黄宗羲、顾炎武、王夫之、唐甄的思想主张并归纳他们思想的主要特点？

思：

1. 引导学生从时代和阶级的局限性角度出发归纳思想家们的思想主张。2. 归纳他们思想的主要特点。

讲：

1. 主张。（1）李贽认为"理"在百姓的日常生活之中，从而否定了"存天理，灭人欲"的理论；反对盲从孔子，儒家经典也不是"万事之至论"；提出"绝假纯真"的"童心说"，反对礼教的虚伪与官场的欺诈；诗文写作风格方面，主张"真心"，反对摹古文风。（2）黄宗羲批判封建君主专制，提出君臣平等的思想和限制君权的主张；将学校作为决定是非的最高机构，限制君主的权威；反对传统的重农抑商思想，认为工商皆本。（3）顾炎武将批判的锋芒指向"私天下"的君主专制，提出"众治"的主张；深刻揭露了君主专制的暴虐与官僚士大夫的腐败；倡导经世致用。（4）王夫之的思想主旨是"循天下之公"，深刻揭露了历代帝王把天下当作私产的做法；在发挥"气一元论"唯物论思想的基础上，提出了尊重物质运动规律的自然史观和社会史观。（5）唐甄对专制君主进行大胆批判，唐甄把帝王看作贼；认为大多数官吏"为盗臣""为民贼"。

2. 思想特点：反传统，反教条；反专制，倡民主；紧跟时代，提倡变革。

设计意图：通过指导学生自主阅读课本，培养学生的自主阅读能力和基本的自学能力；同时，通过课堂讨论，培养学生的合作学习的能力，以问题链组织课堂，课堂结构清晰。

第三板块

教学目标：认识思想家所处的时代、阶级局限性，辩证评价明清之际的进步思想，培养学生辩证分析问题的能力；增强学生历史责任感和使命感，培养学生的家国情怀。

学：

阅读本课第一、二、三、四、五子目内容，结合资料卡片内容思考。1. 引导学生分组讨论，辩证评价明清之际的进步思想；2. 要求学生能多角度、客观评价进步思想与传统儒学的关系。

问：

1. 引导学生归纳明清之际思想的积极性与局限性。2. 客观评价进步思想与传统儒学的关系。

思：

1. 引导学生以辩论形式讨论明清时期儒学的局限性和进步性。这种方式既解决了对明清时期儒学思想的性质理解，又分析了其对后世的影响，同时又引导学生理解社会存在与社会意识的关系（唯物史观）。2. 提示学生可以从明清之际思想批判的实质、阶级、时代背景等方面作为切入点进行评价。

讲：

1. 评价。（1）积极性：明清时期进步思想家的思想一定程度上反映了资本主义萌芽时期的要求，对当时的封建专制有一定的冲击作用，对近代民主思想产生了一定的影响；进步思想家对传统儒学批判继承，促使我国传统文化重新焕发了生机，对后世产生了巨大影响。（2）局限性：没有提出新的社会制度，未形成完整的理论体系；无法撼动程朱理学的主流地位，未在当时成为主流思想；从影响上看，影响有限，未能实现中国社会的转型；从性质上看，不是资产阶级的民主思想，本质上还未跳出传统儒学的范畴。

2. 小结：明清之际是中国历史上继春秋战国、魏晋南北朝之后思想界的又一活跃时期。一些先进知识分子顺应手工业、商品经济发展的大势，代表新兴市民阶层的利益，重科学、讲实际，提出经世致用的主张，在意识形态领域掀起了一股要求个性解放、平等、自由，带有早期启蒙性质的进步思潮2. 开放式回答，学生理由充分，观点明确，言之有理即可。

　　设计意图：全面落实教学重难点及高考考点；提高学生的历史核心素养能力。

　　练（分层作业设计）：

　　1.（课堂作业）完成配套资料热点练习部分试题。

　　2.（课后作业）十七十八世纪，启蒙运动在欧洲开展的同时，中国早期民主启蒙思想也在潜滋暗长。然而中国的民主启蒙思想始终没有走出书本，化作资产阶级民主的实际行动。原因何在？（可从经济、政治、思想等角度思考）从中有何启示？

开辟文明交往的航线*

人民版 高一下（必修2）

铜仁市第二中学 滕月

一、教学设计思路分析

教材分析

本课是高中历史必修二（人民版）专题五第一课，作为资本主义世界市场的形成和发展的起点。课程标准对本课的要求是："概述迪亚士、哥伦布开辟新航路的史实，认识地理大发现对世界市场形成的意义。"因此，关于本课的教学设计传统思路是利用史料从新航路开辟的背景、经过、影响等几个方面组织教学。这种传统教学设计逻辑清晰，结构完整。但是，初中世界历史有一课讲"新航路的开辟"，学生对新航路开辟的原因、过程、影响等知识已经有大致了解。传统教学思路只是深化学生对已学内容的认知，这可能使课堂索然无味，也不利于学生思维的提高。

设计思路

以核心素养为指导思想，参照"学力发展课堂"课题"发展性学力"的培养要求，结合思维课堂的基本设计思路，设计课题。

学情分析

在《美国大学教授：不论我怎么鼓励中国学生，他们就不说话》中，林晓东教授提到中国留美研究生往往喜欢教授讲得多的课堂，不喜欢也不适应不断提问、讨论的课，患上了"讨论课程恐惧症"。其实，这种恐惧症也弥漫在我的高中课堂里。相对主动回答问题，学生宁愿被点名回答。甚至，学生在回答问题时，或下意识地翻教科书，或沉默以对。学生在回答问题时，总不思考问题

---

* 贵州省教育科学规划"学力发展"课题（2018B172）教学设计。

本身，而是回忆老师是否讲过；教科书是否有现成表述；什么是老师要的答案。这不得不令人思考：学生是否丧失了思考和质疑的能力；他们是否只会翻书与背书。

基于上述考虑，在设计本课教学过程时，立足传统教学，设计采用问题教学法，设计一系列问题将新航路开辟的背景、条件、过程、影响串接起来，旨在通过不断提问，使学生处于不断思考的状态，以培养学生善于发现问题、敢于提出问题、能够解决问题的能力。

课时安排

一课时

二、教学设计方案

教学目标（学科核心素养目标）

1. 成果性教学目标：理解新航路开辟的原因和航海经过；通过展示此专题的专题结构，从时空观方面了解新航路开辟的概况。

2. 过程性教学目标：通过层层提问引导学生独立思考；重视理解教材内容，从书本中找到"价格革命"和"商业革命"的具体含义；根据材料探究新航路开辟的影响。

3. 创造性教学目标：将时事热点和历史事件联系起来，学生自主列表对比"一带一路"政策，认识到社会主义制度的优越性，培养学生的家国情怀。

教学策略

1. 展示本课整体结构，构建时空观念。

2. 教学重难点的解决办法：适当增加历史材料，引导学生理解重难点。

模式选择

1. 学思讲模型（ √ ）2. 费曼模型（　　　）3. 五何模型（　　　）

三、教学过程与方法

第一板块

教学目标1：通过展示此专题的专题结构，从时空观方面了解新航路开辟的概况。

学：

阅读专题导语部分，找到本专题的结构线索。

资本主义世界市场的形成过程：

1.15～17世纪：开辟文明交往的航线——世界市场雏形出现

2.17～18世纪：血与火的征服与掠夺——世界市场形成的主要方式和途径

3.18世纪60年代～19世纪40年代："蒸汽"的力量（工业革命）——世界市场初步形成

4.19世纪60年代～19世纪末20世纪初走向整体的世界（第二次工业革命）——世界市场最终形成

设计意图：把新航路开辟与此单元主题——世界资本主义市场联系起来，让学生总体把握此专题的主要内容。培养学生的时空观。

问：

新冠肺炎在全球肆虐，是一场全球性的瘟疫灾难，全人类都在与之战斗。那么历史上有没有过类似的世界性的疫情？

思：

请同学们从世界瘟疫大事纪年表的时间上去分析思考（展示世界瘟疫大事纪年表）。

讲：

由上图表可知，鼠疫与天花的爆发与流行和人类交往密切相关。在新航路开辟之前，各文明之间是相互独立和封闭的，所以就连大规模的疾病疫情都比较少。所以我由新冠肺炎疫情引出世界联系的加强或者说世界经济全球化的负面影响。那么，世界是从什么时候开始连成一个整体的呢？

设计意图：引入时事热点，有利于增强学生对教学内容的感性认识，体现核心素养的"家国情怀"。这也有利于学生独立思考，大胆提问，激发学生的求知欲，避免其过分依赖教科书。

第二板块

教学目标2：理解原因；了解新航路开辟的经过。

学：

阅读书本上第一框和第二框内容，理解促进人们交往的驱动力是资本主义萌芽的产生这一知识。

问：

问题一：他们为什么开辟新航路？

问题二：他们是谁？他们是怎样开辟新航路的？（新航路开辟的经过）

思：

1. 他们为什么要去寻找黄金？

2. 他们去哪里寻找黄金？

3. 有传统商路去东方寻找黄金吗？

4. 他们为什么开辟新航路？

5. 他们是谁？他们是怎样开辟新航路的？（新航路开辟的经过）

讲：

结合书本填写表格，并上台画出新航路的具体路线。教师及时讲评，并适时补充。

设计意图：历史教学注重史论结合，论从史出。重视教材的使用，培养学生的读图能力。

第三板块

教学目标3：从历史解释的角度理解"价格革命"和"商业革命"，评价新航路的开辟。

学：

指导学生阅读书本上有关新航路的影响，并概括主要内容。

问：

概括材料中新航路开辟引发变动的表现，并结合教材简析其有什么影响？

思：

引导学生从推动文明有什么积极影响，带来哪些罪恶方面进行归纳分析。

讲：

（提示）1. 推动了文明发展

世界市场联系之路：导致商业革命和价格革命，世界市场开始形成（初具雏形）。人类文明交流之路：世界各大洲孤立状态被打破，世界成为一个联系紧密的整体，推动了主流文明拓展。思想震撼之路："地圆学说"冲击了神学理论。

2. 带来罪恶

殖民掠夺之路：西方国家对外殖民扩张，最终导致东方从属于西方。

设计意图：设身处地地思考开辟新航路需要的影响。一是有利于活跃课堂氛围，调动学生的学习兴趣；二是给学生展现自我风采的机会，增强自信心；三是使学生进一步意识到要在特定历史条件下去思考问题。

第四板块

教学目标：将时事热点和历史事件联系起来，对比"一带一路"政策，培养学生的家国情怀。

学：

学习"一带一路"政策。

问：

比较新航路的开辟与当前我国倡导的"一带一路"的异同。

思：

（从时代背景，目的，方式、手段，交往内容，地域范围和影响方面对比。引导学生回答问题，及时讲评，并适时补充）

讲：

先自主完成，后小组讨论，再由每个小组的代表发言并完成表格。

	新航路开辟	"一带一路"
时代背景	商品经济发展	世界经济缓慢复苏、发展分化
目的	开拓市场、掠夺财富	解决本国发展问题，同时为参与方带来合作红利，为世界贡献智慧与力量
方式、手段	以暴力侵略掠夺占多	以共商共建共享为原则，和平、平等
主导	欧洲主导	中国主导
交往内容	以掠夺金银、劳动力、原料、倾销廉价商品等为主	政策沟通、设施联通、贸易畅通、资金融通、民心相通
地域范围	多个大洲	沿线国家
影响	有利于资本主义迅猛发展，对亚非拉来说意味着贫穷和灾难	利益共同体、命运共同体和责任共同体

设计意图：将时事热点和历史事件联系起来比较，得出中国特色社会主义制度的优越性。培养学生的家国情怀。

练（分层作业设计）：

（课堂作业）完成配套资料中即时演练中的部分试题。

社会主义建设道路的初期探索[*]

人民版 高一下（必修2）

铜仁市第二中学 张太红

一、教学设计思路分析

教材分析

"社会主义建设道路的初期探索"是高中历史必修二（人民版）专题七第一课，是苏联社会主义建设道路的初期探索，为苏联的经济建设打下了基础。本课教学内容围绕列宁领导下的社会主义建设道路的初期探索，重点讲解了两个核心知识点：一是战时共产主义政策，二是新经济政策。课程标准对本课的要求是：了解俄国国内战争后苏维埃政权面临的形势，认识"战时共产主义"政策向新经济政策转变的必要性。按照以往传统的教学模式，教师授课时只需讲清列宁这两大经济政策的实施背景、具体内容、给出一定的评价即可。但是这种模式对于达成课标"认识'战时共产主义'政策向新经济政策转变的必要性"存在着一定的难度，同时也没有准确的扣住单元主线——苏联社会主义建设的经验和教训。因此在对本课教材内容和课标进行分析后，要寻求一种新的教学模式来进行突破。

设计思路

参照"学力发展课堂"课题"发展性学力"的培养要求，以历史学科核心素养为指导，结合思维课堂的基本设计思路，设计课题。

学情分析

本节课授课的对象为高一学生，在经过了一段时间的高中历史学习后，学生感受到了初高中历史学习方式和讲授内容的差异，形成了一定的史料阅读能

---

[*] 贵州省教育科学规划"学力发展"课题（2018B172）教学设计。

力。但是学生却不知道如何运用这种能力去解决教学中存在的困惑。著名教育家叶圣陶先生曾说过："凡为教，目的在达到不需要教！"因此，教师在教学过程中要注重学法的研究和指导，要引导学生感受理解知识产生和发展的过程，掌握其规律和技巧，教会学生学习方法，避免死记硬背。基于这样的教学考虑，本人在设计本节课时引用了一系列的历史材料，通过解读材料让学生去自主寻找问题的答案，再通过对不同材料内容的分析，自主生成新的问题，以期学生进行更深层次的思考和感悟。

课时安排

一课时

二、教学设计方案

教学目标（学科核心素养目标）

1. 成果性教学目标：运用所学知识，了解苏俄社会主义经济建设初期重大历史事件的时间，帮助学生强化时空观念。识记战时共产主义政策和新经济政策的主要内容。

2. 过程性教学目标：精选战时共产主义政策和新经济政策的有关史料，归纳有效信息，让学生真切的感受那段历史，进而提高学生的史料实证的学科素养能力。

3. 创造性教学目标：教师给出问题后，学生可以按教师的引导进行思考也可根据自己的思路思考，鼓励学生敢思，敢想，敢说。

教学策略

1. 在学思讲模型中，尽量引导学生主动思考和回答问题，发挥学生的学习主体性。

2. 教学重难点的解决办法：利用材料来补充和完善学生对难点的学习和理解。

模式选择

1. 学思讲模型（ √ ）2. 费曼模型（   ）3. 五何模型（   ）

三、教学过程与方法

导：

1. 展示电影《芳华》的宣传海报，引导学生关注其场景布置明显的时代感。

2. 提出问题:"马恩列斯毛"是社会主义形成发展过程中的重要历史人物,同学们能概括出他们的历史贡献吗?

设计意图:吸引学生注意力,引发其学习兴趣,梳理社会主义发展中的重要人物和历史贡献。同时,使学生认识到自己对列宁了解的不全面,进而增强学生对本课的关注度。

第一板块

教学目标1:战时共产主义政策的背景、目的、内容与评价。

导:

(课前布置预习,通读本课内容,引导学生在课前预习时从战时共产主义和新经济政策的内容、评价等方面进行初步思考,并大致了解本课的核心内容。圈出预习中的疑惑之处,将疑惑写成问题,提交给小组长) 1. 根据课前布置预习,检查预习情况;2. 寻问学生在预习中存在的问题。

设计意图:体现以学生为中心的教学理念,引导培养学生自主发现问题,解决问题的能力。

学:

1. 学生分析战时共产主义政策的背景。学生阅读课本第一子目相关内容,从教材史料中分析背景。2. 了解战时共产主义政策的目的。展示三则历史材料,从历史文字史料中了解战时共产主义政策的目的。3. 识记战时共产主义政策的内容。4. 引导学生对战时共产主义政策作出历史评价。

问:

1. 战时共产主义政策是在什么样的背景下实施的呢?2. 请同学们分析课件上的三则历史材料,自主归纳战时共产主义政策实施的目的?3. 战时共产主义政策有哪些内容?4. 如何对战时共产主义政策进行评价?

思:

1. 请各组同学从国际、国内两个方面分析战时共产主义政策的历史背景;2. 引导学生从战时共产主义政策实施的前期和后期两个阶段分析其目的;3. 从农业、商业、工业等角度掌握战时共产主义的政策内容;4. 利用历史唯物主义的方法,辩证分析战时共产主义政策的评价。

讲:

1. 战时共产主义政策的背景。国际背景:英、法、美等资本主义国家的战争威胁。国内背景:国内经济衰退,物资严重匮乏。

2. 战时共产主义政策的目的。前期:集中力量保证战争胜利。后期:向社会主义直接过渡。

3. 战时共产主义政策内容。农业：余粮收集制。工业：大中小企业全部国有化，高度集中管理。商业：取消自由贸易。分配：普遍义务劳动制和实物配给制。

4. 战时共产主义政策评价。积极方面：最大限度地动员全国的人力、物力战胜敌人，巩固苏维埃。消极方面：在执行过程中存在许多弊病和错误，遭到农民反对，不是向社会主义过渡的正确途径。

设计意图：落实史料实证的核心素养，提升学生阅读历史材料，分析史料的能力。从理论层面深化理解战时共产主义政策难以向社会主义过渡的原因。

第二板块

教学目标2：理解新经济政策的内容；其与战时共产主义政策相比，新经济政策"新"在哪里？评价新经济政策；培养学生的阅读理解、辩证分析问题的能力。

学：

1. 通过阅读教材第二子目的相关内容，引导学生理解新经济政策的内容。
2. 给出表格和文字史料，引导学生分析新经济政策与战时共产主义政策相比，"新"在哪里？3. 结合教材第二子目最后一段，评价新经济政策。

材料一：

	战时共产主义政策	新经济政策	变化
农业	余粮收集制	固定粮食税	
工业	大中小企业全部国有化，实行高度集中管理	关系国家命脉企业归国家所有，实行经济核算；中小企业允许本国和外国资本家经营	
商业	取消自由贸易	允许商品买卖，自由贸易	
分配	普遍义务劳动制和实物配给制	按劳分配的工资制	

材料二：

有人认为新经济政策会使资本主义在俄国复辟，是对十月革命的背叛，苏维埃政权的性质受到了质疑。一些布尔什维克党员认为社会主义的理想破灭了，更有甚者举枪自杀。

列宁对此则回应道："退一步是为了前进两步！"

问：

1. 新经济政策有哪些内容？2. 与战时共产主义政策相比，新经济政策"新"在哪里？3. 如何评价新经济政策？

思：

1. 引导学生从内容、生产关系、理论和实践关系的角度分析新经济政策"新"在哪里？2. 从政策实施的具体效果，对新经济政策进行评价。

讲：

1. 新经济政策内容。农业：固定粮食税。工业：关系国家命脉的企业归国家所有，实行经济核算；中小企业允许本国和外国资本家经营。商业：允许商品买卖，自由贸易。分配：按劳分配的工资制。

2. 新经济政策"新"在哪里？（1）内容上的新变化。生产资料：单一公有制——公有制为主体，多种所有制共同发展。管理体制：行政（计划）—市场。（2）生产关系上的新变化：坚持公有制为主体的前提下，利用市场、商品货币关系来扩大生产，巩固工农联盟，并逐步过渡到社会主义。（3）理论和实践关系的变化：从照抄照搬到结合国情。

3. 新经济政策的评价。调动了人民的生产积极性，国民经济迅速恢复；工农联盟和苏维埃政权得到了巩固。

设计意图：通过表格内容的对比，培养学生历史比较归纳能力，由发现不同引发学生更深层次的思考，进而在学生脑海中生成新的问题，深化对课本内容的理解。

练（分层作业设计）：

1. （课堂作业）完成配套资料中即时演练中的部分试题。

2. （课后作业）完成配套资料中的课时作业内容，结合苏联新经济政策和美国罗斯福新政，谈谈你对资本主义和社会主义经济体制的认识？（要求：独立思考后，组内同学交流合作解决问题）

地理"学力课堂"教学设计

大气的受热过程[*]

中图版　高一上（必修1）

铜仁市第二中学　张翅航

一、教学设计思路分析

教材分析

本节内容为高一必修1大气中大气受热过程的知识点，气温（热量）是气候的一个重要的组成部分，近地面大气温度的形成过程是学生学习气候的开始，也是学生学习的难点，要突破这个难点，就要激发学生的学习兴趣，贴近生活，走进生活，让学生在生活中学习，提高学生的实践力。

设计思路

以核心素养为指导思想，参照"学力发展课堂"课题"发展性学力"的培养要求，结合思维课堂的基本设计思路，设计课题。

学情分析

本节内容注重大气受热的过程，以及分析大气的受热过程。

一课时

二、教学设计方案

教学目标（学科核心素养目标）

1. 让学生画出大气受热过程图及用生活实例分析大气对太阳辐射的削弱作用和对地球的保温作用，提高学生的实践力。

2. 结合"大气的温室效应"示意图理解大气对地面的保温作用；运用大气热力性质解释一些地理现象，提高学生的综合思维能力。

---

[*]　贵州省教育科学规划"学力发展"课题（2018B172）教学设计。

3. 理解大气对地球的保温作用；二氧化碳的排放，产生温室效应，导致全球气温升高，让学生明白环境保护、减少二氧化碳排放的重要性，培养学生的人地协调观。

教学策略

1. 信息技术手段的使用：制作 PPT 课件。

2. 教学重难点的解决办法：对教学重点和难点采用案例分析法来提高课堂教学效率。

模式选择

1. 学思讲模型（ √ ）2. 费曼模型（   ）3. 五何模型（   ）

三、教学过程与方法

导：

用手机天气预报截图，让学生看图思考问题：1. 学生思考，说说自己身边气温的昼夜变化情况；2. 为什么碧江区昨天昼夜温差巨大，而周二昼夜温差比较小？

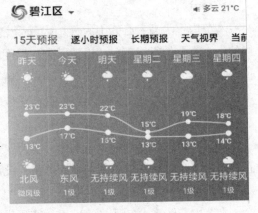

设计意图：用学生比较熟悉的碧江区最近 6 天的天气比较，激发大家的兴趣和求知欲，让学生带着问题来学习。

第一板块

教学目标1：让学生画出大气受热过程图及用生活实例分析大气对太阳辐射的削弱作用和对地球的保温作用，提高学生的实践力。

导：

1. 课前预习导学案。

2. 对预习检查。由学习小组进行检查并汇报检查情况。

3. 大气为何不直接从太阳辐射中汲取热量，反而要劳驾地面呢？要求画出大气受热过程的环节简图，比较这些箭头的粗细并说出其意义。

设计意图：检查预习情况，了解学情，体现以学生为中心的教学理念。

问：

图中表示的太阳辐射箭头大小有怎么样的变化？影响其变化的因素是什么呢？

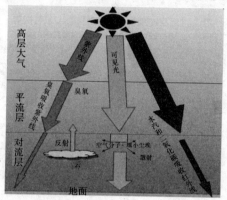

思：

1. 看图分析大气是怎么受热的？

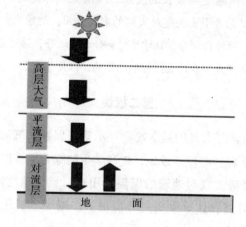

2. 图中表示太阳辐射箭头的大小有怎么样的变化？影响其变化的因素是什么呢？

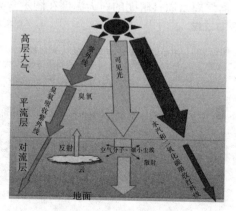

3. 比较图中周日与周二温差的大小，并分析其原因？

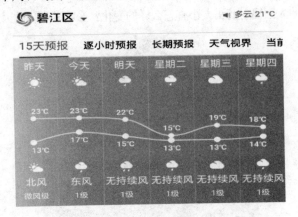

讲：

学生自己说出物体温度与波长的关系，厘清大气保温的三个重要环节。

设计意图：问题2的是引出大气对太阳的削弱作用，使学生初步了解大气对太阳辐射的三种削弱作用，通过设疑导学让学生学会知识的迁移，通过读图了解太阳辐射的能量分布情况。重点讲纬度因素对太阳辐射的影响，以便导出下一环节的探讨。

第二板块

教学目标2：结合"大气的温室效应"示意图理解大气对地面的保温作用；运用大气热力性质解释一些地理现象，提高学生的综合思维能力。

教学目标3：理解大气对地球的保温作用；二氧化碳的排放，产生温室效应，导致全球气温升高，让学生明白环境保护，减少二氧化碳排放的重要性，培养学生的人地协调观。

问：

读下图，思考：铜仁周六周日晴朗的白天温度在图示六天中最高吗？

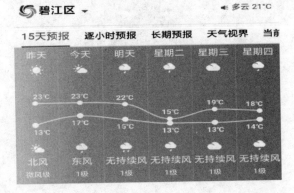

思：

1. 分析铜仁周日夜晚的温度比较高的原因？（过渡到大气对地面的保温作用）

2. 地面是对流层大气的直接热源，对流层的气温是随着高度的增加而降低的，每上升 100 米高度，气温平均降低 0.6℃。太阳辐射中哪个箭头可以来解释这一原理呢？

3. 地理研学旅行社野外实习考查木弄草莓园时，观察到草莓园使用的塑料大棚，用所学的知识解释其原因。

讲：

太阳暖大地——太阳辐射（削弱作用）。

削弱作用方式：反射、吸收、散射。

大地暖大气——地面辐射。

大气还大地——大气逆辐射（保温作用）。

设计意图：1. 用课件演示大气的受热过程，有助于提高学生兴趣，又有利于学生理解大气对地面的保温原理；2. 用铜仁天气预报，引导学生运用本节课所学原理对晴天、阴天的日温较差进行比较分析，煅炼学生的思维能力和表达能力；3. 呼应导入；感受生活。

练：（分层作业）

1. 太阳辐射总量最大值不在赤道，而在北回归线附近，其原因是（　　　）

A. 赤道上正午太阳高度比北回归线上小

B. 赤道上白昼时间较北回归线处长

C. 赤道上云雨天气较北回归线上多

D. 赤道上太阳辐射经过大气路程较短

2. 下列四幅图中，昼夜温差最小的是（　　　）

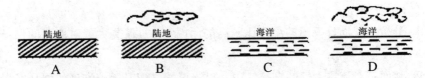

A　　　　　B　　　　　C　　　　　D

3. 读大气对地面的保温作用图，分析回答：

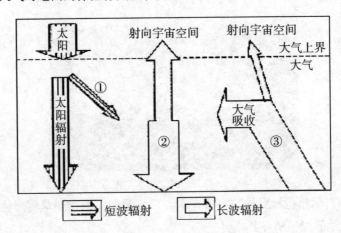

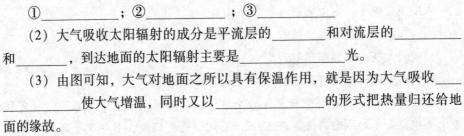

（1）标出图中①②③三个箭头的名称：

①_____；②_____；③_____

（2）大气吸收太阳辐射的成分是平流层的_____和对流层的_____

和_____，到达地面的太阳辐射主要是_____光。

（3）由图可知，大气对地面之所以具有保温作用，就是因为大气吸收____

_____使大气增温，同时又以_____的形式把热量归还给地

面的缘故。

（课后作业）完成导学案 1、2、5、6、8、9、10 小题

气候对地理环境的影响*

中图版　高三复习

铜仁市第二中学　向贤勇

一、教学设计思路分析

教材分析

气候的相关知识是高中地理知识体系的重要组成部分也是高考的常考内容，气候的相关知识主要包括气候的成因与影响因素，气候的要素与特征，气候的类型与分布，气候类型判别，气候对地理环境影响等，其中气候对地理环境的影响对于学生进行高三复习来说非常重要。

设计思路

区域认知、综合思维是地理学科核心素养的重要内容，也是指导高三复习课设计的重要指导思想，本课程以区域认知和综合思维为指导，参照"学力发展课堂"课题"发展性学力"的培养要求，结合思维课堂的基本设计思路，设计课题。

学情分析

1. 学生的学习特征——能力基础。本班为高三年级文科班学生，经过高中三年的系统学习，具备了一定的基础知识和基本的学习技巧，具备了一定的学习能力，但是由于平常缺乏归纳和总结，学生对气候相关内容缺少系统、全面的认识。

2. 学生对之前相关知识的掌握程度——知识基础。本节内容是气候相关知识的最后一节内容，在之前学生已经学过气候的成因与影响因素，要素与特征，类型与分布，气候的判别等相关知识，学生已基本掌握了气候的相关知识和气

＊ 贵州省教育科学规划"学力发展"课题（2018B172）教学设计。

候判读的一些方法，同时经过前期一定的训练，学生已了解了气候在试题中的一些呈现方式。

3. 学生形成本节课知识时可能存在非科学或前科学概念的干扰。预计在学习过程中可能会遇到一些问题，比如说，难以理解气候对自然地理环境中其他要素的影响，以及影响的表现。

4. 学生对所学内容的兴趣、情感、态度、愿望、需求、重视等状况。在平时的习题训练中，学生经常遇到气候对地理环境的影响相关习题，如气候对河流水文特征的影响，气候对农业生产的影响等，让学生理解该知识在高中地理知识体系中的重要性，激发他们的学习愿望。

课时安排

一课时

二、教学设计方案

教学目标（学科核心素养目标）

学生能够结合区域分析，判断该区域的气候类型，并能够通过综合思考，理解气候对地理环境的影响。

教学策略

1. 信息技术手段的使用：使用图片，制作 PPT 课件。

2. 教学重难点的解决办法：采用对教学重点和难点案例探究法来提高课堂教学效率。

模式选择

（1）学思讲模型（ √ ）（2）费曼模型（   ）（3）五何模型（   ）

三、教学过程与方法

导：

1. 地理景观图片（澳大利亚地下村庄）导入，引发学生思考；2.（PPT 展示）2018 全国Ⅲ卷真题再现；3. 考纲、考情分析。（师）展示图片、考题、考纲引导学生进入今天的学习主题；（生）看图片，猜一猜图片表达的情境。

设计意图：创设情境，引发学生思考，真题再现，让学生感受高考。

第一板块

教学目标：学生能够结合区域分析，判断该区域的气候类型。

导：

复习导入：检查有关气候知识的掌握情况。

回顾高中阶段所学知识，进行"气候""地理环境"为核心词的知识体系梳理。（PPT 展示气候、地理环境的知识梳理）

问：

1. 气候的相关知识包括哪些？气候在试题中常见的呈现方式有哪些？2. 气候对地理环境的影响包括哪些内容？通过哪些要素进行影响？

思：

通过给出核心词，引导学生进行头脑风暴，根据所学知识和常见的试题信息形式自我思考总结，完善知识体系的梳理。

讲：

1. 气候的相关知识包括气候的成因、要素、特征、类型、分布、影响等。

2. 气候在试题中常见的呈现方式有文字、区域背景、气温降水曲线图、景观描述等。

3. 气候对地理环境的影响包括对自然地理环境和人文地理环境的影响。

4. 气候要素是气候施加影响的主要方式。

设计意图；体现以学生为中心的教学理念；了解学生之前所学的知识以及学生在知识梳理过程中出现的问题，帮助学生进一步完善知识梳理。

第二板块

教学目标：学生能够根据前一个环节掌握气候知识体系，通过典型案例的解析让学生能够通过综合思考，理解气候对地理环境的影响。

学：

根据老师展示的典型高考例题（PPT 展示：2019 年新课标全国卷 II 36 题）进行学习。

问：

1. 气候对人文地理环境的影响主要表现在哪些方面？

2. 气候对农业生产的影响主要表现在哪些方面？怎样分析？

3. 气候对自然地理环境的影响主要在哪些方面？

4. 气候对河流的影响主要表现在哪些方面？怎样分析？

思：

根据提问和所学知识，逐一思考、归纳并尝试解决问题。

讲：

解决学生存在的疑惑，引导学生将知识应用于实际，PPT 展示问题的参考答案，让学生自己对比，找差距，之后才能提升。

设计意图：1. 按学习任务分解的"小步子"学习，每一步任务都很具体，有效地解决了学生在学习过程中"虚假学习"的问题；2. 学生在教学活动中，便于老师观察学生的学习状态并调整教学行为；培养学生在学习过程中提出自己的疑问的习惯和能力；以问题链组织课堂，课堂结构清晰。

练：（PPT 展示：课堂训练）

（2016·上海卷）根据材料信息概括渭河干流的主要水文特征有哪些？

提示：该区域在哪里？什么气候类型？水文特征包括哪些？

渭河的水文特征：河流径流量较小；流速较稳定；汛期一般出现在 7、8月；河水含沙量较大；有结冰期。

（PPT 展示：课后作业）

1. 结合今天所学知识，以思维导图的形式，进一步完善气候类型相关的知识体系梳理。

2. 运用今天所学的地理思维方法，完成 2017 年全国 I 卷第 37 题、课后练习题第 3、4 题。

几种重要的天气系统——气团和锋 *

中图版　高一上（必修1）

铜仁市第二中学　钟孟凌

一、教学设计思路分析

教材分析

本单元教材紧紧围绕大气环境与人类生存和发展关系这一主线，在大气的受热过程和大气运动的基础上，从生活实际需要出发，论述影响我国天气变化的几种重要的天气系统。从本课几种常见天气系统图中获取和解读相关信息，让学生掌握几种常见天气系统的特征，使学生学会识读电视天气预报节目中常出现的简易天气图，听懂播放的天气形势预报，本课的学习还为后面气象灾害，台风、寒潮等的学习提供理论基础。

本节内容比较抽象，运用多媒体动画，能够让孩子们更直观地感受天气的变化，从而更深刻地理解其内在的原理，让学生更容易解读出课本上几种重要天气系统简图的信息。因此，选择在多媒体教室进行教学。

设计思路

本节课我从以人为本这一理念出发，努力营造民主的教育教学环境，在建构主义教学理论的指导下，结合我组课题《高中地理教学中提高学生获取和解读地理信息能力的研究——以"气候"为例》，以学生为主体，教师为主导，让学生通过自主学习、探究学习、合作学习来提高自身获取和解读地理信息的能力。多媒体创设情境激发学生的学习兴趣，在轻松愉快的氛围中让学生学到对生活有用的地理知识，从而指导生活。

---

* 贵州省教育科学规划"学力发展"课题（2018B172）教学设计。

学情分析

通过前面的学习，学生有了"大气运动"的知识储备，高一学生处于激情四射的阶段，容易获得情感体验，有利于开展自主学习和合作学习。但是学生在思维的独立性、思辨性等方面不够成熟，容易简单化、固定化，对图形中的信息获取不全面、不准确。

课时安排

一课时

二、教学设计方案

教学目标（学科核心素养目标）

1. 通过引导阅读教材文字和 PPT 上天气系统图形获取气团、锋面、锋线及锋的概念，从而理解气团、锋面的分类。通过从几种常见天气系统图中获取有用信息，掌握不同锋面、同一锋面控制下的不同地区、同一锋面控制下同一地区不同时间天气的变化特点。注重从具体的地理事物和现象出发，分析地理问题的方法。

2. 通过阅读冷锋、暖锋和准静止锋各类图，提高学生获取和解读地理信息的能力，使学生初步形成地理的空间思维；学会识读天气预报节目中常出现的简易天气图，能听懂天气形势预报，注重从具体的地理事物和现象出发，分析现实问题，形成系统、全面、动态的分析地理问题的方法，培养学生的综合思维能力。

3. 理解天气现象的发生、变化，树立物质世界是处在不断运动变化之中的辩证唯物主义思想观念，明确科学监测预报的重要性。地理知识就在身边，学习对生活有用的地理知识，进而指导生活，渗透地理实践力的重要性。

教学策略

1. 信息技术手段的使用：制作 PPT 课件。

2. 教学重难点的解决办法：采用对教学重点和难点用教具分步演示的教学策略，来提高课堂教学效率。

模式选择

1. 学思讲模型（√）2. 费曼模型（　　）3. 五何模型（　　）

三、教学过程与方法

导：

利用 2019 年 11 月 9 日天气预报剪辑视频引入。

　　从这个视频里我们能看到最近几天我国天气的变化情况，铜仁最近气温降温幅度大，思考是什么原因？

　　1. 观看视频片段，思考问题。2. 针对教师问题发表看法。（冷锋的影响）

　　设计意图：用收看天气预报的方式，让学生体会到地理就在自己身边，激发了学生的学习热情，更培养了学生从天气预报员的解说和天气预报形势图中获取和处理地理信息的意识和能力。

　　学：

　　1. 检查课前预习。阅读课本 42 页内容，思考 3 个问题：什么是气团？气团根据温度、湿度各分为哪几类？单一气团控制下的天气是怎么样的，不同性质气团之间的部分是什么？（圈出预习中的疑惑之处，将疑惑写成问题，提交给小组长）

　　2. 新课学习。（1）依次播放冷锋、暖锋和准静止锋的动画。（2）引导用冷暖气团的教具演示三种锋面系统。

　　问：

　　冷、暖锋有什么区别呢？

　　思：

　　1. 判断下面两幅图分别是什么锋？完成冷锋、暖锋两种锋面系统的对比（大家来找茬）。

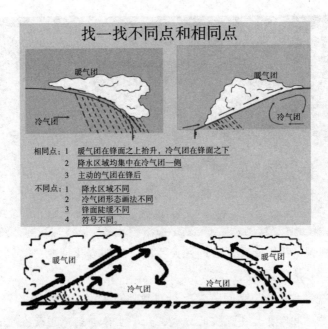

2. 每幅图中暖气团是主动爬升还是被动抬升?

3. 降水在哪一侧?

4. 降雨的强度和持续的时间如何?

讲:

利用实物投影电子展台展示学生总结的冷锋和暖锋的对比。

分类		冷锋 ▲▲▲▲	暖锋 ●●●
前进方向		冷气团运动方向	暖气团运动方向
暖气团上升状态		被迫抬升	徐徐爬升
雨区范围		降水集中在锋后或附近,范围狭窄	降水全在锋前,范围较宽
天气特征	过境前	暖气团控制,气温高,气压低,晴朗	冷气团控制,气温低,气压高,晴朗
	过境时	阴天、下雨、刮风、降温(锋后降水)	连续性降水(锋前降水)
	过境后	气温下降,气压升高,天气转晴	气温上升,气压下降,天气转晴
天气实例		夏季暴雨,冬季寒潮,春季沙尘暴	长江中下游的春雨

　　设计意图：充分发挥电子展台的优势，将学生的知识掌握情况及时反馈，训练学生地理知识获取、解读和归纳能力，以及语言表达能力。

　　1. 通过三个动画的比较，让学生发现它们之间的区别与联系，学生经过对比得出结论远比老师总结的效果要好得多。动画演示形象直观，使那些原本枯燥无味的知识变得富有趣味性，使学生产生极大的好奇心，激发了学生学习的兴趣，激起了学生解决问题的欲望，同时也达到了学生从图中解读和获取信息的能力的培养。2. 合作探究，培养学生在获取和解读信息的基础上分析问题、归纳问题的能力；课上让小组派代表展示学习成果，培养学生语言组织能力和表达能力，以建构自己的知识体系。3. 通过大家来找茬活动进一步训练学生获取和解读信息的能力。

　　练：（课堂练习）

　　1. 图片展示锋面带来的利害：寒潮、沙尘暴、暴雨、一场春雨一场暖、江南的梅雨季节。播放一段最近的"天气预报"视频（关掉声音），要求学生运用所学知识，给这段天气预报当解说员。

　　设计意图：1. 在掌握了锋面系统的形成原理之后，设计这个环节，主要是帮助学生直观感受锋面系统带来的天气现象，让学生树立任何事物都是一分为二的观点，要学会辩证地看问题。2. 视频播放天气形势图，让学生利用所学知识，学会分析简易天气形势图，学以致用，让学生体验到成功的快乐，从而信心百倍地投入新的学习中。

　　2. 下图中表示暖锋的图形正确的是（　　）

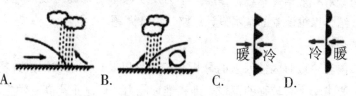

A.　　　　　B.　　　　　C.　　　　　D.

　　3. 读下面冷锋示意图，从图中可判断出（　　）

A. 白天气温：①＜④

B. 夜晚气温：④＞①

C. 气压：②＞③

D. 降水：④＜③

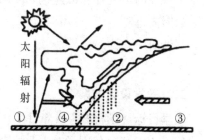

　　设计意图：小组讨论确定本组答案，在分析过程中，其他小组同学可以提出疑问，师生互动共同完成学习任务，落实本节课培养学生综合分析问题的能力，考查学生是否达到核心素养的要求。

农业的区位因素——气候[*]

中图版 高一下（必修2）
铜仁市第二中学 徐思

一、教学设计思路分析

教材分析

本节内容为高一必修2农业区位因素与地域类型的知识点，在影响农业的区位因素中，气候是非常重要的因素，它影响农作物的分布、品质、产量等。气候特征本身是重点也是难点，气候是影响其他农业的自然因素，学习好农业区位因素是学习后续农业地域类型的关键所在，本节知识点比较分散，注重归纳能力。

设计思路

以核心素养为指导思想，参照"学力发展课堂"课题"发展性学力"的培养要求，结合思维课堂的基本设计思路，设计课题。

学情分析

本节内容注重对区位因素的分析和归纳，以及运用区位因素分析农业的地域差异，要求学生有较强的逻辑思维和推理能力，而这正是高一学生所缺乏的，再加上现在的学生对于农业生产的了解不是太多，这又增加了本节课的难度。

课时安排

一课时

二、教学设计方案

教学目标（学科核心素养目标）

1. 展开分析气候因子对农业的影响，培养学生的综合思维；

---

* 贵州省教育科学规划"学力发展"课题（2018B172）教学设计。

2. 培养学生在案例中获取和解读信息的能力；

3. 通过了解人类活动对气候的改造，培养学生因地制宜的人地协调观。

教学策略

1. 信息技术手段的使用：制作 PPT 课件。

2. 教学重难点的解决办法：对教学重点和难点采用案例探究法来提高课堂教学效率。

模式选择

1. 学思讲模型（ √ ）2. 费曼模型（　　）3. 五何模型（　　）

三、教学过程与方法

导：

《航拍中国——贵州》的鲜花片段，列出杜鹃花的生长习性。

贵州高山杜鹃颜色鲜艳，灿若云霞的原因主要得益于？

生长习性：
杜鹃花产于中国湖南西南部、广西北部及贵州东部。生长于海拔1700—2400米的杂木林中。喜酸性土壤，是酸性土壤的指示植物，其适宜的pH范围为5.5—6.5。耐阴喜温，最忌烈日暴晒，适宜在光照不太强烈的散射光下生长。其生长的适宜温度为12—25℃，冬季秋鹃为8—15℃，杜鹃喜干爽，畏水涝，忌积水。

设计意图：一是意在激发学生的学习兴趣；二是从视频和材料中获取信息，找出影响杜鹃花的自然条件。

第一板块

教学目标1：培养学生在案例中获取和解读信息的能力，让学生列出并记忆和理解影响农业的气候因子，培养学生的综合思维。

学：

1. 完成课前预习导学案，由学习小组进行检查并汇报检查情况。

2. 对预习进行检查：预习导学案的案例《正确选择区位，打造成功人生》和知识小结，圈点疑惑处的；将疑惑写成问题，提交给小组长。

设计意图：了解学生预习的完成情况，确定课堂教学起点，体现以学生为中心的教学理念。

问：

1. 影响气候的要素有哪些？ 2. 影响农作物品质的气候要素有哪些？

思：

1. 看中国年温度带图分析热量充足和热量不足对农业哪些方面有影响？

积温：≥10℃持续期间，日平均气温的总和。

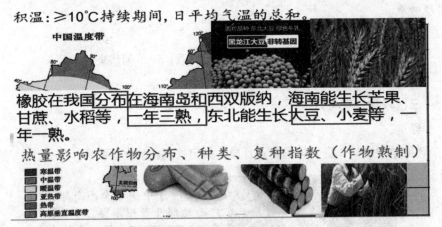

橡胶在我国分布在海南岛和西双版纳，海南能生长芒果、甘蔗、水稻等，一年三熟，东北能生长大豆、小麦等，一年一熟。

热量影响农作物分布、种类、复种指数（作物熟制）

2. 根据材料对比生长周期和生长期的差异？

青稞是一种很重要的高原谷类作物，耐寒性强，生长期短，高产早熟，适应性广，是青藏高原一年一熟的高寒农业区的主要粮食作物。青稞从种到收获一般需要5—6个月的时间，生长周期长，一般上江青稞种植的播种期应在11月下旬至12月上旬集中播完（即立冬前后）；半农半牧区（海拔2600—3000米）要求在3月中旬播种，草地牧区（海拔3000—3400米）4月上旬播种。

3. 根据中国降水量分布图，分析降水多少分别对农业有何影响？

降水多：

利于作物生长，但易造成洪涝。

降水少： —— 晴天多

①光照充足。

有利于农作物的光合作用，产生更多有机物；利于作物着色。

②昼夜温差大。

白天温度高，光合作用处于最高状态，产生大量有机物；夜晚温度低，呼吸作用的强度处于较低状态，减少了有机物的消耗，所以，昼夜温差大有利于作物养分的积累。

③但易造成干旱。

降水适中且雨热同期，有利于农作物生长

讲：

1. 根据问题总结得出影响农业生产的气候因素主要有：光、热、水。

2. 绿色植物的生长要进行光合作用（光照），特别是棉花、向日葵，光照条件影响大。其次热量影响着农业的类型、分布、播种的面积、作物熟制、产量等。此外农业的生长必须要水分，特别是莲藕、水稻等作物需水量大。

设计意图：1. 分解小步子落实教学重点；2. 训练学生的高中地理核心素养——综合思维能力；3. 突破难点交由学生完成，一步步得出自己对问题的理解。

第二板块

教学目标2：结合生活体验，举例人类对气候条件的改造；分析这些人类活动对气候有哪些影响，提高学生的综合思维能力。

问：

人类对气候条件如何改造和利用？

读下图，思考：以下的农业活动分别是对哪些气候因子的改造？

苹果林铺
设银白色
反光膜

水渠：
引水入田

秸秆覆盖　　　　　　　　地膜覆盖

温室大棚：
一方面大棚的材
料可以采光吸热

二是同时也有保
持温度的作用，
防止热量散失。

思：

1. 苹果铺设反光膜的作用？ 2. 修水渠的作用？ 3. 地膜覆盖和秸秆覆盖分别对气候的改造有何差异？ 4. 温室大棚对气候因子的改造影响？

讲：

人类活动对气候因子的改造来提高农业的产出。如：

1. 通过反光膜来增强苹果的受光面积，使苹果的色素好，提高苹果的质量。

2. 修建水渠即可调节农田的灌溉和排水，还能调节小气候。

3. 地膜、秸秆覆盖、温室大棚能改变农作物生产的温度；秸秆覆盖还能增强土壤的肥力。

设计意图：锻炼学生的思维能力、表达能力和获取信息的能力。

练：（分层作业）

鲁冰花，原产北美南部墨西哥高原，闽南语中称为"路边花"，每年一到春天，它或开遍田野路旁，或点缀于各种高山植物与岩石之间。其根部有根瘤菌，能将空气中的游离氮元素固定到土壤中。台湾山地的茶农在种植高山云雾茶时，常常在茶山周边，甚至是茶树附近种上鲁冰花。

1. 根据材料推测，下列可能不属于鲁冰花生长习性的是

A. 喜光喜热　　　　B. 适应性强　　　　C. 耐贫瘠　　　　D. 根系发达

棉花耐旱，耐盐碱，喜光照。近年来，阿拉善高原（位置见下图）采用滴灌技术和机械化作业，种植早熟的棉花品种，并引种彩色棉和有机棉。据此完成下题

2. 导致该地种植早熟棉花品种的主要自然因素是（　　　　）

A. 热量　　　　　　B. 土壤　　　　　　C. 光照　　　　　　D. 水分

3. 该地种植早熟棉花的主要优势自然因素是

A. 热量　　　　　　B. 土壤　　　　　　C. 光照　　　　　　D. 水分

地域文化与城市的发展*

中图版　高一下（必修2）
铜仁市第二中学　晏光进

一、教学设计思路分析

教材分析

本节教材内容"地域文化与城市发展"主要是从地域文化的人文因素角度阐述其对城市的影响，要说明地域文化对城市的影响，首先要明白什么是地域文化，故本节的内容包含两个方面。一是对"地域文化含义"的认识，这是学习后面内容的基础，不同的地域文化背景，其形成的文化景观各有特色。二是地域文化对城市的影响，其表现是多方面的，物质方面的如城市的地域结构、建筑景观、交通、服饰等，非物质方面的如语言、饮食、居民心理、生活习俗等。而最能体现地域文化特征的是建筑，文化作为城市建设的灵魂，极大地影响着城市的规划、功能、风格和持续发展能力，所以教材主要介绍了地域文化对建筑的影响。"对地域文化含义的认识"这部分内容主要是让学生知道什么是地域文化，地域文化的形成受哪些因素的影响，要注意将具体的地域与具体的文化相结合，把抽象的概念具体化。"地域文化对城市的影响"这部分内容先从整体上介绍了广泛影响，然后用不同区域比较法着重介绍了地域文化对建筑布局、建筑结构、建筑风格的影响，采用学生比较感兴趣的景观图片进行探究，更易达到目标和课程标准的要求，从而提升学生的实践力。

设计思路

以核心素养为指导思想，参照"学力发展课堂"课题"发展性学力"的培养要求，结合思维课堂的基本设计思路，设计课题。

---

* 贵州省教育科学规划"学力发展"课题（2018B172）教学设计。

学情分析

本节内容注重地域文化对城市分布、风格、结构等方面的影响，与生活常识紧密相关，要求学生有较强的分析能力和观察能力，再加上学生生活常识缺乏，所以本节课对高一学生来说有一定的难度。

课时安排

一课时

二、教学设计方案

教学目标（学科核心素养目标）

1. 运用实例，了解文化、地域文化的含义，了解地域文化在民居建筑、饮食、服饰、民间艺术等方面的差异及存在差异的原因；

2. 运用案例说明地域文化对城市建筑的影响及建筑所反映的城市地域文化，养成对社会现象学习和分析的能力；

3. 激发学生探究地域文化的兴趣，学会与人合作，增强学习文化知识的积极性及对本国家、本地区地域文化的热爱。

教学策略

1. 信息技术手段的使用：制作 PPT 课件。

2. 教学重难点的解决办法：对教学重点和难点采用生活教学法来提高课堂教学效率。

模式选择

1. 学思讲模型（ √ ）2. 费曼模型（   ）3. 五何模型（   ）

三、教学过程与方法

导：

展示中国地形图（图略）播放歌曲片段《山丹丹开花红艳艳》与《黄梅戏》，根据歌曲的不同腔调特点，让学生猜测这首歌所产生的大致位置，从而引出课题。

设计意图：用我们常见的歌曲来反映不同的地域环境。用我们较为熟悉的事物导入课堂，激发学生的求知欲。

第一板块

教学目标 1：运用实例，了解文化、地域文化的含义，知道地域文化在民居

363

建筑、饮食、服饰、民间艺术等方面的差异及存在差异的原因。

学：

1. 布置课前预习内容。（1）文化的含义？（2）地域文化的含义及其与自然环境之间的关系？（3）地域文化的特点有哪些？

2. 进行检查活动。

设计意图：通过课前检查活动，了解学情，体现以学生为中心的教学理念。

问：

为什么陕西、安徽两地的文化有如此多的差异？

思：

1. 为什么陕西与安徽的建筑样式不同？

陕西民居　　　　　　　　　　　安徽民居

2. 为什么陕西与安徽的饮食有差异？

安徽饮食　　　　　　　　　　　陕西饮食

淮安茶馓（金线缠臂）　　　　　煎饼
卷菜

3. 为什么陕西与安徽的服饰有差异？

陕西服饰 安徽服饰

讲：

1. 陕西位于黄土高原，距海较远，降水稀少，屋顶较平，加上黄土高原黄土的特殊性，建筑主要为窑洞；安徽地处季风气候区，降水较多，屋顶为尖顶。

2. 安徽地处南方，水热条件较好，稻米产量较大，食物主要以稻米为主；黄土高原的陕西因水热条件相对较差，粮食以小麦和杂粮为主，饮食主要以面食为主。

3. 在服饰上，陕西粗犷，南方则较为委婉。

学生自己在教材上找出地域文化的关键所在。

设计意图：通过对问题1、2、3的思考，学生在安徽与陕西的差异上有了一定的理解。通过知识迁移，让学生思考任意两个不同区域之间，服饰等地域文化的差异，为重点讲解地域文化对城市发展的影响埋下伏笔。

第二板块

教学目标2：运用案例说明地域文化对城市建筑的影响及建筑所反映的城市地域文化，让学生养成对社会现象学习和分析的能力。

教学目标3：激发学生探究地域文化的兴趣，学会与人合作，增强学生学习文化知识的积极性及对本国家、本地区地域文化的热爱。

导：

既然不同区域、不同地域文化有所差异，那么自然地域文化之中包含的城市空间布局、建筑结构和建筑风格也就不同，那地域文化对它们是如何影响的呢？

问：

1. 根据教材和城市空间布局图片，说出美国与欧洲城市布局的不同之处？并说明原因。

苏州园林

法国园林

2. 根据教材和图片，分析比较苏州园林与法国园林在建筑结构上各有什么特点？并分析其原因。

3. 北京（左）和巴黎（右）城市中心区所布局的主要建筑分别反映了这两个城市怎样的地域文化特点？

4. 探讨东、西方宫殿建筑在设计细节上的差别，并说明它们分别体现了什么样的文化风格？

思：

1. 观察步骤：（1）在城市空间布局上，美国与欧洲有何不同？请说明原因。（2）在建筑结构上，中国园林与西方园林有何不同？请说明原因。（3）在建筑风格上，中国宫殿与西方宫殿有何不同？请说明原因。

提示：1. 观察城市中心建筑物的类型；2. 从城市中心到郊区建筑物高度的变化；3. 认真阅读教材相关内容，找出正确答案。

2. 观察步骤：（1）观察园林主题颜色；（2）观察园林主要印象。

提示：认真阅读教材相关内容，找出正确答案。

3. 思考步骤：（1）观察上图城市中心建筑物；（2）观察下图中国与西方建筑装饰物的不同；（3）认真阅读教材相关内容，找出正确答案。

讲：

1. 美国的城市中心为摩天大楼，越往外围建筑物高度越低；欧洲城市中心为教堂，摩天大楼在教堂之外。

原因是因为美国历史较短，注重经济利益；而欧洲历史较长，注重对历史的传承。

2. 园林颜色不一样。苏州园林小桥流水、弯弯曲曲；而法国园林对称整齐等。

特点：中国园林忌宽求窄、忌直求曲等；而西方园林对称分布、整齐划一等。原因是中西方地域文化具有差异性。中方文化封闭、内向；西方文化外向、开放。

3. 中方城市中心是皇宫，西方为教堂；西方有很多雕塑，中方却更多的是红墙黄瓦。

4. 中方是皇权至上，西方则是神权至上，权力中心不同，自然建筑风格就有所差异。

设计意图：通过连续提出问题，引导学生不停地寻找答案。从而提高学生获取信息与解读信息的能力，培养学生的归纳能力及图文转换能力，提升地理实践力。

练：

"骑楼"是在楼房前座跨入人行道悬空而建的，二楼向街心延伸，并使马路边房屋相互连接，形成自由步行的长廊。这是岭南民居的一个特色（如图所示)。据此回答1、2题。

1. 建设骑楼的目的是（   ）

A. 体现当地的民族特色

B. 使房屋建筑有层次感，体现建筑美

C. 节省建筑材料

D. 便于行人避雨和遮阳

2. 骑楼建筑反映了岭南地区（   ）

A. 地形多样，地表起伏不平

B. 高温多雨的气候

C. 降雨强度大

D. 洪涝、台风等灾害频繁